Alexander Rubel

Die Griechen

Alexander Rubel

Die Griechen

Kultur und Geschichte
in archaischer und klassischer Zeit

marixverlag

Bibliografische Information der Deutschen Nationalbibliothek
Die Deutsche Nationalbibliothek verzeichnet diese Publikation in der Deutschen
Nationalbibliografie; detaillierte bibliografische Daten sind im Internet über
http://dnb.d-nb.de abrufbar.

Es ist nicht gestattet, Abbildungen und Texte dieses Buches zu scannen,
in PCs oder auf CDs zu speichern oder mit Computern zu verändern
oder einzeln oder zusammen mit anderen Bildvorlagen zu manipulieren,
es sei denn mit schriftlicher Genehmigung des Verlages.

Alle Rechte vorbehalten
2. Auflage 2014

© by marixverlag GmbH, Wiesbaden 2012
Lektorat: Dr. Lars Hoffmann, Roßdorf
Covergestaltung: Nicole Ehlers, marixverlag GmbH
nach der Gestaltung von Thomas Jarzina, Köln
Bildnachweis: akg-images GmbH, Berlin
Die Karten stammen aus F.W. Putzger, Historischer Weltatlas, 104.
Auflage, Kartenausgabe (Berlin: Cornelsen, 2011), S. 33 Griechische
Kolonisation (Vorsatz) und S. 34 Perserkriege (Nachsatz)
Satz und Bearbeitung: Medienservice Feiß, Burgwitz
Gesetzt in der Palatino
Gesamtherstellung: CPI books GmbH, Ulm
Printed in Germany

ISBN: 978-3-86539-964-9
www.marixverlag.de

Inhalt

0. Vorbemerkung 7
   Hinweise zur Benutzung des Buches: 10
1. Einleitung: Raum, Zeit, Umwelt 10
2. Krieger und Seefahrer: Die Welt(en) Homers 21

Archaische Zeit

3. Griechischer Frühling. Die Entstehung der Poliskultur
   und die griechische Kolonisation 31
   Was ist eine Polis? 31
   Aufbruch zu neuen Ufern 38
   Kunst und Kommerz 45
4. Aristokraten, Tyrannen, Demokraten. Politischer Raum
   und politisches Denken 51
   Vom Königtum zur Adelsherrschaft 51
   „Die Besten". Politik und Lebensstil des Adels 53
   Die griechische Tyrannis 59
   Demokratisierung der Polis. Institutionen und öffentli-
   che Räume 64

Klassische Zeit

5. Die Perserkriege und der Beginn der Unterscheidung
   zwischen Orient und Okzident 75
6. Sparta und Athen 87
   Sparta 87
   Ursprünge und Grundzüge 87
   Gesellschaft und spartanische Erziehung 90
   Spartas politische Ordnung 96
   Athen 102
   Athen und Sparta: Der Peloponnesische Krieg 116
7. Wie funktioniert direkte Demokratie? Athen im 4. Jahr-
   hundert v. Chr. 125
   Menschen und Institutionen 125
   Die Volksversammlung und der Rat der 500 130

	Die Ämter	137
	Die Gerichte	139
	Demokratie und Freiheit	146

Kultur und Gesellschaft

8.	Literatur, Philosophie, Kunst und Architektur	151
	Schriftlichkeit und Mündlichkeit	151
	Literatur: Drama und Geschichtsschreibung	155
	Drama	156
	Geschichtsschreibung	168
	Philosophie	175
	Bildende Kunst und Architektur	182
	Krieg und Gewalt	197
9.	Religion	200
	Von der Fremdartigkeit griechischer Religion	200
	Götter, Menschen und Städte	202
	Griechische Kultfeste: Ritual und Mythos	208
	Rational und irrational im Polytheismus	216
10.	Handel und Wirtschaft	218
	Oikonomia	218
	Landwirtschaft	220
	Handel, Handwerk und Warenproduktion	223
	Münz- und Kreditwesen	226
	Primitive oder marktliberale Griechen?	230
11.	Die griechische Gesellschaft	233
	Sklaven und Freie	233
	Frauen	238
	Sexualität	241
12.	Schlussbemerkung – Die Griechen und wir	243

Anhang

Zeittafel	251
Literaturhinweise	252
Allgemeine Darstellungen	252
Weiterführende Literatur zu den einzelnen Kapiteln	253
Bildnachweise	255
Danksagung	256

> *„We are all Greeks. Our laws, our literature, our religion, our arts, have their root in Greece."* (P. B. Shelley)

> *„Man kommt ohne das Altertum aus"* (W. Schuller)

0. Vorbemerkung

Dieses Buch ist für Leser gedacht, die sich einen Überblick über die griechische Antike verschaffen wollen, ohne dabei auf mehr als sehr allgemeines Vorwissen zurückgreifen zu müssen. Die angelsächsische Welt hat dafür den passenden Begriff vom „general reader" geprägt, der sich nicht recht ins Deutsche übertragen lässt. Es ist kein Buch für Fachleute und nur in sehr beschränktem Maße eines für solche, die es vielleicht einmal werden wollen. Es ist auch kein Nachschlagewerk oder „Minimalhandbuch", in dem die wichtigsten Ereignisse der behandelten Epoche systematisch aufgelistet sind. Gleichwohl ist es ein Buch für alle diejenigen, die sich für das Altertum interessieren und sich über die Grundzüge der antiken griechischen Geschichte informieren wollen. Der „intendierte Leser", also derjenige Leser, den sich der Autor beim Schreiben gewissermaßen als idealen Adressaten vorstellt, könnte jemand sein, der aus touristischem, aus allgemein kulturgeschichtlichem Interesse oder auch als Student einer geisteswissenschaftlichen Disziplin, die historische und inhaltliche Verbindungen zur antiken Kulturgeschichte aufweist (etwa Kunstgeschichte, Literaturwissenschaft), zu diesem Büchlein greift. Idealerweise ist es einfach jemand, der aus reiner Wissbegier etwas über ein faszinierendes Volk und seine Geschichte erfahren möchte, dessen kulturelle Leistungen uns mittelbar und manchmal auch unmittelbar noch heute betreffen.

Das Buch behandelt die Kultur und Geschichte der Griechen des Altertums während der „archaischen" und „klassischen"

Zeit. Unter Archaik versteht man die Epoche der Ausbreitung der griechischen Stadtstaatkultur im Mittelmeerraum und im Schwarzmeergebiet zwischen ca. 750 und ca. 500 v. Chr. Die Klassik, die Blütezeit der griechischen Zivilisation, umfasst die Periode von etwa 500 bis 338 (das exakte Datum bezeichnet die Niederlage Athens und seiner Verbündeten gegen den Makedonenkönig Philipp II., das gemeinhin als Ende der unabhängigen Stadtstaaten der Griechen gilt). Beide Epochen lassen sich kunstgeschichtlich und politisch deutlich voneinander scheiden. Die diesen Epochen vorangegangenen Hochkulturen der griechischen Bronzezeit (Minoische und Mykenische Kultur) können hier ebenso wenig behandelt werden wie die Zeit Alexanders des Großen und der von seinen Nachfolgern gegründeten makedonisch-griechischen Königreiche, die weit über die Mittelmeerwelt hinaus die Antike bis zum Siegeszug der Römer prägten – kulturell noch weit darüber hinaus. Diese thematische Beschränkung ist einzig Art und Umfang dieser Einführung geschuldet, die eine Ausbreitung von mehr als 1.500 Jahren Geschichte nicht zulässt.

Obwohl es sich bei dem vorliegenden Bändchen um eine sehr knappe Darstellung der griechischen Zivilisation der Antike handelt, in der keine Forschungsdiskussionen ausgebreitet werden können und auch kaum Raum für von der herrschenden Meinung abweichende Thesen bleibt, liegt ihm doch eine These gewissermaßen als Grundüberzeugung zu Grunde. Die These ließe sich etwas folgendermaßen formulieren: Das Interesse an der Antike ist auch im 21. Jahrhundert ungebrochen und bedarf einer adäquaten Pflege. Die allgemeinen Kenntnisse vom Altertum und seiner Kultur sind aufgrund der Veränderungen im Bildungswesen (in ganz Europa) stark zurück gegangen, was von Kulturkritikern häufig beklagt wird. Diesen Sachverhalt kann man betrauern, man kann ihn aber auch als Chance begreifen. Die Tatsache, dass immer weniger Bewohner der westlichen Welt in alten Sprachen ausgebildet werden, heißt ja nicht, dass das Interesse an der antiken Kultur erloschen sei, sondern nur, dass die Grundlage der „klassischen", im 19. Jahrhundert begründeten Allgemeinbildung weg gebrochen ist und die Vermittlung der Antike neuer Kanäle bedarf. Dass diese These nicht ganz aus der Luft gegriffen ist, scheinen die vielen Hollywoodadaptionen griechischer und allgemein antiker Stoffe zu bestätigen. Filme wie das Spartaspektakel *300*, *Alexander* oder *Troja* mit Brad Pitt haben unabhängig von ihrer Qualität Millionen Menschen in die Kinos gelockt. Dokumentarfilme mit nachgestellten Szenen über antike Geschichte erreichen hohe Einschaltquoten, und Archäologieformate wie *Terra X* und *Schliemanns Erben* sind seit Jahren Quotenbringer bei den Fernsehsendern.

Wolfgang Schuller schrieb einmal in seiner Einführung in die Geschichte des Altertums, dass man gut und gerne ohne Kenntnisse über die Antike leben könne. Seine Aussage wurde diesem Vorwort etwas provokativ vorangestellt. Beim Zitieren habe ich jedoch den wichtigen Nachsatz unterschlagen, in dem der Autor betont, welchen Verlust es bedeutet, auf diese Kenntnisse zu verzichten: „Man kommt ohne das Altertum aus. Mehr aber auch nicht. Man kommt über die Runden, aber das ist ja nicht genug, wenn man von einer Sache wirklich etwas verstehen will" (W. Schuller, *Einführung in die Geschichte des Altertums*, UTB, S. 12). Daran anknüpfend möchte dieses Buch eigentlich nur das Interesse an der griechischen Antike wecken. Wenn dieses Ziel bei dem einen oder anderen Leser erreicht wird, wäre der Autor schon sehr zufrieden. Wenn es ihm auf diesen wenigen Seiten darüber hinaus gelänge, zu vermitteln, dass die Beschäftigung mit dem Altertum eine lohnende und vor allem spannende Angelegenheit ist, und Kenntnisse über die griechische Kultur und Geschichte durchaus dabei helfen können, die kulturellen Wurzeln unserer eigenen, modernen Welt des 21. Jahrhunderts zu verstehen, dann wäre das bereits ein großer Gewinn.

Hinweise zur Benutzung des Buches:
Alle folgenden Daten beziehen sich – sofern nicht anders ausgewiesen – auf die Zeit vor Christi Geburt. Den Quellenzitaten liegen die Übersetzungen von J. H. Voß (Homer), G. P. Landmann (Thukydides), J. Feix und A. Horneffer (Herodot), K. Reinhardt (Sophokles) und H. Vretska (Xenophon) zugrunde, bisweilen wurden leichte Änderungen vorgenommen. Die übrigen, nicht gekennzeichneten Zitatübersetzungen, stammen von mir. Am Ende finden sich eine knappe Zeittafel und eine sehr kurze Auswahlbibliographie mit der wichtigsten weiterführenden Literatur (weitgehend in deutscher Sprache), sowie Literaturhinweise zu den einzelnen Kapiteln.

1. Einleitung: Raum, Zeit, Umwelt

Im Jahr 401 machte sich ein rund 10.000 Mann umfassendes griechisches Söldnerheer unter Führung des Athener Heerführers und Schriftstellers Xenophon auf einen langen beschwerlichen Heimweg von Kunaxa im Zweistromland bis zur Südküste des Schwarzen Meeres. Ihr Arbeitgeber, der Thronprätendent des persischen Königreiches, Kyros, war seinem Bruder Artaxerxes unterlegen, die Griechen nach dem Tod des Kyros in der Schlacht arbeitslos. Nach langen Strapazen und vielen Kämpfen in unbekanntem und feindlichem Gebiet erklomm die Vorhut des Trosses eines Tages einen Berg. Xenophon hörte plötzlich von vorne laute Schreie und stürmte kampfbereit mit einer Reiterschar dorthin, weil er glaubte, die Vorhut sei angegriffen worden. Auf der Kuppe des Berges lagen sich jedoch seine Soldaten weinend und lärmend in den Armen und riefen immer wieder „Thalatta, Thalatta!", „Das Meer, das Meer!". Sie hatten an der Nordostküste der heutigen Türkei (bei Trabzon) endlich das Schwarze Meer gesichtet. Lassen wir Xenophon selbst zu Wort kommen: „Da liefen nun alle heran, auch die Nachhut, Zugtiere und Pferde wurden herangetrieben. Als alle auf die Berghöhe gekommen waren, da umarmten sie einander unter Tränen, sogar Strategen und Lochagen [Generäle und Offiziere]." (Xenophon, *Anabasis*, 4, 5, 24-25).

Während in unserer heutigen Wahrnehmung das Meer das trennende Element ist und das Land uns verbindet, war es in der griechischen Antike genau umgekehrt. Das Meer bestimmte unmittelbar den Lebensraum. Es war zugleich wichtigster Verkehrs- und Handelsweg, bedeutender Nahrungslieferant und allgegenwärtiges Tor zur Welt. Für Xenophons Soldaten bedeutete der Anblick des Meeres die Rettung und eine baldige Passage in die Heimat. Für die Griechen des Altertums bestimmte das salzige Element den Alltag und war allgegenwärtig im Leben wie im Denken. Ein rechtes Verständnis für die Lebenswelt und die Kultur der Griechen lässt sich nur ausgehend vom Meer und seiner Bedeutung für dieses seit Odysseus sprichwörtliche Seefahrervolk gewinnen. Sogar das heutige Griechenland (in der Antike waren griechische Städte über den ganzen Mittelmeerraum bis ins Schwarzmeergebiet verteilt) verfügt über eine eindrucksvolle Küstenlänge von gut 4.000 Kilometer, rechnet man die zahlreichen Inseln hinzu, sind es über 13.000 Kilometer. Eine solche geografische Ausgangslage prägt die Bewohner nachhaltig, man musste sich mit dem Meer auseinandersetzen. Die See behielt dabei für die Griechen den Aspekt des gefährlichen, Verderben bringenden bodenlosen Elements. In ihren Tiefen verorteten Sagen und Legenden Meerungeheuer. Poseidon war unberechenbar, und wer einmal einen Sturm auf dem Mittelmeer erlebt hat, kann sich noch heute die Ängste antiker Seefahrer ausmalen. Selbst in der *Odyssee*, dem Seefahrerepos *par excellence*, sagt etwa der König der Phäaken zum gestrandeten Odysseus (*Od.* 8, 137ff): „Denn nichts Schrecklichers ist mir bekannt, als die Schrecken des Meeres,/ Einen Mann zu verwüsten, und wär' er auch noch so gewaltig." Dennoch gab es für die Griechen keine Alternative zur See, sie bildete das geographische Zentrum, das Zentrum der Verbindungslinien zwischen den Städten, was jede Karte auf einen Blick zeigt und sich auch in Platons

Bemerkung wieder findet, mit ihren Städten säßen die Griechen um das Meer herum, wie Frösche um einen Teich (*Phaidon* 109). Bedenkt man weiter, dass die karstige Gebirgslandschaft mit sehr wenigen fruchtbaren Gegenden im Landesinneren des Festlandes und der Peloponnes nur eine begrenzte landwirtschaftliche Nutzung erlaubt und bereits in der Antike die Wälder Griechenlands weitgehend abgeholzt waren, wird die Bedeutung des Meeres, überhaupt die Relevanz von Raum und Umwelt für Kultur und Wahrnehmung der Griechen, deutlich. Viele Gebiete, selbst die des griechischen Kernlandes, waren angesichts der zerklüfteten Landschaft und der gefährlichen und beschwerlichen Landwege (meist Steilpfande) eigentlich nur über den Seeweg zugänglich.

Neben der geographischen Einordnung scheint mir besonders ein weiterer Aspekt unabdingbar für ein echtes Verständnis der Griechen und ihrer Kultur: Unser Verhältnis zu ihnen. Diesen Aspekt verfolgt das letzte Kapitel, das der Rezeptionsgeschichte gewidmet ist, und beschreibt, wie verschiedene Epochen „ihre" Griechen wahrgenommen haben. Doch einige Bemerkungen zur Nähe bzw. zur Fremdheit der antiken griechischen zu unserer neuzeitlich modernen Kultur sind schon in diesem Einleitungskapitel nötig.

Es gibt wohl kein ernst zu nehmendes Theater in Deutschland, das in den letzten Jahren nicht eine *Antigone* oder eine Tragödie von Euripides auf dem Spielplan gehabt hätte. Wir lernen in der Schule, dass die Griechen nicht nur das Theater erfunden, sondern auch als erste die Demokratie als Staatsform hervorgebracht haben. Vieles von dem, was zu den essentiellen Grundlagen europäischer Geistesgeschichte zählt, wurde erstmals von Griechen gedacht und formuliert, ob es sich um die Erfindung des historischen und des politischen Denkens handelt, oder um die kritische Rationalität im Austausch von Gedanken und im Formulieren von Meinungen, um mathematische Axiome oder ärztliche Standesehre (der berühmte Hippokratische Eid). Bis vor kurzem lernte man in der Schule auch nicht nur *eine* tote Sprache der Antike (im deutschen Gymnasialunterricht nimmt Latein hinter dem Englischen noch immer den zweiten Rang innerhalb der Fremdsprachen ein), sondern mit dem Altgriechischen auch eine zweite, und wenn Alfred N. Whitehead Recht hat, dann besteht die ganze moderne Philosophiegeschichte aus Fußnoten zu Platon. Kurzum: Die Antike im Allgemeinen, die griechische Antike im Besonderen gehört zu uns, gehört uns. Die Lordsiegelbewahrer der abendländischen Hochkultur erheben zwar häufig die Klage, dass es einstmals besser um die Kenntnis des Altertums gestanden habe. Dennoch ist die griechische Kultur bis in den Sprachgebrauch hinein („Eulen nach Athen tragen", „Tantalusqualen leiden", „den Augiasstall ausmisten", „kein Krösus sein", „eine *Odyssee* erleben" etc.) auch heute noch allgegenwärtig.

Genau diese Vertrautheit mit der griechischen Kultur der Antike, wie oberflächlich sie heutzutage auch sein mag, steht aber einem differenzierten und realitätsnahen Verständnis der Griechen, wie es in diesem Buch vorgeschlagen wird, nachhaltig im Wege. Wir sehen „unsere" Griechen eben zunächst einmal durch die Brille einer über 2.000-jährigen Rezeptionsgeschichte mit unterschiedlichen Aneignungsstufen. Dieser Sachverhalt verdeckt bisweilen die andere, uns eher fremde und – so sie uns bewusst ist – befremdende Seite der griechischen Kultur, etwa ihre seltsame, von blutigen Tieropfern und merkwürdigen Ritualen geprägte Religion, ihre Grausamkeit und Brutalität gegenüber Besiegten oder die Sklaverei, die zum unhinterfragten Alltag gehörte. Ein Buch über die Griechen müsste man daher – wenn das möglich wäre – eigentlich aus einer ähnlichen Perspektive schreiben wie ein Buch über die Maya, die Khmer oder die Han-Dynastie. Doch das Nachdenken über die griechische Kultur bedeutet immer zugleich auch ein Nachdenken über unsere eigene Kultur. Dieses hermeneutische Problem kann nicht gelöst, sondern nur ins Bewusstsein gebracht werden. In diesem Sinne möchte ich hier für eine vorsichtige Distanzierung plädieren. Natürlich kann uns ein Blick auf die griechische Antike niemals in wirklich gleicher Weise gelingen wie ein Blick auf unserer Kultur völlig fremde historische Sachverhalte und Gesellschaften. Dennoch muss man sich bewusst machen, dass die Griechen bei all ihren großartigen und bewundernswerten Leistungen, ihrer Philosophie, Literatur und Architektur, die unser Bild von ihnen beherrschen, ein vormodernes Volk waren, dessen Wesen, Lebensstil und Leistungen uns nur durch den Prozess formender Aneignung so nah erscheint.

Das ist kein prinzipiell neuer Gedanke. Bereits Nietzsche und Jacob Burckhardt haben auch auf die „dunkle Seite" der griechischen Kultur verwiesen und heutzutage ist die Methode des ethnologischen Vergleichs als eine nützliche Herangehensweise der Forschung verbreitet. Gleichzeitig bedeutet ein solcher Ansatz auch keineswegs eine „Primitivisierung" der griechischen Kultur, deren ungeheure schöpferische Leistungen immer Bestand haben werden. Vielleicht ist es ja auch gerade diese andere, dunklere Seite, die den Reiz der Beschäftigung mit dem hellenischen Altertum im 21. Jahrhundert ausmachen kann. Zumindest ist der warnende Hinweis, nicht einseitig die Marmorfassaden der griechischen Zivilisation zu beachten, für ein umfassendes und wirkliches Verständnis der griechischen Kultur in all ihren Aspekten erforderlich.

Diese hier nur angedeutete unterschiedliche Wahrnehmung und Rezeption der griechischen Kultur in verschiedenen Epochen der abendländischen Geistesgeschichte hat ihren Ursprung nicht zuletzt in Art und Menge der uns zur Verfügung stehenden Quellen über die griechische Antike. Diese sind an Umfang und Qualität denen, die uns etwa für die frühe Neuzeit zur Verfügung stehen und bereits statistische Auswertungen zulassen, nicht vergleichbar. Neben den in Relation eher wenigen antiken Originalzeugnissen wie Inschriften, Münzen, Texten auf Papyrus und archäologischen Zeugnissen, die die Zeiten überdauert haben, sind es in erster Linie deutende und interpretierende Texte aus der Antike, die auf unterschiedlichen Überlieferungswegen selektiv auf uns gekommen sind. Sie repräsentieren nicht nur einen ausgesprochen kleinen

Bruchteil dessen, was die Griechen schriftstellerisch während eines halben Jahrtausends produziert haben, sondern genügen auch nicht wirklich den Ansprüchen, die Historiker eigentlich an Quellen stellen. Der bedeutende Althistoriker Moses Finley hat einmal darauf hingewiesen, dass unsere wichtigste und in höchstem Ansehen stehende historische Quelle für das 5. Jahrhundert, das Geschichtswerk des Thukydides von Athen (von ihm wird noch ausführlicher die Rede sein), von Qualität und Anspruch am besten mit Tolstois *Krieg und Frieden* verglichen werden kann. Man versuche also einmal, die Geschichte von Napoleons Russlandfeldzug auf der Basis von Tolstoi zu schreiben (dazu vielleicht noch ein paar archäologische Funde von französischen Lafetten und Uniformteilen), um ein Gefühl für die Schwierigkeiten der althistorischen Quellenkritik zu bekommen. Gleichzeitig verweist dieser Sachverhalt auf die Fragilität unseres Wissens über die Griechen und ihrer Geschichte, die immer wieder neuer Deutung bedarf.

Ein weiterer besonderer Umstand, den es immer mit zu bedenken gilt, ist ebenfalls den Quellen geschuldet: Wenn wir von Griechenland sprechen, meinen wir oft eigentlich nur Athen. Die kulturelle und politische Dominanz Athens im 5. und 4. Jahrhundert hat dazu geführt, dass unsere Überlieferung in weiten Teilen – mittelbar oder unmittelbar – nur diese heimliche Hauptstadt der Griechen betrifft. Weite Teile der Geschichtsschreibung, die gesamte Staatstheorie und Philosophie der klassischen Zeit, stammen aus der Feder athenischer (oder dort ansässiger) Autoren. Auch der Großteil der bedeutenderen und längeren Inschriften aus dieser entscheidenden Epoche mit im engeren Sinne politischem Gehalt betrifft diese Stadt. Obwohl Athen in vielerlei Hinsicht (v.a. was die Ausbildung einer radikalen, auch untere Schichten einbeziehenden Demokratie betrifft) als repräsentativer Maßstab für die griechische Geschichte betrachtet werden kann, leitet der Mangel an (v.a. literarischen) Quellen für andere Städte und Gegenden Griechenlands den Blick des modernen Betrachters nicht selten in entscheidendem Maße in die Irre. Entsprechend müssen moderne Darstellungen – oftmals geschieht das sogar unbewusst – immer auch von den bekannten athenischen Verhältnissen auf diejenigen in anderen griechischen Stadtsaaten zurück schließen, über die nur bruchstückhafte Informationen vorliegen. Auch diesen Sachverhalt kann man nicht umgehen oder nur sich selbst und den Lesern bewusst machen, um dann einmal mehr auf die Fragilität unseres Wissens über das antike Griechenland zu verweisen.

Bis jetzt war ganz allgemein von „Griechenland" und „den Griechen" die Rede. Wo liegt aber das „Griechenland" des Altertums, und wie lassen sich seine Bewohner näher bestimmen? Diese beiden Fragen sind nur scheinbar banal. Von Griechenland zu sprechen ist für die Zeit der Antike eigentlich sehr ungenau und fast irreführend, versteht man doch unter einem „Land" gemeinhin ein kompaktes und zusammenhängendes Gebilde, das in geographischer oder kultureller Hinsicht in einem gewissen Grade homogen ist. Neben dem heutigen Griechenland, also der südlichen Balkanhalbinsel mit der Peloponnes und den vorgelagerten Inseln, dem geographischen Kerngebiet auch des antiken Griechentums, gehörte zu dem „Griechenland", das Gegenstand dieses Buches ist, aber auch die kleinasiatische Küste und ihr Hinterland, die bereits im 11. Jahrhundert von Griechen besiedelt wurden. Darüber hinaus waren fast ganz Sizilien sowie Teile Süditaliens, weiterhin Küstenstädte und Küstengebiete im heutigen Südfrankreich, in Nordafrika und rund um das Schwarze Meer von griechischen Kolonisten besiedelt worden. Überall dort lebten seit dem 8. Jahrhundert Griechen. In einigen Gebieten war die Besiedlung intensiver und prägte auch das Umland (etwa in Kleinasien und Sizilien), andernorts beschränkten sich die so genannten griechischen „Apoikien" (Kolonien, Pflanzstädte) auf die Küstenstädte, die besonders zahlreich zwischen dem 8. und dem 6. Jahrhundert gegründet worden waren und die – natürlich wegen ihrer Lage am und dem direkten Zugang zum Meer – immer Ausgangspunkt dauerhafter griechischer Ansiedlung waren. Deshalb eben konnte ein Platon hinsichtlich der griechischen Bevorzugung von Siedlungsplätzen am Meer die Griechenstädte an den Küsten mit Fröschen vergleichen, die um einen Teich herum sitzen.

Während die Frage, wie das antike Griechenland geographisch zu beschreiben sei, aufgrund der historischen Quellen und der archäologischen Funde recht einfach geklärt werden kann, ist es weitaus schwieriger, genauer zu bestimmen, wer denn nun die „Griechen" des Altertums waren und woher sie kamen.

Die Griechen selbst bezeichneten sich seit der klassischen Zeit als Hellenen (*héllenes*, zunächst wohl nur der Name eines thessalischen Stammes), unsere Bezeichnung „Griechen" geht auf die lateinische Bezeichnung des Volkes, *graeci*, zurück. Sie verbanden mit ihrer Herkunft Vorstellungen, denen sie selbst den Namen „Mythen", sagenhafte Geschichten, gaben, und die wir heute – allerdings in anderer Wortbedeutung – ebenfalls Mythen nennen würden. Für die Griechen handelte es sich dabei um historische Erinnerung in Form sagenhafter Geschichten, die zwar zeitlos empfunden, aber auch als durchaus wahr anerkannt wurden, denn das meint der Begriff *mythos* eigentlich. Wir hingegen bezeichnen literarische Erfindungen, Sagen und Legenden als Mythen. Sie alle stammten, so glaubten die Griechen, von einem mythischen Helden namens Hellen ab, der wiederum als Urvater der griechischen Stämme galt. Deren wichtigste waren die Ionier, die Achaier, Aioler und Dorer (entsprechend finden sich unter den Söhnen und Enkeln des Hellen ein Doros, ein Aiolos, ein Ion und ein Achaios).

In historischer Zeit, also zu Zeiten geordneter, systematisierender und zur Bewahrung für die Nachwelt gedachter schriftlicher Überlieferung, mithin ab dem 5. Jahrhundert, hatten die Griechen trotz aller Unterschiede zwischen den zahlreichen Kleinstaaten und den verschiedenen Stämmen, die sich durch eigene Dialekte und Mythen voneinander abgrenzten, eine Vorstellung von ihrem gemeinsamen „Griechentum". Diese verbindende Vorstellung hat uns Herodot überliefert. Mitte des 5. Jahrhunderts hatte er als erster Europäer ein geschichtliches, wohl um das Jahr 430 publiziertes Werk geschrieben – sein Thema waren die Perserkriege zu Beginn des 5. Jahrhunderts –, das historische Fragestellungen behandelt und Methoden entwickelt, die noch heute als Basis der modernen Geschichtswissenschaft dienen. Als Gründe dafür, warum die einzelnen griechischen Staaten gegen die Bedrohung durch die Perser zusammenhalten müssten, gaben die Athener in Herodots Bericht Folgendes als „typisch griechisch" zu Protokoll (Buch 8, 144): „Wir teilen die gleiche Abstammung und die gleiche Sprache mit den Griechen, die gleichen Heiligtümer und gemeinsame Opferfeste, sowie gleichgeartete Sitten".

Diese Aufzählung – so würde jeder Ethnologe sicher bestätigen – umfasst die Kernelemente ethnischer Identität und kultureller Zusammengehörigkeit: gemeinsame Abstammung (oder zumindest der Glaube an eine solche), gemeinsame Sprache, Religion und Bräuche. Entsprechend konnten sich die Griechen des 5. Jahrhunderts trotz aller Zankereien und trotz alltäglicher Kriegshandlungen zwischen den häufig verfeindeten Stadtstaaten als Träger einer gemeinsamen Kultur empfinden und als solche auch im Kampf gegen einen gemeinsamen „barbarischen" Feind handeln. Eine bedeutende Vermittlungsinstanz für diese Gemeinsamkeiten waren die vielen religiösen Feste, besonders die vier panhellenischen Spiele, die Pythien in Delphi, die Isthmien bei Korinth, die Nemeen in Nemea und allen voran die seit 776 durch Siegerlisten belegten Olympischen Spiele, an denen nur Hellenen teilnehmen durften und die Griechen aus allen Teilen der bekannten Welt zusammen führten.

Vom ersten Auftauchen von Einwanderern auf der südlichen Balkanhalbinsel, die einen frühgriechischen Dialekt sprachen, bis zu Herodots Beschreibung der hellenischen Kulturgemeinschaft lässt sich die in einem langfristigen Prozess ablaufende Ethnogenese der historischen Griechen nur bruchstückhaft rekonstruieren: Wohl um 2000 wanderten vom Norden aus nach und nach Träger einer neuen Kultur ins griechische Kernland ein. In den folgenden Jahrhunderten gelangten diese durch Handelskontakte und Kulturaustausch unter den prägenden Einfluss der *Minoischen Kultur*, der berühmten Hochkultur auf Kreta (Blütezeit etwa 2000 bis 1450), und begannen einen eigenständigen Stil in der Produktion von Keramik und Kunstgegenständen zu entwickeln. Die Archäologie kann diese Einwanderungsbewegung anhand der Grabbefunde nachweisen. Die bronzezeitlichen Gräber, die den Trägern dieser neuen Kultur, die sich um 1600 festigte und stärkere kulturelle (und damit archäologisch nachweisbare) Merkmale ausbildete, zugeordnet werden können, unterscheiden sich von den früheren Grablegen durch bestimmte markante Details: Grablege in Schächten, deswegen „Schachtgräber", vermehrt Waffenbeigabe als Zeichen einer „Kriegerkultur". Dass es sich bei diesen Neuankömmlingen, die die nach ihrem Hauptfundort auf der Peloponnes benannte *Mykenische Kultur* begründeten, um Leute handelte, die Griechisch sprachen, weiß man erst seit den 50er Jahren des letzten Jahrhunderts, als es dem englischen Architekten Michael Ventris in Zusammenarbeit mit dem Philologen John Chadwick endlich gelungen war, die Schrifttäfelchen zu entziffern, die die „Mykener" in ihren ausgebrannten Palästen und Verwaltungsgebäuden hinterlassen hatten. Denn nur durch Brandkatastrophen in diesen Gebäuden, seien sie zufällig oder durch kriegerische Akte verursacht, wurden diese eigentlich ungebrannten Archivtontäfelchen konserviert. Groß war die Überraschung, als sich auf den hauptsächlich buchhalterischen Zwecken dienenden Schrifttafeln bekannte griechische Amtstitel, Orts- und Götternamen fanden, darunter auch der Name des Gottes Dionysos, den man zuvor aufgrund der mythologischen Überlieferung für eine „junge" Gottheit gehalten hatte, die erst spät Eingang in den griechischen Götterhimmel gefunden habe.

Inwieweit man die Angehörigen dieser Mykenischen Kultur, die zwischen 1200 und 1100 unter immer noch ungeklärten, aber gewaltsamen Umständen vollständig von der Bildfläche verschwindet, als Griechen ansprechen darf, ist in der Forschung höchst umstritten, dass es sich bei ihrer Sprache um eine frühe Stufe des Griechischen handelte indes nicht. Über die ethnische Struktur der Bevölkerung der späten Bronzezeit (etwa 1600-1100) lässt sich auch anhand des archäologischen Materials keine befriedigende Aussage treffen. Auch hinsichtlich des Verbreitungsgrads der Sprache (nur von einer Herrenschicht gesprochen?, nur administrativen Zwecken dienlich?) lässt sich für diese frühe Periode keine eindeutige Schlussfolgerung ziehen. Vom historischen Griechentum kann man eigentlich erst für die Zeit der so genannten „Dunklen Jahrhunderte" sprechen, die auf den gewaltsamen Untergang der Mykenischen Kultur folgen, und die bis zum Beginn der archaischen Zeit andauern, also etwa von 1100 bis 800/750. Man spricht davon, obwohl gerade für diese Epoche die Schriftzeugnisse fehlen, denn die Kenntnis der Schrift ging in dieser Periode eines allgemeinen Niedergangs scheinbar ebenso verloren wie die kunsthandwerklichen Fertigkeiten abhandenkamen. In dieser Zeit, in der offenbar nicht nur die Schrift verlernt wurde, sondern auch die politischen Institutionen verschwanden und die materielle Kultur verarmte, kam es zu erneuten Wanderungsbewegungen, die als die *Ionische* und die *Dorische Wanderung* bekannt sind. In das Vakuum, das der Niedergang der mykenischen Palastzentren und der damit verbundene Bevölkerungsrückgang hinterlassen hatte, stießen nun Gruppen, die man mit dem griechischen Stamm der Dorer in Verbindung bringt. Sie besiedelten nun das griechische Kernland und stießen später bis zur Peloponnes vor, wo Sparta eine der wichtigsten dorischen Siedlungen wurde. Gleichzeitig wanderten Reste der vordorischen Bevölkerung, die den ionischen Dialekt des Griechischen sprachen, nach Kleinasien aus, wo sie bis zu ihrer Vertreibung durch Atatürk und die wirren Verhältnisse nach dem Ersten Weltkrieg dreitausend Jahre später die Westküste der heutigen Türkei besiedelten. Im Prozess dieser komplexen Migrationsbewegungen (es wird freilich auch diskutiert, dass es sich bei der Dorischen Wanderung weitgehend um Binnenmigration gehandelt haben könnte) kam es zur Herausbildung derjenigen griechischen Stämme und Staaten, die sich auch zu historischen Zeiten durch sprachlich-dialektale Unterschiede fassen lassen. Neben dem Ionischen, das von den kleinasiatischen Griechen, in Athen mit Umgebung und auf Euböa gesprochen wurde (wo Nachfahren der Mykener verblieben waren), dem Dorischen und dem Nordwestgriechischen, das auf der Peloponnes, auf Kreta, in Arkananien und Ätolien vorherrschte, gab es noch das Äolische in Böotien und Thessalien, sowie den frühgriechischen Dialekt des Arkado-Kyprischen, der auf Zypern und im unzugänglichen Zentrum der Peloponnes, in Arkadien, gesprochen wurde.

Am Ende dieser mit der so genannten *Geometrischen Keramik* auch archäologisch fassbaren Periode der griechischen Ethnogenese stehen zwei revolutionäre Kunstwerke, die nach scheinbar schriftlosen Jahrhunderten wie ein Paukenschlag die Kulturgeschichte des Abendlandes begründen sollten: die *Ilias* und die *Odyssee*.

2. Krieger und Seefahrer: Die Welt(en) Homers

„Sage mir, Muse, die Taten des vielgewanderten Mannes/ Welcher so weit geirrt, nach der heiligen Troja Zerstörung/ Vieler Menschen Städte gesehn, und Sitte gelernt hat,/ Und auf dem Meere so viel' unnennbare Leiden erduldet,/ Seine Seele zu retten, und seiner Freunde Zurückkunft./ Aber die Freunde rettet' er nicht, wie eifrig er strebte,/ Denn sie bereiteten selbst durch Missetat ihr Verderben […],/ Alle die andern, so viel dem verderbenden Schicksal entflohen,/ Waren jetzo daheim, dem Krieg entflohn und dem Meere:/ Ihn allein, der so herzlich zur Heimat und Gattin sich sehnte,/ Hielt die unsterbliche Nymphe, die hehre Göttin Kalypso,/ In der gewölbeten Grotte und wünschte sich ihn zum Gemahle." (Homer, *Odysse*, 1, 1-6). Mit diesen berühmten Versen beginnt das zweite der beiden unter dem Namen des Dichters Homeros, zu Deutsch Homer, überlieferten Epen um den Trojanischen Krieg und die Rückkehr der an ihm beteiligten griechischen Helden: die sagenhafte Geschichte von den Irrfahrten des Königs von Ithaka, der nach der zehnjährigen Belagerung Trojas erst nach weiteren zehn abenteuerlichen Jahren in die Heimat zurückkehren kann und dort seine von Eindringlingen bedrohte Herrschaft wieder etablieren muss. Die Eingangsverse der *Odyssee* habe ich für den Kapitelanfang deshalb ausgewählt, weil in diesen wenigen Sätzen bereits im Kern die wichtigsten Elemente enthalten sind, die die „Welt Homers", also das frühgriechische Universum des 8. und frühen 7. Jahrhunderts, charakterisieren: Es ist die Rede von Seefahrt und Rückkehr, von Kulturkontakt und Kulturaustausch (Odysseus hat „vieler Menschen Städte gesehn, und Sitte gelernt"), von Krieg und Missetat und – natürlich – vom allgegenwärtigen Meer als Zentrum der Existenz, als Verkehrsweg aber auch als Verderben bringendes, schicksalhaftes Element.

Bevor aber die Rede von dieser Lebenswelt, der „Welt Homers", sein wird, zunächst einige Worte zum ersten und wohl berühmtesten Dichter des Abendlands: Die Philologen sind sich mittlerweile weitgehend einig, dass die unter dem Namen Homers überlieferten Versdichtungen *Ilias* und *Odyssee* aufgrund der stilistischen Unterschiede von verschiedenen Autoren stammen müssen und unterschiedlichen Abfassungszeiten angehören (die von unbekannten Verfassern stammenden so genannten „Homerischen Hymnen", Preislieder auf Göttinnen und Götter, die ins 7. bis 5. Jahrhundert datieren, orientieren sich nur sprachlich an den Homerischen Epen). Der blinde Sänger Homer, von dem bereits die antike Überlieferung nur Ungefähres zu berichten wusste, hat wohl niemals wirklich als leibhaftige Person existiert. In der Forschungsliteratur wird deshalb in jüngerer Zeit nur noch von den „Homerischen Epen", vom „Dichter der *Ilias*" und dem „Dichter der *Odyssee*" gesprochen. Die *Ilias*, die einen dramatischen Ausschnitt aus der zehn Jahre andauernden Belagerung der Stadt Ilion (Troja) präsentiert – den als „Zorn des Achill" bekannten Streik des griechischen Haupthelden und seine Folgen –, entstand wohl bald nach 750, die *Odyssee* um 700. Allerdings ist die Datierungsfrage immer noch umstritten.

Doch unabhängig von dieser in Fachkreisen so genannten „Homerischen Frage" nach Autor und Autorschaft markieren die beiden beispiellosen Kunstwerke einen Neubeginn und künstlerischen Aufbruch der griechischen Zivilisation, der wie ein Donnerschlag die ansonsten schriftlosen „Dunklen Jahrhunderte" beendete. Das gilt sowohl inhaltlich für die Einordnung historischer Sachverhalte, als auch formal: Die beiden Epen markieren nämlich den Moment des Übergangs von einer der ständigen Veränderung ausgelieferten mündlichen Überlieferung zu schriftlichem und damit festgelegtem Sprachausdruck. Dass dies in einer so vollkommenen Form gleich zu Beginn der griechischen Schriftkultur erfolgen konnte, kann man getrost dem herausragenden Talent des jeweiligen Verfassers bzw. Redaktors zuschreiben, aber auch der Tatsache, dass die beiden Epen einer langen ausgefeilten mündlichen Tradition entstammen, die nun im Wortsinne festgeschrieben wurde. Es ließe sich noch Vieles über die epische Kunstsprache der Homerischen Dichtungen sagen oder über darin enthaltene Merkmale mündlicher Dichtung, über Komposition, Verwendung von Formelsprache, über dichterische Freiheit neben alten Märchenmotiven usw. In unserem Zusammenhang ist aber besonders der historische Aspekt der Homerischen Epen von Interesse: Was lässt sich über die Welt Homers aus den Epen erschließen?

Zunächst einmal lässt sich feststellen, dass wir es eigentlich mit drei Welten Homers zu tun haben. Es vermengen sich in den Gedichten nämlich drei Ebenen, die sich heute kaum mehr wirklich entwirren lassen. Einerseits werden offenbar die Verhältnisse einer lange zurückliegenden „heroischen" Epoche beschrieben. Dabei handelt es sich möglicherweise um jene Epoche, welche die Rhapsoden, also diejenigen, die diese mündlichen Dichtungen in den Generationen vor ihrer schriftlichen Fixierung vortrugen, mit der in ihren monumentalen

Überresten noch allenthalben sichtbaren Hochkultur identifizierten, die wir nun die „Mykenische" nennen. Der Trojanische Krieg aus der *Ilias* wurde bereits von den griechischen Schriftstellern der klassischen Epoche auf das 12. Jahrhundert datiert (die modernen Forscher, die an ihn glauben, datieren das Ereignis aufgrund der Zerstörungshorizonte in Troja ein Jahrhundert früher). Auf eine – zumindest gewollte – Verbindung zur mykenischen Zeit deuten gewisse Archaismen hin, etwa dass die beschriebenen Waffen aus Bronze sind, obwohl zu Zeiten der Abfassung der Homerischen Epen bereits seit 400 Jahren nur Eisen für die Waffenproduktion Verwendung gefunden hatte. Auch die meisten der im berühmten „Schiffskatalog" genannten Griechenstädte, die sich unter Agamemnon zu einer Allianz zusammenschließen, waren nach dem archäologischen Befund bedeutende Zentren der Mykenischen Zeit. Andererseits ist die Lebenswelt dieser „heroischen" Epoche der Epen im Vergleich zur archäologisch rekonstruierbaren mykenischen Palastkultur geradezu ärmlich. Odysseus, der listenreiche und heldenhafte „König" von Ithaka, ist – wie auch die anderen aus den Epen bekannten griechischen Fürsten – nach normalen Maßstäben bestenfalls als besserer Großbauer zu bezeichnen. In dieser Hinsicht, wie auch hinsichtlich bestimmter Bräuche, wie etwa die für die nachmykenische Zeit bis etwa ins 8. Jahrhundert weit verbreitete Sitte des Leichenbrands (vgl. Begräbnis des Patroklos in der *Ilias*, Gesang 23), verweisen die Schilderungen klar auf die „Dunklen Jahrhunderte".

Ein spektakulärer Grabfund bei Lefkandi auf der Insel Euböa (nördlich Attika vorgelagert) scheint die Verbindung zwischen den in den Epen geschilderten Realien und den Bräuchen der frühen Eisenzeit zu bestätigen. Dort kam ein Fürstensitz zum Vorschein, der während der dunklen Jahrhunderte eine bescheidene Blütezeit erlebte. Das auf das Ende des 10. Jahrhunderts datierte „Fürstengrab" und die darin enthaltenen Beigaben weisen eine Reihe von verblüffenden Übereinstimmungen mit den Beschreibungen der

Bestattungen des Patroklos und des Hektor aus der *Ilias* auf. Auch hinsichtlich des materiellen Hintergrunds dieser offenbar nur regional relevanten Herrschaft mit jedoch weit reichenden Handelsbeziehungen lassen sich Parallelen zu den Bauern- und Hirtenkönigen der Epen ausmachen. Leider lässt die Einzigartigkeit dieses Ausnahmefunds wirklich tragfähige Schlussfolgerungen nicht zu.

Als dritte zeitliche Ebene gesellt sich noch diejenige der Abfassungszeit der Epen hinzu. *Ilias* und *Odyssee* wurden ja für ein Publikum des 8. und beginnenden 7. Jahrhunderts mit spezifischem Erwartungshorizont verfasst. Entsprechend enthalten die Epen vor allem auch Hinweise auf Realitäten aus dieser Zeit. In der Beschreibung des vom Schmiedegott Hephaistos gearbeiteten Schilds des Achilleus, auf dem sich symbolische Darstellungen einer Stadt im Frieden und im Kriegszustand befanden, geht der Dichter bereits wie selbstverständlich von der um einen Marktplatz konzentrierten griechischen Stadt, der Polis, als typischem Lebensraum aus. Die Beschreibung der Gründung der Phäakenstadt Scheria in der *Odyssee* (6, 6ff, die Phäaken sind das friedliebende Volk, bei dem Odysseus gegen Ende seiner Irrfahrt Aufnahme findet), entspricht ziemlich exakt dem typischen Prozedere bei der Gründung einer griechischen Apoikie oder Pflanzstadt. Die griechischen Poleis und damit auch das Exportmodell der als Poleis verfassten Neustädte bildeten sich aber gerade wohl erst zum Beginn der Archaischen Zeit aus, waren also für die Dichter der Epen ein rezentes Phänomen (dazu im nächsten Kapitel mehr).

Die Historiker versuchen nun seit Generationen aus diesen drei zeitlichen Ebenen möglichst viele verlässliche Informationen herauszudestillieren. Dass dies für die Mykenische Epoche besonders schwierig ist, liegt auf der Hand. Entsprechend kristallisierte sich in den letzten Jahrzehnten die herrschende Meinung heraus, dass Homers Welt in erster Linie die Lebenswelt des 9. und 8. Jahrhunderts widerspiegelt, wobei Vieles aufgrund der poetischen und eben nicht historischen Interessen der Autoren im Ungewissen bleiben muss. Die Welt

Homers ist dabei eine Welt überschaubarer Fürstentümer. Die Herren sind Grundbesitzer, deren ökonomische Basis weitgehend von Landwirtschaft und Viehzucht bestimmt wird. Sie verfügen über Gefolgschaften aus grundsätzlich standesgleichen Grundbesitzern, deren Unterstützung sie sich immer wieder versichern müssen (Einbindung in Ratsversammlungen, in denen die Älteren Vorrang haben). Das „Volk", das man sich aus freien Bauern bestehend vorstellen muss, spielt in den Epen eine untergeordnete Rolle, nur wenige Stellen in den Hintergrundbeschreibungen erwähnen Bauern, Hirten, Handwerker, etwa Gold- und Silberschmiede oder Töpfer. Das Volk, der *demos*, hat aber bei Volks- und Heeresversammlungen offenbar die Möglichkeit, seine Meinung durch Murren und Rufen zu bekunden (*Od.* 3, 214).

Die Haushaltung der Adligen wird indes genauer beschrieben. Zum Hausstand (*oíkos*) als sozialer und wirtschaftlicher Einheit gehören neben der Kernfamilie um den Patriarchen auch fein abgestuft Hörige und Sklaven. So hat etwa der treue Schweinehirt des Odysseus, der Knecht Eumaios, seinerseits einen eigenen Sklaven. Die Anführer und Adligen sind zunächst einmal Krieger, und ihr Rang und Ruhm basiert auf Kriegstaten. Gastgeschenke, Prestigeobjekte und allgemein der Gabentausch spielten offenbar für diese Herrenschicht eine besonders große Rolle. Glaukos und Diomedes tauschen goldene bzw. bronzene Rüstungen (*Il.* 6, 230ff), Menelaos bietet dem Telemach, dem Sohn des Odysseus, als Gastgeschenk einen edlen Becher an und gibt ihm schließlich ein wertvolles silbernes Mischgefäß mit (*Od.* 4, 589ff). Luxusgüter aus Metall wie eherne Kessel, prunkvolle Becher aus Silber oder Gold, vor allem auch Importwaren und Luxuskeramik tauchen in den Epen als Prestigeobjekte und Statussymbole auf, sind aber auch archäologisch für das Dunkle Zeitalter und die frühe archaische Zeit in Gräbern belegt. Dennoch ist das, was die Forschung zur „Homerischen Gesellschaft" zu sagen hat, in hohem Maße spekulativ, da sich dichterische Freiheit, absichtliche Distanzierung durch Archaismen (etwa

Opferung von Gefangenen bei Bestattungen) und realitätsbezogene Beschreibungen der Gesellschaft nicht leicht voneinander trennen lassen.

Die in den Epen beschriebene und archäologisch belegte materielle Kultur verweist auch auf einen wichtigen Aspekt des Homerischen Zeitalters und des vorausgehenden 9. Jahrhunderts: Die Griechen fuhren nicht nur zur See, um Krieg zu führen oder Gastfreunde zu besuchen, sondern sie hatten auch intensive Kontakte, v. a. Handelskontakte zu benachbarten Völkern und Kulturen der Mittelmeerwelt. Während dieser Kulturkontakt in den Epen, vor allem in der *Odyssee*, als eher zufällig erscheint und bisweilen phantastische Züge trägt (die Lästrygonen, die Lotophagen, die Phäaken usw. repräsentieren in ihren seltsamen Sitten v. a. den Aspekt der Fremdheit, entweder als abscheulich oder als idealisiert dargestellt), zeigen archäologische Funde und nicht zuletzt auch die Einführung der von den Phöniziern übernommenen Schrift intensiven und stetigen Austausch. Dabei war der Fernhandel noch kein geordnetes Gewerbe und die Griechen übten es zumindest nach Auskunft der Epen nicht aus. Denn dort treten vor allem die Phönizier als fahrende Kaufleute auf. Doch archäologische Funde in Al Mina im heutigen Syrien, wo griechische Händler um 800 bereits einen Stützpunkt hatten, und auf der Insel Ischia, auf der Handel treibende Griechen bereits um 770 ansässig wurden, zeugen von Beziehungen, die über Gelegenheitskontakte hinaus reichten. Man wird sich die frühen griechischen Händler als eine Art Teilzeitpiraten vorstellen dürfen, die je nach Situation Handel trieben oder die Küstenplätze nach Art von Seeräubern ausplünderten. In der *Odyssee* (I, 338) erscheint Menschenraub zum Erwerb von Sklaven als ganz übliches Vorgehen. Und der Zyklop Polyphem fragt Odysseus und seine Mannen zunächst einmal misstrauisch aber pragmatisch, ob sie des Handels wegen angelandet, oder ob sie auf Seeraub aus seien (*Od.* 9, 251ff): „Habt ihr wo ein Gewerb', oder schweift ihr ohne Bestimmung/ Hin und her auf der See: wie küstenumirrende Räuber". Thukydides

(1, 5) berichtet von diesem keineswegs unehrenhaften Betätigungsfeld der Frühzeit: „Denn die ältesten Hellenen und auch die Barbaren an den Küsten des Festlandes und die die Inseln bewohnten, hatten kaum begonnen, mit Schiffen zueinander hinüberzufahren, als sie sich auch schon auf den Seeraub verlegten, wobei gerade die tüchtigsten Männer sie anführten, zu eignem Gewinn und um Nahrung für die Schwachen; sie überfielen unbefestigte Städte und offne Siedlungen und lebten so fast ganz vom Raub. [...] Dies Werk brachte noch keine Schande, eher sogar Ruhm."

Über die Kontakte zu den Nachbarn kam auch die Schrift zu den Griechen und löste eine kulturelle Revolution aus, deren Folgen nicht hoch genug veranschlagt werden können. Wohl auf den östlichen Inseln, Zypern oder Rhodos, vielleicht auch auf der für den Fernhandel seit alters her besonders wichtigen Insel Euböa übernahmen die Griechen das phönizische Alphabet. Da das Phönizische als semitische Sprache weitgehend ohne Vokale auskam, mussten die Griechen nur einige Schriftzeichen, für die sie keine Verwendung hatten, zu Vokalen umfunktionieren, um ein flexibles, auf Lautwerten aufbauendes Zeichensystem zu haben, mit dem jeder Sprachlaut abgebildet werden kann. Damit entwickelte man das erste Schriftsystem, das sowohl reinen Konsonanten als auch Vokalen eigene Zeichen zuwies. Es ist nicht unwahrscheinlich, dass diese Neuerung auf eine kleine Gruppe, vielleicht sogar einen einzigen Mann zurückgeht. Der Gräzist Ulrich von Wilamowitz-Moellendorf sprach in diesem Zusammenhang von einem „unbekannten Wohltäter der Menschheit". Bis heute beherrscht die erste Alphabetschrift mit ihren kyrillischen und lateinischen Ablegern weite Teile der Welt.

Diese „Medienrevolution", wie die Verbreitung der griechischen Alphabetschrift in letzter Zeit oft genannt worden ist, war von einschneidender Bedeutung für die Entwicklung des kritischen Denkens bei den Griechen. Überhaupt betonen neuere psycholinguistische Arbeiten, dass gewisse logische

Operationen erst mit der Erfindung spezieller schriftlicher Notationsformen möglich wurden. Die Idee von Logik als eines abstrakten und unpersönlichen Modus des Denkens kann demnach erst in einer Kultur entstehen, in der eine alphabetische Schrift allgemein verbreitet ist. Ähnliches gilt für den Komplex Erinnerung und Überlieferung, die in schriftlichen Kulturen qualitativ ganz anders geformt ist als in Gesellschaften, die ihre Mythen und historischen Erinnerungen mündlich tradieren. Die Verbreitung und rasche Annahme der Schrift bei den Griechen, dazu der Sonderfall, dass sie nicht auf eine Priester- oder Verwaltungskaste beschränkt, sondern frei verfügbar war und ihre Beherrschung bald weite Kreise der Bevölkerung erfasste (zur Schriftlichkeit an anderer Stelle mehr), ermöglichte erst die Selbstreflexion und das für die frühe griechische Philosophie so kennzeichnende kritische Bewusstsein. Nur vor solch einem Hintergrund war die spätere und uns so selbstverständliche Scheidung von „Mythos" und „Geschichte" möglich. Nur in diesem Kontext konnte Hekataios von Milet schon um 520 im Vorwort zu seinem nicht mehr erhaltenen historisch-geographischen Grundlagenwerk feststellen: „Ich schreibe dies so, wie es mir wahr zu sein scheint. Denn die Geschichten der Griechen sind zahlreich und meinem Eindruck nach lächerlich". Unsere Kenntnisse über die Griechen werden also erst durch die schriftliche Überlieferung klarer. Erst Inschriften und Dichtung, vor allem aber auch seit dem 5. Jahrhundert die Vergangenheit deutende und interpretierende Texte ermöglichen uns fundierte Einsichten, die über Ahnungen und Spekulation hinausgelangen. Bereits die Dichtung der Archaischen Zeit enthält wichtige Informationen, aber erst die Schriften, die von einem expliziten historischen Interesse getragen sind, liefern uns Zusammenhänge. Dieses historische Interesse im 5. Jahrhundert ausgebildet zu haben, ist eine der bedeutendsten Leistungen der griechischen Kultur. Also nicht nur für die Entwicklung des griechischen Denkens selbst war die Einführung der Schrift essenziell, sondern vor allem auch für unsere Kenntnis darüber. Wir wissen zwar erstaunlich viel über die Keramik der Mykenischen Zeit und des Dunklen Zeitalters, weit mehr als die Griechen selbst, und können Formen und Stile in eine exakte Chronologie einordnen. Aber über die Töpfer wissen wir nichts. Nur, weil uns schriftliche Zeugnisse fehlen, nennen wir die Epoche vor der Archaischen Zeit die „Dunklen Jahrhunderte". Doch dunkel sind sie nur für uns.

Archaische Zeit

3. Griechischer Frühling. Die Entstehung der Poliskultur und die griechische Kolonisation

Was ist eine Polis?

Gegenstand dieses Kapitels ist der griechische Stadtstaat, besser vielleicht „Bürgerstaat" (A. Heuß), der Lebensraum *Polis*, und damit auch die – von dem Wort abstammende – politische Ausdifferenzierung der griechischen Welt, sowie die Ausbreitung der griechischen Poleis im ganzen Mittelmeerraum und im Schwarzmeergebiet seit dem 8. Jahrhundert. Dabei gerät zunächst ein Aspekt der griechischen Kultur ein wenig ins Hintertreffen, der auch in der vorangegangenen Besprechung der Homerischen Heldenwelt zu kurz gekommen ist, aber im Kapitel über die Wirtschaft größere Beachtung findet. Zu Beginn der archaischen Zeit, kurz nach *Ilias* und *Odyssee*, bietet ein Dichter, dessen Werke ebenso hoch einzuschätzen sind wie die Homerischen Epen, ein komplementäres Bild zur Welt von Kampf, Seefahrt und Abenteuer: Der böotische Bauer und Dichter Hesi*od*. An der Scholle orientiert, fern jedweder Seefahrerromantik und jedweden Heroentums, beschreibt er in *Werke und Tage* den Alltag und die Sorgen des Landmanns (sein zweites Werk, die *Theogonie*, wird uns im Kapitel über die Religion der Griechen wieder begegnen). Während die arbeitende Bevölkerung von Ausnahmen abgesehen in den Epen keine Rolle spielt – Laertes, der Vater des Odysseus, bestellt eigenhändig seine Felder, die adligen Damen auf den

Herrensitzen widmen sich der Kleiderproduktion in Handarbeit – und allenfalls Abhängige sich wirklicher Arbeit widmen, wie etwa der treue Schweinehirt Eumaios, zeigt Hesiod einen wichtigen Bereich des alltäglichen Lebens der frühgriechischen Gesellschaft auf: die Sorge um das tägliche Brot, das dem oftmals kargen Boden abgerungen werden muss. Mit dieser Sorge sahen sich im 8. Jahrhundert auch die kühnen Kolonisten konfrontiert, die zu fernen Gestaden aufbrachen, um neue griechische Städte zu gründen.

Aristoteles verkündet in seiner *Politik*, der wichtigsten staatsphilosophischen Schrift des Altertums, der Mensch sei von Natur aus ein „politisches Lebewesen", ein *zoon politikon*. Mit der gängigen Übersetzung dieses aristotelischen Begriffs vom Menschen als einem politischen, also die Gemeinschaft suchenden Lebewesen, wird man dem zumeist in Athen wirkenden Philosophen aber nicht ganz gerecht. Er meinte mit dem Ausdruck *zoon politikon* tatsächlich, dass der Mensch von seiner Natur her ein auf die Polis ausgerichtetes Lebewesen sei. Diese Form des menschlichen Zusammenlebens (und nicht irgendeine staatliche Gemeinschaft) sei die vollkommene und damit auch das höchste Ziel menschlicher Vergemeinschaftung, nur in der Polis könne der Mensch seine geistigen und sittlichen Anlagen ganz erfüllen. Dabei ist es zunächst einmal unerheblich, welche Verfassungsform in der Polis herrscht. Aristoteles unterschied als legitime Verfassungsformen die Monarchie, Aristokratie und Politie, letztere ist in seiner Vorstellung eine weniger radikale Form der Demokratie. Ein rechter Mensch ist demnach nur ein erwachsener griechischer Mann, der in einer Polis lebt. Dass Aristoteles im 4. Jahrhundert diese etwas exzentrische Auffassung vertreten konnte, liegt in erster Linie daran, dass um ihn herum mindestens tausend Poleis erfolgreich existierten (und wohl zum Teil auch daran, dass er kein Bergwerkssklave oder Ruderknecht war). Mogens Hansen, der über die letzten beiden Jahrzehnte mit seinem „Copenhagen Polis Center" ein Inventar sämtlicher in Quellen oder archäologisch nachweisbarer Poleis zusammengestellt und damit der Forschung eine neue Grundlage geschaffen hat, kommt auf die beeindruckende Zahl von rund 1.300 attestierten griechischen Stadtstaaten (1.035 allein für die archaische und klassische Zeit), wobei sicher noch eine hohe „Dunkelziffer" mitgerechnet werden muss.

Wie müssen wir uns nun einen solchen griechischen Stadtstaat vorstellen? Bei allen Unterschieden und Eigenheiten, die sich bei genauer Analyse der vielen Poleis feststellen lassen, gibt es einige typische Merkmale, die für diese Staats- und Gemeinschaftsform, die uns im 6. Jahrhundert voll ausgebildet entgegentritt, kennzeichnend sind. Dabei gilt es zwei Dimensionen zu unterscheiden: die räumliche, Polis als Siedlungsraum, als Stadt, und die gesellschaftliche, Polis als Gemeinschaft ihrer Bewohner, als Staat. Bereits in der *Odyssee* haben wir eine Notiz, die allgemein als deutlicher Verweis auf die entstehende Poliskultur verstanden wird (zur Entstehungsgeschichte der Polis gleich mehr). Es wird von der Gründung der Phäakenstadt Scheria berichtet, in der Odysseus gastliche Aufnahme findet und die über wesentliche Elemente eines griechischen Stadtstaates verfügte: „Aber sie [die Phäaken] führte von dannen Nausithoos, ähnlich den Göttern,/ Brachte gen Scheria sie, fern von den erfindsamen Menschen,/ Und umringte mit Mauren die Stadt, und richtete Häuser,/ Baute Tempel der Götter, und teilte dem Volke die Äcker." (*Od.* 6, 6ff).

Von Ausnahmen abgesehen ist die griechische Polis eine befestigte Siedlung, meist von Mauern umgeben, wie auch die Stadt der Phäaken im Epos. Polis meint auch etymologisch zunächst einmal den befestigten Ort – die „Akro-polis" ist die erhöht gelegene Burg. Die zitierte Stelle aus der *Odyssee* verweist auch noch auf weitere wichtige räumliche Gliederungen griechischer Städte: Die Häuser der Menschen und die Häuser der Götter, die Tempel, sowie den zur Stadt gehörenden Ackerboden im unmittelbaren Umland der Polis, der Chora. In diesem Hinterland existierten oft zur Polis gehörige ländliche Siedlungen, die man vielleicht am besten mit Dörfern vergleichen kann, „Komen" oder „Demen" genannt. Neben fruchtbarem Ackerland war für griechische Poleis vor allem auch der Zugang zum Meer entscheidend. Fast alle Stadtstaaten der Griechen, vor allem die seit dem 8. Jahrhundert neu gegründeten Pflanzstädte, verfügen über Häfen.

Die wichtigsten und für Archäologen und Historiker sichtbarsten strukturierenden Kennzeichen einer Polis sind ihre öffentlichen Räume. Dieser Aspekt führt uns zum eigentlichen Wesen der Polis als Bürgergemeinschaft, die sich nach T. Hölscher in einem dreigliedrigen öffentlichen Raum konstituiert: Die Agorá (Marktplatz), die Heiligtümer und die Nekropolen. Diese räumliche Gliederung entspricht der Dreiteilung der idealen Polis: Menschen, Götter, Tote. Auf dem Marktplatz tritt die Polisgemeinschaft als politische Einheit zur Regelung der gemeinschaftlichen Angelegenheiten zusammen. Hier wird Recht gesprochen, verhandelt, Entscheidungen werden getroffen oder mindestens publik gemacht. Hier bilden sich auch die politischen Institutionen des griechischen Stadtstaates heraus (dazu mehr im folgenden Kapitel). In den Heiligtümern treten die Bürger als Festgemeinschaft im gemeinsam ausgeübten Ritus zusammen und versichern sich der Unterstützung durch die Götter, und sie versichern sich ihrer selbst als Gemeinschaft in der kollektiven Kulthandlung. Die Nekropolen, außerhalb der Polis in einem separaten Areal, sind Erinnerungsorte. Hier ehrte die Gemeinschaft ihre Toten – zunächst und an erster Stelle die der führenden Familien – in gemeinsamen Totenfeiern. In der durch Rituale vermittelten Erinnerungskultur entwickelt sich ein historisches Bewusstsein der Stadt.

Diese für Historiker besonders markant erscheinende räumliche Aufteilung der Polis war für ihre Bewohner wohl eher sekundär. Sie verstanden ihr gemeinsames Staatswesen eher aus der Perspektive des Personenverbands. So lässt Thukydides den Heerführer Nikias zu seinen Soldaten während des Sizilienfeldzuges sagen: „Denn Männer machen eine Stadt aus, nicht Mauern und nicht unbemannte Schiffe." (7, 77, 7). Diese personale Staatsauffassung findet sich durchgehend in den antiken Zeugnissen. Bestes Beispiel sind wichtige Staatsakte und -verträge, die oft als Inschriften öffentlich ausgestellt waren, und in denen immer konkret von „den Athenern", „den Megarern" oder „den Argivern" die Rede ist. Sie fassen diese Beschlüsse nicht als abstrakter Staat „Athen", Megara" oder „Argos", sondern als Bürgerverband, unabhängig davon, ob demokratische oder oligarchische Elemente die Verfassung dominieren.

Damit haben wir das Wesen des etablierten griechischen „Bürgerstaates" seit dem 6. Jahrhundert grundsätzlich erfasst: Die Bürger regeln ihre Angelegenheiten selbst, sie sind „autonom". Das tun sie im Laufe der Entwicklung der Polis zunehmend als verfasster Bürgerverband, der Verordnungen und Gesetzesvorschriften zur Organisation des öffentlichen Lebens nach immer klarer definierten Verfahrensregeln erlässt. Um 600 herum mehren sich unsere verlässlichen Hinweise, dass sich – von Ausnahmen abgesehen – in den Poleis Handlungen, Rechte und Verantwortungen von den einzelnen Adelsfamilien in zentralen Bereichen der Lebenswelt auf die Gemeinschaft der Bürger und ihre kollektiven Institutionen verlegt wurden, wovon im nächsten Kapitel ausführlicher zu berichten sein wird. Erst für diese Zeit haben wir mit Lyrikfragmenten und einigen Inschriften erste Zeugnisse, die aber bereits ganz selbstverständlich die Polis und nur die Polis als Bezugsrahmen ausweisen. Die von uns modernen „Republikanern" oft so leichtfertig und bedenkenlos zur Kenntnis genommene Tatsache, dass seit jener Zeit die Bürger dieser Städte ohne König „autonom" Politik betreiben und selbst im ständigen diskursiven Austausch miteinander, oft auch in bis zum Bürgerkrieg führenden Streit, ihre Angelegenheiten und ihr Schicksal gestalteten, ist eigentlich ein revolutionärer Sachverhalt. Die Polis ist damit gewissermaßen der politisch-organisatorische Grundstein eines Bewusstseins, dessen Produkt die Art von Philosophie, Kunst und Literatur ist, welche die heutige „westliche" Welt über verschiedene Rezeptionsstufen nachhaltig geprägt hat.

Dabei waren nur wenige der Poleis in unserem Sinne größere urbane Zentren. Athen vor allem, aber auch Korinth oder Syrakus waren regelrechte Großstädte mit mehreren Zehntausend Bürgern und über 100.000 Einwohnern insgesamt während der klassischen Epoche. Im Falle Athens lassen sich etwas zuverlässigere Schätzungen für das 5. Jahrhundert gewinnen als etwa in anderen Städten. So wird Athen mit seinem umliegenden Gebiet (Attika) Mitte des Jahrhunderts als bevölkerungsreichste Stadt Griechenlands über etwa 35.000 erwachsene, männliche Bürger verfügt haben, andere Schätzungen sprechen von über 50.000 Bürgern. Zusammen mit den Frauen und den Unmündigen sowie aufgenommenen Fremden (Metöken) und Sklaven wird man eine Gesamtbevölkerung von etwa 200.000 annehmen dürfen. Hier gehen allerdings die vagen demographischen Schätzungen der Historiker weit auseinander, da keine Quellenangaben zur Zahl der Nicht-Bürger und Sklaven vorliegen. Die meisten Poleis waren indes viel kleiner als die „Großmächte" Athen, Sparta, Korinth, Argos usw. Bürgerschaften von nur etwa 1.000 Mitgliedern oder darunter waren keine Seltenheit. Rund 80% der Stadtstaaten zählten jedoch zwischen 1.000 und 10.000 Bewohnern und verfügten über ein Territorium von 100 bis zu 200 qkm. Über 10.000 Einwohner konnten nur etwa 10% der damit größten und bedeutenden Poleis vorweisen, und dies auf Territorien von ca. 200 bis 500 qkm. Großstädte mit über 500 qkm und mehr als 10.000 männlichen Vollbürgern (und daher mit einer Gesamtbevölkerung von über 40.000) waren noch seltener und repräsentierten etwa 5% der Poleis. Nach vorsichtigen Schätzungen dürften während der zweiten Hälfte des 4. Jahrhunderts gleichzeitig etwa 7,5 Mio Menschen in den griechischen Poleis gelebt haben, davon rund 40% in den Kolonien außerhalb des griechischen Kerngebiets der südlichen Balkanhalbinsel und der Ägäis (M. H. Hansen).

Ungelöst bleibt das Problem des Ursprungs und der frühsten Entwicklungen in den sich bildenden archaischen Poleis. Einerseits scheinen *Ilias* und *Odyssee* Anhaltspunkte zu liefern, wenn an bestimmten Stellen (u.a. in der Passage zur Gründung von Scheria) Institutionen und Eigenschaften genannt sind, die kennzeichnend für die griechischen Stadtstaaten waren und eine gewisse Vertrautheit der Dichter mit diesem für die Mitte des 8. Jahrhunderts offenbar recht neuen Phänomen nahe legen. Andererseits lässt sich auch archäologisch für das späte 9. und das 8. Jahrhundert ein Bevölkerungsanstieg nachweisen, der mit dem Ausbau bestehender Siedlungen einhergeht. Gleichzeitig wurden andere Siedlungen offenbar bewusst aufgegeben, so dass von einem bewussten Zusammenziehen, einer Siedlungskonzentration ausgegangen werden kann. Diese Vorgänge, wie auch die innere politische Entwicklungen dieser Frühzeit, die man mit dem 8. Jahrhundert in Verbindung bringt, sind jedoch noch weitgehend ungeklärt. Im späteren 8. Jahrhundert sei es dann, so lautet die herrschende Meinung, aufgrund eines Zusammenspiels mehrere Faktoren zur „großen Kolonisation" gekommen, in deren Verlauf das Modell Polis im ganzen Mittelmeerraum und später bis ins Pontosgebiet verbreitet wurde. In jüngster Zeit ist aber eine Kontroverse darüber entstanden, wo bei der Entstehung der Poliskultur die Henne und wo das Ei zu suchen sei, im griechischen Kernland oder in den Kolonien. In letzter Zeit wird häufiger die Meinung vertreten, dass die Pflanzstädte der Griechen durch den bei ihrer Gründung nötigen raumplanerischen und sonstigen organisatorischen Vorbedacht als die ersten Poleis anzusprechen seien, deren politischer und ökonomischer Erfolg dann auch Auswirkungen auf die Entsendungsstädte gehabt habe, die sich in der Folge ähnlich organisiert hätten. Jedoch bleibt es wahrscheinlicher, dass die Neustädte sich in der fremden Umgebung nach Tradition und Herkommen organisiert haben.

Aufbruch zu neuen Ufern

Unabhängig von der aufgrund des Quellenmangels letztlich unlösbaren Frage nach Henne und Ei bei der Geburtsstunde der Polis steht jedoch fest, dass es seit der zweiten Hälfte des 8. Jahrhunderts zu einer Welle von Städtegründungen, genauer: von Polisgründungen im Mittelmeergebiet kam, denn gerade diese Neustädte zeichneten sich durch die typische Dreiteilung des öffentlichen Raumes – Agora, Heiligtümer, Nekropolen – aus. Außerdem beförderte die Verteilung des Landes unter den Neusiedlern zu gleichen Teilen auch die politische Gleichberechtigung innerhalb der Bürgerschaft, die im Verlauf der Entwicklung des griechischen Stadtstaates zu seinem Kennzeichen wurde und als Tendenz vielleicht von den Kolonien auf die Mutterstädte ausstrahlte. Die ersten Neugründungen erfolgten in Süditalien und auf Sizilien, wobei die Handelsstädte der Insel Euböa, Chalkis und Eretria, als erste Siedler aussandten. Die älteste Gründung war Kyme bei Neapel (um 750). Als erstes festes Datum (Thukydides liefert uns eine verlässliche Chronologie) ist uns die Gründung von Naxos auf Sizilien im Jahr 735/4 bekannt, ein Jahr später wurde Syrakus von den Korinthern gegründet. Mitte des 6. Jahrhunderts kommt diese Auswanderungsbewegung, die die Griechen fast bis zur Straße von Gibraltar und an die Küsten des Schwarzen Meeres führte, langsam zum Stillstand. Die günstigsten noch verfügbaren Plätze und Küstenstreifen waren besetzt. Gewisse Regionen, etwa die Küsten der Levante, Ägyptens und des größten Teils von Nordafrika, wurden von den Reichen des Alten Orients oder den Phöniziern beherrscht und kamen deshalb grundsätzlich nicht in Frage für die griechischen Auswanderer.

Der Hauptgrund für die massive Auswanderung junger griechischer Männer, die man – obwohl sie mit den Kolonialreichen der europäischen Imperien des 19. Jahrhunderts n. Chr. strukturell nichts gemeinsam haben – etwas missverständlich als „Kolonisation" bezeichnet, war Überbevölkerung.

Untersuchungen von Gräberfeldern, deren einzelne Grablegen man anhand der Beigaben (v.a. anhand der Keramik) sehr genau datieren kann, belegen ein auffälliges Bevölkerungswachstum ab dem ersten Drittel des 8. Jahrhunderts. In Attika (ähnlich aber auch in Argos, für die meisten anderen Städte – und damit für 95% von Griechenland – fehlen belastbare Daten) hat sich nach Aussage des Grabbefunds die Bevölkerung im Verlaufe des 8. Jahrhunderts versechsfacht, was einer vierprozentigen Wachstumsrate pro Jahr entspricht. Man darf die Aussagekraft dieser punktuellen archäologischen Daten, die ja interpretiert werden müssen und nicht aus sich selbst heraus sprechen, nicht überbewerten, ein auffälliges Bevölkerungswachstum lässt sich aber sicher ableiten. Im Gegensatz zu Athen, das mit Attika über genügend Hinterland verfügte, um dieses Wachstum zu verkraften, mussten andere Städte, die sich nicht über genügend fruchtbares Umland ausdehnten, auf andere Lösungen sinnen. Erschwerend kam hinzu, dass das griechische Erbrecht prinzipiell gleiche Erbteilung unter den männlichen Nachkommen vorsah, was bei Bevölkerungswachstum zu nachhaltiger Zersplitterung von Gütern führen musste, die dann ihre Bewohner nicht mehr ernähren konnten. In den meisten Städten musste man aufgrund der Landknappheit über Auswanderung nachdenken. Die Spartaner bildeten die Ausnahme: Sie überfielen ihre Nachbarn in der fruchtbaren messenischen Ebene und machten sich die Messenier nach zwei brutalen Kriegen untertänig, die von da an als abhängige Ackerknechte für die Spartaner arbeiten mussten. Angesichts dieser Rahmenbedingungen wird es nicht selten zu einer Situation gekommen sein, die Herodot für die Gründung von Kyrene in Nordafrika durch Auswanderer aus Thera (das heutige Santorin) beschreibt (4, 153): Durch die Not nach anhaltender Dürre gezwungen beschlossen die Theraier, „dass aus allen sieben Gemeinden der Insel immer je einer von zwei Brüdern um die Auswanderung losen sollte". Als die so zur Auswanderung gezwungenen jungen Männer nach einer ersten erfolglosen, da halbherzigen Ausfahrt wieder nach Hause zurückkehrten, wurden ihre Schiffe bei der Einfahrt in den Hafen von ihren ehemaligen Mitbürgern und Verwandten beschossen und zur Umkehr gezwungen. Die Geschichte bei Herodot unterstreicht den entscheidenden Faktor für die massive Auswanderungswelle seit dem späten 8. Jahrhundert: Not und Entbehrung. Sicherlich mögen im Einzelfall auch Abenteuerlust und Entdeckersinn bei Auswanderern eine Rolle gespielt haben und manch ein Glücksritter wird die Chance beim Schopf ergriffen haben. Die meisten Gründungen waren auch erfolgreich, manchmal übertraf die Apoikie (Pflanzstadt) bereits nach wenigen Generationen die Metropolis (Mutterstadt) an Prosperität. Die meisten dieser Kolonien sandten ihrerseits wiederum Siedler aus, die neue Städte gründeten.

Der Aufbruch zu neuen Ufern erfolgte überdies keineswegs ins Blaue hinein. Aus eigener Erfahrung in Handel und Seeraub oder über Mittelsmänner wusste man ungefähr, was einen in dem Gebiet, das man sich ausgesucht hatte, wohl erwarten würde. Entsprechend erfolgten die ersten Ansiedlungen entlang längst etablierter Handelsrouten und die ersten Gründerstädte waren bekannte Handelszentren, wie Chalkis und Eretria auf Euböa. Auch Korinth, das über Korkyra (Korfu) die Fühler nach Sizilien ausstreckte und dort Syrakus gründete, gehörte zu den Städten Griechenlands, die bereits im 8. Jahrhundert intensive Handelskontakte im ganzen Mittelmeergebiet pflegten.

Trotz geographischer und struktureller Unterschiede bei den Koloniegründungen der archaischen Zeit, kristallisierte sich im 7. Jahrhundert bei allen Unterschieden im Einzelnen doch ein typischer Ablauf solcher organisierter Auswanderungszüge heraus. Eine idealtypische Rekonstruktion einer solchen Gründungsfahrt könnte etwa folgendermaßen aussehen: In einer von Not geplagten griechischen Stadt entschloss sich ein adliger Herr, der vielleicht in internen Fehden um Macht und Ehre unterlegen war oder wegen Zweifel an seiner rechtmäßigen Herkunft von den Standesgenossen marginalisiert wurde, eine Gruppe waffenfähiger Männer um sich zu scharen und eine Expedition auszurüsten. Diese Anführer, die auch nach ihrem Tod in hohem Ansehen als Städtegründer standen, wurden Oikisten oder Archegeten genannt. Der Oikist sorgte mit seinem Vermögen und unter Mithilfe seiner Freunde für Schiffe, Waffen und Ausrüstung. Die Mitfahrer rekrutierten sich meist aus jüngeren Söhnen von durch die Erbteilungsregelung existentiell betroffenen Familien und Außenseitern. Ihnen gemeinsam war neben der Hoffnungslosigkeit in der Heimat auch ihr Familienstand und ihr Alter, sie waren unverheiratet oder verwitwet und im waffenfähigen Alter. Eine solche Auswandergruppe zählte wohl selten mehr als 200 Männer, nach Kyrene (unser Beispiel von oben) fuhren zwei Fünfzigruderer mit einer Gesamtbesatzung von etwa 120 Männern von Thera. Es konnten sich auch Abenteuerlustige aus zwei Städten zur Koloniegründung verabreden; so wurde Naxos auf Sizilien von Siedlern aus Chalkis und von der griechischen Insel Naxos besiedelt.

Vor der Abreise wurde – das war üblich geworden – das Orakel des Apollon in Delphi um Rat befragt. In diesem für die griechische Welt so bedeutenden Heiligtum, zu dem Hellenen von überall her pilgerten, sammelten sich – vor allem in den Häusern der Führungsschicht, in denen die Adligen als Gastfreunde abstiegen – allerlei Informationen über die Mittelmeerwelt. So konnte die Pythia, die als Sprachrohr des Gottes die Weissagungen erteilte, recht vernünftige Angaben über mögliche Siedlungsgebiete machen. Der britische Gelehrte Humphrey Kitto nannte das Heiligtum in Delphi einmal plastisch ein „Colonial Research Bureau". Jedoch kann von einer gezielten Steuerung der Auswanderung durch Delphi, wie man früher vermutete, keine Rede sein. Vielmehr war Delphi ein von vielen weitgereisten Griechen besuchtes Tor zur Welt, in dem informell und unter Gastfreunden Neuigkeiten ausgetauscht und verbreitet wurden. Der delphische Apoll, der regelmäßig um Hilfe bei der Suche nach neuen Siedlungsplätzen angegangen wurde, war unter seinem Beinamen Archegetes auch der Schutzgott der Aussiedler, er steuerte diese Auswanderung aber nicht durch seine priesterlichen Vertreter, wie man eine zeitlang annahm. Waren die Auswanderer am Bestimmungsort angekommen, wurde der Platz provisorisch befestigt. Manchmal überwinterten die Neusiedler zunächst der Sicherheit halber auf einer vorgelagerten Insel und erkundeten das Gebiet. Im folgenden Jahr wurde das Land gerecht in gleichgroße, bzw. ähnlich ertragreiche Landlose (*kléroi*) aufgeteilt und dann unter den Gefährten verlost. Dieser Sachverhalt ergibt sich nicht nur aus den Quellen, sondern auch aus dem archäologischen Befund. Durch Ausgrabungen und Luftbildaufnahmen konnten auf Sizilien und in Süditalien gerasterte, von Straßen regelmäßig durchzogene Stadtanlagen belegt werden, deren Planung von Anbeginn gleich große Streifengrundstücke im Stadtzentrum für die Siedler vorsah.

Hatten die Neusiedler die ersten Jahre glücklich überstanden und sich friedlich mit den Einheimischen arrangiert, oder – was öfter der Fall gewesen sein wird – die bodenständige Bevölkerung dank überlegener Taktik gewaltsam überwunden oder zurückgedrängt (im 7. Jahrhundert kam die effektive Phalanxtaktik auf, der Angriff Schwerbewaffneter in einer disziplinierten Schlachtreihe), stand ihnen eine blühende Zukunft bevor, wie die Erfolgsgeschichten der griechischen Pflanzstädte nahe legen. Dabei sollte man bei aller Bedeutung, die dem Fernhandel zukam, nicht vergessen, dass es den Kolonisten zunächst und in erster Linie um die Gewinnung neuen Ackerlandes ging und dass somit die Landwirtschaft für die Versorgung und für das nachhaltige Wachsen und Gedeihen der Pflanzstädte von entscheidender Bedeutung war. Die Siedler nahmen sich – im Einverständnis oder aber meist durch Raub – einheimische Frauen. Einige warteten auch auf Zuzug von Nachzüglern aus der alten Heimat, mit der intensiv Kontakt gehalten wurde und in der sich nach erfolgreicher Koloniegründung viele Auswanderungswillige, offenbar auch Frauen, fanden, die nun kein so großes Risiko mehr tragen mussten, aber auch mit geringeren Landlosen rechnen mussten. Auch bei der zweiten Generation von Auswanderern, die nicht mehr nur aus der Mutterstadt stammen mussten, werden viele Desperados und Glücksritter dabei gewesen sein. Der Dichter Archilochos (ca. 680-645), der sein Leben als herumziehender Söldner fristete und selbst zur zweiten Generation gehörte, die in die griechische Kolonie auf der Insel Thasos zogen, spricht davon, dass „der Abschaum aller Griechen" sich auf diesem unwirtlichen Eiland zusammengefunden habe (wobei er sich selbst davon nicht ausnimmt).

Auch in den Pflanzstädten kristallisierte sich bald eine soziale Hierarchie heraus, die der in den Herkunftsorten vergleichbar war. Während die Abenteurer, die zusammen mit dem Koloniegründer ankamen, unter gleichen Bedingungen die besten Ländereien bekamen und in der Folgezeit eine Art örtlichen Adel bildeten (in Syrakus nannte man die adelige Oberschicht „Gamoroi", also Grundbesitzer), mussten sich Nachzügler mit weniger zufrieden geben. Durch Erbteilung und Besitzveräußerung kam es zu weiteren Verschiebungen. Daneben wurden Sklaven gehalten, die seit dem 7. Jahrhundert auf großen Sklavenmärkten gehandelt wurden (der erste organisierte Sklavenmarkt soll auf der Insel Chios funktioniert haben), die man aber auch durch Raubzüge gewinnen konnte. In einigen Städten hatte man die ortsansässige Bevölkerung zu Leibeigenen gemacht oder in andere Formen der Abhängigkeit gebracht, so dass bald auch in den Pflanzstädten eine dem griechischen Mutterland vergleichbare, sehr diversifizierte Sozialstruktur entstanden war, in der allerdings weniger Abstammung als vielmehr Besitz und Reichtum entscheidend für den gesellschaftlichen Status waren.

Die Mutterstadt bot üblicherweise auch das Vorbild für die institutionelle und rechtliche Ausgestaltung der neuen Polis. Kulte und Feste – man brachte das Feuer vom heiligen Herd der Mutterstadt als Zeichen der Kontinuität mit –, Maße und Gewichte wurden in aller Regel von der Metropolis übernommen und die Erinnerung an die Auswanderung wach gehalten.

So erhielt auch der Gründer nach seinem Tod besondere kultische Ehren und war Zentrum der Erinnerungskultur. Auf diese Weise haben sich uns viele Namen dieser Archegeten über die mündliche Tradition überliefert. Die Kontakte zur Metropolis beschränkten sich jedoch auf den Austausch von Nettigkeiten durch gegenseitige Gesandtschaften und v.a. auf Handelskontakte. Ausübung von Kontrolle oder gar Herrschaft durch die Mutterstadt war offenbar weder erwünscht noch aufgrund der großen Distanzen möglich (Korinth, das Beamte in einige seiner kleineren Kolonien sandte, bildete eine Ausnahme). Dass die Bande eher locker waren, zeigt auch die Tatsache, dass keine einzige Kolonie ein Schiff entsandte, als das griechische Kernland 480 auf Leben und Tod von den Persern bedroht wurde.

Wie bereits angedeutet erfolgte die Kolonisation in mehreren, auch geographisch zu unterscheidenden Phasen: Zunächst fuhren Neusiedler aus Euböa, Korinth und bald darauf auch aus Megara nach Sizilien und Unteritalien, etwas später wurden die Inseln und Vorgebirge der Nordägäis entlang der makedonischen und thrakischen Küste besiedelt, wobei die große dreifingrige thrakische Halbinsel wegen der maßgeblichen Beteiligung der Stadt Chalkis an der Kolonisation vor 2700 Jahren noch heute Chalkidiki heißt. Die Gegend um die Meerengen, die das Mittelmeer vom Schwarzen Meer trennen, wurde im frühen 7. Jahrhundert hauptsächlich von Auswanderern aus Megara besiedelt; Byzantion, das spätere Konstantinopel, ist vielleicht die berühmteste dieser Pflanzstädte zwischen Hellespont und Bosporos. Im Pontosgebiet wurde besonders die kleinasiatische Stadt Milet aktiv. Sie soll für über 75 Gründungen an den Küsten des Schwarzen Meeres ursächlich sein. Ab 600 orientierten sich die Griechen auch noch weiter nach Westen. Siedler aus Phokaia, an der kleinasiatischen Küste gelegen, gründeten Massilia (Marseille), Nikaia (Nizza) und Emporion (Ampurias). Im Westen bekamen sie es aber oftmals mit den Phöniziern zu tun, die mit ihrer Kolonie Karthago und Niederlassungen im Süden des heutigen Spanien den

Handel durch die Straße von Gibraltar (v. a. wichtige Rohstoffe von den britischen Inseln) beherrschten. Die griechischen Kolonisten hatten deshalb einige Niederlagen einzustecken. Korsika und Sardinien etwa konnten nicht gehalten werden, auch eine Ansiedlung jenseits der „Säulen des Herakles", wie die Griechen die Straße von Gibraltar nannten, schlug fehl. Massilia aber wurde zu einem bedeutenden Handelszentrum. Griechische Luxuskeramik und Gegenstände aus Edelmetall gelangten vom heutigen Marseille über das Rhônetal zu den keltischen „Barbaren" im Norden. Am Mont Lassois im Tal der Seine, wie auch auf dem Hohenasperg und auf der Heuneburg finden sich, besonders auch in den keltischen „Fürstengräbern" des 6. und 5. Jahrhunderts, zahlreiche materielle Spuren dieser weit reichenden Handelsbeziehungen.

Kunst und Kommerz

Obwohl die Gewinnung von Neuland und nicht Handel der Zweck der Kolonisation war, sind aufs Ganze gesehen gerade in diesem Bereich die Auswirkungen der großen Auswanderungsbewegung am deutlichsten sichtbar, nämlich in den materiellen Hinterlassenschaften, genauer in den Zigtausenden von Überresten griechischer Keramik. Natürlich ist die Rückkopplung der Kolonien an die Mutterstädte, die, wohl angeregt von den Gleichheitsbestimmungen der Neusiedler, begannen, ihre Adelsherrschaften zu überdenken und breitere Gruppen an der Polis zu beteiligen, auch sozialgeschichtlich interessant (dazu mehr im nächsten Kapitel). Auch mentalitätsgeschichtlich muss die Horizonterweiterung, die Erfahrung des „Fremden" erhebliche Auswirkungen gehabt haben. Aber besonders im Hinblick auf die ökonomische Entwicklung des Mittelmeerraums erscheinen die Auswirkungen der griechischen Kolonisation bemerkenswert und lassen sich anhand der archäologischen Funde auch nachvollziehen. Diesen Sachverhalt gilt es in zweierlei Hinsicht zu beleuchten. Einmal betrifft die Entwicklung die Geschichte von Kulturaustausch und Handelsbeziehungen im Sinne von Wirtschaftsgeschichte. Komplexere Warenaustauschsysteme wurden etabliert; die Griechen aus Sizilien verkauften Wein und Öl nach Nordafrika und Gallien, Metalle wurden importiert. Gegen die kunstvollen Töpferwaren aus Korinth und ab dem 6. Jahrhundert vor allem aus Athen tauschten die Händler im Schwarzmeergebiet Felle, Honig, Wachs und vor allem (wie auch in Süditalien und Sizilien) den lebenswichtigen Weizen ein, von dessen Import zumindest ab dem Ende des 6. Jahrhunderts viele Städte, allen voran Athen, abhängig waren. Keramik und metallene Luxusgüter der archaischen Zeit finden sich in Gräbern der griechischen Pflanzstädte zu Hauf, aber auch in den Nekropolen der Etrusker und im Orient.

Darüber hinaus werden aber auch grundlegende Fragen hinsichtlich der materiellen Kultur der Griechen und ihrem archäologischen und künstlerischen Wert in diesem Kontext, in dem Kunst und Kommerz eine Einheit bilden, bedeutsam. Gebrannter Ton überdauert die Zeiten wie kaum ein anderes Material und ist deshalb für die Archäologen von eminenter Bedeutung. Da Gefäße aus Ton (die Archäologen sprechen von Vasen – von italienisch *vaso*; mit dem gebräuchlichen deutschen Wort für ein Behältnis für Schnittblumen hat der Begriff jedoch nichts zu tun) leicht zu Bruch gehen und im Gegensatz zu wertvollen Metallprodukten nicht „recycled" werden können, bilden die Millionen Tonscherben aus der Antike, die die Zeiten überdauert haben, eine der wichtigsten Quellen für die Archäologie. Das betrifft einerseits kunst- und kulturgeschichtliche Sachverhalte, denn viele der griechischen Vasen sind mit wunderbaren Motiven aus der Mythologie und auch aus dem Alltagsleben bemalt. Andererseits aber bilden die Überreste der griechischen (wie überhaupt antiker) Keramik die Grundlage eines chronologischen Gerüstes, das auf der Analyse der relativen Abfolge von Stil- und Formentwicklungen sowie Herstellungsweisen basiert. Dieser von ästhetischen Fragen völlig unabhängige Aspekt antiker Keramik wird angesichts der kunstgeschichtlichen Bedeutung wertvoller Vasen oft etwas vernachlässigt. Die Experten, die ihr Leben damit zubringen, etwa korinthische Keramik systematisch in ein chronologisches Gerüst einzuordnen und relative und absolute Chronologie abzugleichen – zuweilen können Vasen sogar definitiv bestimmten Malern zugeordnet werden –, gehören nicht immer zu den Stars der Branche (und manche von ihnen haben auch vergessen, dass es außer Tonscherben noch andere Dinge auf der Welt gibt). Wie bedeutend für „das große Ganze" solche Kärrnerarbeit aber ist, zeigt ein Blick auf die Geschichte der griechischen Kolonisation, die ohne Kenntnis der relativen Chronologie griechischer Vasen nicht zu rekonstruieren wäre.

Anhand der wenigen zuverlässigen absoluten Daten für die griechische Kolonisation Siziliens, die Thukydides uns überliefert hat (ihm stand eine heute verlorene Lokalgeschichte zur Verfügung), nach denen Naxos 735/4, Syrakus 734/3 gegründet wurde, lassen sich die frühesten Keramikfunde an diesen Fundplätzen genau bestimmen und chronologisch einordnen. Der glückliche Fund eines Grabes auf der Insel Ischia, das neben griechischer Keramik auch einen recht genau datierbaren ägyptischen Skarabäus mit dem Namen des Pharao Bakenrenef enthielt (24. Dynastie, ca. 720-715), lieferte einen weiteren Fixpunkt für das Erstellen einer Chronologie der frühen Kolonisierung Unteritaliens und Siziliens. Sizilien und Süditalien blieben lange Zeit wichtigste Exportregion für korinthische Keramik. Weitere belastbare Datierungen der griechischen Historiker und eine feingliedrige, aufs Jahrzehnt genaue relative Chronologie der Keramikprodukte führen zu reichhaltigen Informationen über Siedlungen und Handelswege der Griechen der archaischen Zeit.

Die Überreste bemalter Keramik dienen also sowohl der Klärung von wirtschaftsgeschichtlichen Fragen und helfen, Handelsbeziehungen zu analysieren (was nicht überbewertet werden darf, sind uns doch andere, vielleicht wichtigere Handelsgüter wie Textilien kaum erhalten geblieben), als auch der chronologischen Einordnung von Fundkomplexen, für die historische Quellen fehlen. Vielleicht am wichtigsten und für jedermann einsichtig ist jedoch der ästhetisch-künstlerische Aspekt der archaischen Vasen, dessen Untersuchung zum besseren Verständnis ihrer Schöpfer beitragen kann.

Als markantes Beispiel möchte ich den so genannten „orientalisierenden Stil" herausgreifen, der nicht nur die wichtige und befruchtende Verbindung der griechischen Kultur zum Orient markiert, sondern auch die wachsende und zunehmend individualisierte Vorstellungskraft des Künstlers bei der Übernahme orientalischer Motive zeigt. Dieser Stil löste den in Athen geprägten und wegen seiner geometrischen Linien folgenden Ornamentik „geometrisch" genannten Stil ab (dieser dominierte etwa zwischen 900 und 700). Auch im Bereich von Mythologie und Religion – etwa in der *Theogonie* des Hesiod – lassen sich orientalische Einflüsse nachweisen, die ebenfalls auf die herausragende Bedeutung östlicher Vorbilder für die griechische Kultur insgesamt verweisen. Im Bereich der Flächenkunst, die uns aufgrund des verwendeten Materials nur durch die Vasendarstellungen überliefert ist, entwickelte sich dieser orientalisierende Stil (etwa 700-620) zum Ende des 8. Jahrhunderts in Korinth, weswegen er bisweilen auch „protokorinthischer Stil" genannt wird. Hier hatte sich die schwarzfigurige Malweise durch eine hoch entwickelte Brenntechnik zu großer Perfektion entwickelt. Dabei malte der Vasenmaler die Figuren und Ornamente als schwarz glänzende Silhouetten auf hellen Tongrund, wobei die Darstellung noch durch die Farben Rot und Weiß, sowie durch Ritzlinien bereichert werden konnte. Bei diesem rasch sehr beliebten Stil, der sich über die Handelsrouten bald auch in den Kolonien verbreitete, waren vor allem die dargestellten Motive und ihre durch die Maltechnik erreichte plastische Präsenz neu und aufregend. Die Motive, Tierfriese vor allem und Darstellungen von Fabelwesen und Ungeheuern, leiten sich von orientalischen Vorbildern her. Diese wurden allerdings nicht nur einfach kopiert und nachgebildet, sondern erfuhren eine überaus kreative und eigenständige, eben griechische Interpretation (Abb. 1 und 2).

Abb. 1
Olpe mit Tier- und Sphingendarstellungen aus Korinth in orientalisierendem Stil (ca. 640-30)

Abb. 2
Übergroßes Salbengefäß, orientalisierender Stil (Tierfriese), ca. 580

Neben gewöhnlichen Pferden, Hunden, Hirschen und Hasen waren es v.a. auch Löwen oder Panther, die wie Sphingen, Sirenen, Gorgonen oder andere Mischwesen für die Griechen fremdartig waren und aus einer anderen Tradition, eben der orientalischen, übernommen worden waren. So lassen sich für die Löwen etwa ziemlich exakt hethitische und assyrische Vorbilder benennen. Die Übernahme solcher fremder Vorbilder führte weg von einer Abbildung der wirklichen Welt hin zu einer größeren Freiheit der Vorstellungskraft, die sich später dann auch in der Darstellung des menschlichen Körpers, dem sich die griechische Kunst seit der spätarchaischen Zeit geradezu obsessiv widmete, niederschlug.

Die in der frühen archaischen Zeit erfolgende kreative Verbindung der geometrischen Darstellung mit dem orientalischen Naturalismus war nach Auffassung des britischen Gelehrten Oswyn Murray das entscheidende Moment, das der griechischen – und damit der abendländischen – Kunst ihre charakteristische Wendung gab: „Nämlich ihr Interesse an der Abbildung der Wirklichkeit, wie sie ist (also nicht als Stilform oder bloße Dekoration), ihre Freiheit beim Experimentieren und ihre spezielle Beschäftigung mit dem Menschen und seinem Werk als Thema der Kunst".

Dieser sich im Bereich der Kunst besonders in der kreativen Adaption orientalischer Vorbilder widerspiegelnde generelle Aufbruch der griechischen Kultur in der archaischen Zeit macht diese Periode zur spannendsten der griechischen Geschichte: künstlerischer Neubeginn, geistiger Aufbruch – die großen naturphilosophischen Denker Thales, Anaximander oder Anaximenes gehören an den Anfang des 6. Jahrhundert – und die Formierung des politischen Denkens, die dann in klassischer Zeit sogar zu einem systematischen Nachdenken darüber führt (Staatstheorie, Platon, Aristoteles). Die Zeit der Kolonisation und der Ausbildung komplexer Bürgergesellschaften zwischen dem 8. und dem 6. Jahrhundert markiert somit in jeder Hinsicht einen „Aufbruch zu neuen Ufern".

4. Aristokraten, Tyrannen, Demokraten. Politischer Raum und politisches Denken

Vom Königtum zur Adelsherrschaft
„Basileus", König, nannte sich im demokratischen Athen der klassischen Zeit einer der neun jährlich erlosten obersten Amtsträger, die man mit dem griechischen Begriff als die neun „Archonten" bezeichnet. Er war der „Oberpriester" der Athener, ein bei den Griechen im Gegensatz zu anderen Kulturen politisch völlig unbedeutendes Amt. An der Entwicklung dieses Kultamtes in Athen kann man idealtypisch die offenbar schon im 8. Jahrhundert erfolgte (aber für uns nicht wirklich einsehbare) unspektakuläre Entmachtung der griechischen Kleinkönige beobachten, die uns in den Homerischen Epen und bei Hesiod noch als konkurrierende Basileis begegnen. Der Basileus von Athen, der im 5. und 4. Jahrhundert mit Ausnahme seiner Tätigkeit als Vorsitzender des athenischen Gerichtshofes für Mordfälle nur noch im sakralen Bereich eine Rolle spielte, verwaltete ein Amt, das früher von sehr großer Bedeutung gewesen war. Denn dieser Gerichtshof, der nach dem Tagungsort, einem Hügel in Athen, benannte „Areopag", war noch Anfang des 6. Jahrhunderts der allmächtige Adelsrat, in dem die Ältesten der großen Familien die Geschicke der Stadt wesentlich bestimmten. Erst Solon, der weise Gesetzgeber der Athener, den man in einer Krisensituation zum Schiedsrichter bestellt hatte, veranlasste, dass dieser Rat nicht mehr nach Gutdünken von den Adelsfamilien bestellt werden konnte, sondern sich aus gewesenen Archonten zusammensetzen sollte.

An der Geschichte des Areopags lässt sich recht einleuchtend die Entwicklung nachvollziehen, die viele griechische Stadtstaaten während der archaischen Zeit durchmachten: Der offenbar schon zu Homerischen Zeiten eher schwache König, der zunächst zum *primus inter pares*, dann zum gewöhnlichen Amtsträger herabgestuft wurde (oder gänzlich auch aus der Nomenklatur verschwindet), machte einer Herrschaft von Adligen Platz, die nach Art eines Rotationsprinzips die Herrschaft über die Stadt auf die bedeutenden Familien konzentrierten, um dann nach sozialen Spannungen und bis zum Bürgerkrieg gehenden Streitigkeiten ihrerseits nach und nach die Macht mit breiteren Kreisen der Bürgerschaft teilen zu müssen. Als Ergebnis sehen wir den voll ausgebildeten griechischen Stadtstaat des 5. Jahrhunderts, dessen Verfassungen eher als oligarchische (Herrschaft von Wenigen) oder als demokratische (Herrschaft von Vielen) eingeordnet werden können. Die Konfrontationen innerhalb der Bürgerschaft, die einerseits Streitereien zwischen verfeindeten Adelsparteien, andererseits aber soziale Ursachen hatten und auch die gerechte Beteiligung einer durch Kriegseinsatz, Handel und Handwerk bedeutend gewordenen Mittelschicht an der Macht betrafen, wurden in einigen Städten durch mit außerordentlichen Befugnissen ausgestattete Schiedsrichter wie Solon entspannt. Andernorts putschten sich einzelne Adelige als Alleinherrscher an die Macht. Diese Herrscher, deren Nachkommen die Macht selten bis in die dritte Generation sichern konnten, nannten die Griechen „Tyrannen", wobei die uns heute geläufige negative Konnotation dieses Wortes, das zunächst wertneutral nur „Alleinherrscher" bedeutete, sich erst im Schrifttum des 4. Jahrhunderts entwickelte.

Dieser Weg der griechischen Polis vom Adelsstaat zur Bürgerpolis, der mancherorts über die Zwischenstation der Tyrannenherrschaft führte, soll im Folgenden kurz nachvollzogen werden.

„Die Besten". Politik und Lebensstil des Adels

Zunächst wurden die griechischen Poleis von durch edle Herkunft und Reichtum ausgezeichnete einflussreiche Familien dominiert, die die Macht unter sich aufteilten und ähnlich wie in Rom durch ein System zeitlich begrenzter Amtsmandate und durch die Aufteilung der Staatsgewalt auf mehrere Ämter ein Gleichgewicht zwischen den großen Familien zu wahren versuchten. In Athen, über dessen Geschichte auch der archaischen Periode wir am besten informiert sind, gab es neben dem bereits erwähnten, für die Opfer zuständigen Basileus, noch den höchsten Amtsträger, den „Archon eponymos", nach dessen Namen das Jahr bezeichnet wurde (entsprechend beginnen die inschriftlich überlieferten athenischen Dokumente nach dem gleichen Schema „im Jahr als Kallimachos Archon war"), den Polemarchos (Heerführer), sowie die sechs für das Gerichtswesen zuständigen Thesmotheten. Diese Beamten begegnen uns noch mit den gleichen Bezeichnungen im demokratischen Athen, jedoch hatten sie zu dieser Zeit nur noch administrative Aufgaben ohne Entscheidungsbefugnisse. Diese Aufteilung und Beschränkung der Macht innerhalb einer Führungsschicht ist uns auch aus anderen Poleis bekannt. So verzeichnet eine Inschrift der kretischen Stadt Dreros aus dem späten 7. Jahrhundert ein „von der Polis" erlassenes Iterationsverbot, demzufolge der dortige Oberbeamte, der als „Kosmos" bezeichnet wird, das Amt erst nach einer Pause von 10 Jahren erneut besetzen durfte; übrigens wohl weltweit das erste Iterationsverbot überhaupt. Der Begrenzung der Macht Einzelner diente auch der für viele Poleis belegte Rat, der bei den Spartanern als Ältestenrat (Gerousia) bezeichnet wurde, in anderen Orten nach der Anzahl ihrer Mitglieder (in Dreros „die Zwanzig", in Argos „die Achtzig") oder nach dem Tagungsort benannt werden konnten (in Athen „Areopag", der Rat vom Areshügel). Wie sich diese Adelsherrschaft im 8. und 7. Jahrhundert jedoch im Einzelnen gestaltete, muss ebenso im Dunkeln bleiben wie die Rolle des Volkes, besonders des bäuerlichen Mittelstandes. Vielleicht wurden Angehörige des Mittelstandes auch wegen ihrer zunehmenden Bedeutung bei der Kriegführung als Schwerbewaffnete (Hopliten), als informell Zustimmung oder Ablehnung bekundende Bürgerschaft in der Art einbezogen, wie dies etwa die Heeres- und Volksversammlungen bei Homer nahelegen. Ihre stärkere Beteiligung am Staatswesen ist erst für die spätarchaische Zeit eindeutig belegt.

Zunächst machte der Adel aber alles unter sich aus und blieb sogar im 6. Jahrhundert und weit darüber hinaus (selbst in Athen) der bestimmende politische Faktor. An ihm orientierte sich die gesellschaftliche wie kulturelle Entwicklung und seine Sitten und Gebräuche wurden zur Leitkultur. Dieser Adel entwickelt auch ein spezifisches Standesbewusstsein, das grob mit unserer neuzeitlichen Vorstellung von Geburtsadel vergleichbar ist, wobei für die Griechen ein größeres Gewicht auf der individuellen Leistung lag. Dennoch hat bereits der griechische Universalgelehrte Plutarch darauf hingewiesen, dass es praktisch keinen griechischen Lyriker gibt, der nicht in seinen Gedichten lobend und preisend von edler Abkunft und hoher Geburt spricht. Allgemein bezeichneten sich Angehörige dieser Führungsschicht als die Besten, *áristoi*, in Athen nannten sie sich auch „die von edlen Vätern Abstammenden" (Eupatriden), in Syrakus „Landbesitzer" (Gamoroi). Gemeinsam war ihnen allen das Streben nach *areté*, nach „Bestheit", einem der zentralen Wertbegriffe der frühen griechischen Kultur. Über die Adelskultur der archaischen Zeit sind wir, ganz im Gegensatz zu Lebensweise und Sitten unterer Schichten, recht gut informiert. Der sich in der materiellen Kultur widerspiegelnde Luxus, Darstellungen in Plastik und Flächenkunst sowie auch erste Zeugnisse einer programmatischen griechischen Lyrik liefern hierfür wichtige Anhaltspunkte. Hinter der gängigen griechischen Bezeichnung für Adel und Adelsherrschaft, der sich noch im heutigen deutschen Sprachgebrauch in Begriffen wie Aristokratie und aristokratisch spiegelt, verbirgt sich eine regelrechte Ideologie. Denn die *áristoi* verstanden sich wirklich als die Besten in einem anspruchsvollen und auf Wettbewerb und Leistung ausgerichteten Sinne, an dessen Ursprung der Kampf und kriegerische Exzellenz den Maßstab bildeten. Der gesellschaftliche Vorrang, den sich bestimmte Familien erworben hatten, musste von ihren einzelnen Mitgliedern immer wieder aufs Neue unter Beweis gestellt werden. Vielleicht war diese Wettkampfkultur des Adels ein Grund für die Schwäche der Adelsherrschaften, die somit einen Raum für die Entstehung der „Bürgerpolis" öffnete.

Vor diesem Hintergrund entwickelte sich wohl in den Jahrzehnten vor 600 – so lassen zumindest die Motive der Vasendarstellungen dieser Zeit vermuten – eine reiche und aufwändige adlige Festkultur, die ihren Platz vor allem bei den Symposien (den rituellen Gelagen der Männer), Hochzeiten und den Totenfeiern fand. Besondere Bedeutung für den Wettbewerb um von der Gemeinschaft allgemein anerkannte „Bestheit" erlangten die sportlichen Wettkämpfe, die zunächst wohl ihren Ort im Totenkult hatten (die großartigen Leichenspiele für Patroklos in der *Ilias* wären ein Beispiel), in zunehmendem Maße aber in große Kultfeste eingebunden und damit religiös sanktioniert wurden. In diesem Bereich hat der Adel wohl seinen prägendsten Einfluss auf die griechische Kultur als Ganzes ausgeübt: der Wettstreit (*agón*) als Maßstab und Grundprinzip. Diese Wettbewerbsbezogenheit der griechischen Kultur hat bereits Jacob Burckhardt als eine Besonderheit der Griechen erkannt. In diesem „agonalen Prinzip" erkannte er – und viele sind ihm darin gefolgt, obwohl dies eigentlich ein Charakteristikum jeder Oligarchie ist – den entscheidenden Motor der kulturellen Entwicklung der kleinen politischen Gemeinschaften der Griechen, den Auslöser einer durch den ständigen Wettstreit in allen Bereichen des Lebens bestimmten Dynamik, als deren Resultat die künstlerischen Glanzleistungen und die auf egalitären Grundprinzipien basierende politische Streit- und Diskussionskultur anzusehen seien. Die klassischen Theaterfestspiele bei den großen Kultfesten der Athener, anlässlich derer die Komödien des Aristophanes und Tragödien des

Sophokles oder des Euripides zur Aufführung kamen, waren ja als Künstlerwettstreit gestaltet, an dessen Ende es Sieger und Verlierer gab. Diese agonale Kultur hatte, unabhängig von ihrem schwer zu ermessenden Anteil am kulturellen Aufstieg der Griechen, ihren Ursprung in der Lebensweise der Führungsschicht der frühen griechischen Städte.

Innerhalb dieser Wettstreitskultur spielte das Symposion, das Gelage, eine besondere Rolle. Aus dem Orient hatte man die Sitte übernommen, beim Essen und Trinken zu liegen. In gesonderten Räumen der adligen Häuser hielt man derartige Gelage ab, deren dem Essen und Trinken gewidmeter Teil nur einen vergleichsweise unbedeutenden Aspekt im Gesamtablauf bildete. Das Symposion entwickelte sich zum Zentrum des gesellschaftlichen und kulturellen Lebens des frühen Griechenlands. Viele Darstellungen auf Vasen, die in Gräbern gefunden wurden, zeugen von der Bedeutung und dem Rang dieses Rituals. Das Symposion war zugleich Ort raffinierter Unterhaltung durch professionelle Dichter, die ihre uns teilweise erhaltenen Poeme singend von der Lyra begleitet vortrugen (deswegen Lyrik) und auch Ort politischer Meinungs- und Gruppenbildung. In solchen männerbündlerischen Kreisen wurden politische Allianzen geschmiedet und man versicherte sich gegenseitiger Loyalität. Es war auch der Ort ausgelebter Sexualität. Sklavinnen oder Hetären (die nur unzureichend charakterisiert sind, wenn man sie als den japanischen Geishas ähnliche Edelprostituierte bezeichnet) begegnen uns auf bisweilen sehr expliziten Vasendarstellungen und in der Lyrik ebenso wie homoerotische Szenen und Bezüge. Vor allem aber wurde beim Symposion um die Wette gespielt. Wer war der beste Stegreifdichter unter den Gästen? Wer konnte beim Kottabosspiel den in der Trinkschale verbliebenen Rest Wein am treffsichersten mit Schwung ins Ziel schleudern? Wer konnte das schönste Trinklied zum Besten geben? Eine berühmte Geschichte bei Herodot, die es wert ist, hier ausführlicher zitiert zu werden, illustriert diese Wettkampfkultur besonders anschaulich (Hdt. 6, 126ff).

Kleisthenes, der Tyrann von Sikyon, „hatte eine Tochter namens Agariste, die er dem tapfersten und edelsten unter allen Hellenen, den er fände, zum Weibe geben wollte. Auf dem olympischen Feste gewann er einen Sieg mit dem Viergespann [576 oder 572] und ließ durch einen Herold verkünden: wer unter den Hellenen sich würdig glaube, des Kleisthenes Schwiegersohn zu werden, möge am 60. Tag oder früher nach Sikyon kommen, weil Kleisthenes innerhalb eines Jahres von jenem 60. Tage ab die Hochzeit seiner Tochter feiern wolle. Da machten sich denn alle Hellenen, die auf sich und ihre Vaterstadt stolz waren, als Freier auf nach Sikyon, und Kleisthenes richtete eine Rennbahn und einen Ringplatz ein".

Viele Freier reisten in der Folge nach Sikyion, Herodot gibt einen ganzen Katalog von Namen an, aber aus Athen kamen zwei besonders viel versprechende Kandidaten: „Aus Athen kamen Megakles, Sohn jenes zu Kroisos berufenen Alkmeon, und Hippokleides, Sohn des Teisandros, der in Athen an Reichtum und Schönheit hervorragte […]. Diese Freier erschienen alle zu dem festgesetzten Tage. Kleisthenes fragte sie zunächst jeden nach seiner Vaterstadt und seinem Geschlecht und hielt sie nun ein Jahr lang fest. Er prüfte ihre Männlichkeit, ihre Gemütsart, ihre Bildung, ihren Charakter, er sprach mit jedem allein und mit allen zusammen, er führte alle Jüngeren auf die Ringplätze und vor allem beobachtete er sie beim Gelage. Solange sie in Sikyon blieben, tat er das unausgesetzt, und dabei bewirtete er sie gar großartig. Am besten gefielen ihm die Freier aus Athen und unter ihnen besonders Hippokleides […] nicht bloß wegen seiner edlen Männlichkeit, sondern wegen seiner Abstammung von den Kypseliden in Korinth [Kypselos, nach dem dieses Geschlecht benannt ist, war der erste Tyrann dort].

Als nun der Tag erschien, an dem die Hochzeit gefeiert werden und Kleisthenes die getroffene Wahl verkünden sollte, opferte er 100 Rinder und lud die Freier und ganz Sikyon zum Schmaus ein. Nach dem Mahl wetteiferten die Freier im Vortrag von Liedern und Scherzen. Hippokleides übertraf alle anderen, und endlich hieß er den Flötenspieler einen Tanz spielen. Der Flötenspieler tat es, und Hippokleides tanzte. Nun gefiel er sich selber beim Tanze zwar sehr, aber nach dem Sinn des zuschauenden Kleisthenes war das alles durchaus nicht. Nach einer Pause ließ Hippokleides einen Tisch hereinbringen und tanzte auf dem Tische, zuerst auf lakonische Art, dann auf attische Art, und zum dritten stellte er sich auf den Kopf und machte Gebärden mit den Beinen. Kleisthenes hielt bei dem ersten und bei dem zweiten Tanz noch an sich, obwohl ihm der Gedanke gar nicht mehr gefiel, dass dieser schamlose Tänzer sein Schwiegersohn werden sollte [man bedenke, dass man seinerzeit keine Unterhosen trug]. Als er ihn aber mit den Beinen einen Pantomime aufführen sah, konnte er nicht mehr an sich halten und rief aus: ‚O Sohn des Teisandros, du hast deine Hochzeit vertanzt.' Hippokleides antwortete: ‚Das kümmert Hippokleides nicht.' Daher stammt das bekannte Sprichwort von Hippokleides.

Kleisthenes gebot nun Stille und sprach folgendermaßen zu den Versammelten: ‚Freier meiner Tochter! Ihr seid mir alle lieb, und ich möchte, wenn es möglich wäre, euch allen euren Wunsch erfüllen, nicht einen unter euch auswählen und alle anderen abweisen. Aber da ich nur eine Tochter zu vergeben habe, kann ich nicht alle befriedigen und will jedem Zurückgewiesenen ein Talent Silbers [zu jener Zeit etwa 36 kg, später 26 kg] zum Geschenk geben, weil er meine Tochter hat freien wollen und in der Fremde hat weilen müssen. Meine Tochter Agariste aber verlobe ich dem Megakles, Sohn des Alkmeon, nach dem Eherechte der Athener.' Megakles erklärte sich bereit, und so war die Heirat festgesetzt."

Diese Geschichte, die wegen des Sprichwortzitats mit hoher Wahrscheinlichkeit sogar wenigstens in den Grundzügen wahr ist, liefert Belege für mehrere Aspekte der griechischen Adelskultur: Einerseits bezeugt sie die Bedeutung von geistreichen Wettkämpfen bei Symposien, bei denen die Teilnehmer gewissermaßen ihre intellektuellen und künstlerischen Kompetenzen unter Beweis stellen mussten, andererseits betont die Versuchsanordnung des Kleisthenes auch den Rang des sportlichen und damit körperbetonten Wettkampfs für die *jeunesse dorée* Griechenlands, besonders des den Reichsten vorbehaltenen Pferderennsports. Darüber hinaus verweist die Anekdote noch auf einen sozialgeschichtlichen Sachverhalt. Der frühgriechische Adel der Poliswelt war international gut vernetzt. Man pflegte oft über Generationen Gastfreundschaften und verheiratete die Nachkommenschaft untereinander, wenngleich nicht jeder bei der Brautschau einen solchen Aufwand betrieben haben wird, wie der glanzvolle Kleisthenes, dessen Enkel gleichen Namens, Sohn des Megakles, in Athen diejenigen Reformen im Jahr 508/7 umsetzte, die allgemein als Geburtsstunde der Demokratie angesehen werden. Doch auf dem Weg zur Herrschaft des Volkes begegnet uns in Athen und vielen weiteren griechischen Stadtstaaten die Tyrannis.

Die griechische Tyrannis

Betrachtet man die Entwicklung der griechischen Stadtstaaten teleologisch als eine schrittweise Ausweitung der politischen Verantwortung auf weite Kreise der Bügerschaft, an deren Anfang der exklusive Adelsstaat und an deren Ende die Bürgerpolis als Verfassungsstaat steht, so ist die Rolle der Tyrannen, die im 7. Jahrhundert in vielen Städten die Macht an sich rissen, nicht ganz einfach einzuordnen. Unter den Historikern gibt es gleichermaßen solche, die die Tyrannis als einen Katalysator in dieser Entwicklung betrachten, da die Tyrannen oft das „gemeine" Volk auf ihrer Seite hatten, und solche, die das Aufkommen der Tyrannen als Intermezzo, als historische Volte ohne eigentlichen oder gar positiven Beitrag zur politischen Geschichte der Polis bewerten.

Wer waren nun diese Tyrannen, die ab der zweiten Hälfte des 7. Jahrhunderts zunächst in Korinth und im 6. Jahrhundert in vielen weiteren griechischen Poleis die Macht an sich rissen? In Herodots Bericht über die Verheiratung der Agariste begegnete uns bereits ein Tyrann, Kleisthenes von

Sikyon, aber auch das Tyrannengeschlecht der Kypseliden aus Korinth wurde erwähnt, denn mit diesem Haus war der tanzfreudige Hippokleides verwandt. Zwei typische Aspekte der Tyrannenherrschaft werden bereits anhand der Anekdote sichtbar. Denn einerseits gibt sie Einblick in die auf Glanz und Prunk ausgelegte Hofhaltung und Prachtentfaltung, die ein gemeinsamer Zug der archaischen Tyrannenherrschaften war, andererseits werden auch die in weiteren Quellen ebenfalls belegten guten „diplomatischen" Beziehungen zu anderen Tyrannenhäusern der griechischen Welt und generell zum griechischen Adel erwähnt, ebenso die prinzipielle „Gesellschaftsfähigkeit" dieser Usurpatoren, denn viele edle Freier hielten ja um die Hand der Agariste an.

Die Tyrannen stammten ja selbst aus dem Adelsstand und hatten sich durch Staatsstreich nur über ihre Standesgenossen erhoben und zu Alleinherrschern aufgeschwungen. Sie pflegten offenbar auch einen von den gleichen adligen Werten geprägten Lebensstil. Wie Kleisthenes in der illustrativen Brautwerbungsgeschichte sind uns auch andere Tyrannen als Olympioniken überliefert. So hatten etwa auch Myron, der Großvater jenes Kleisthenes von Sikyon, und später die Tyrannen Gelon und Hieron I. von Syrakus die besonders kostspieligen Rennen mit Pferdegespannen in Olympia gewonnen. Berühmte Dichter wie Pindar oder Bakchylides haben einige dieser siegreichen Tyrannen in Siegpreisliedern (Epinikien) besungen.

Als politische Erscheinung wohl weniger bedeutend als die vielen Parteikämpfe der Adelsfraktionen und ihrer Anhängerschaften, die bürgerkriegsähnliche Formen annehmen konnten, sind die ohne legitime Ermächtigung erfolgten Machtübernahmen der Tyrannen in den Quellen wesentlich besser repräsentiert. Die Brautschau in Sikyon ist nur ein Beispiel für viele erzählenswerte Geschichten, in deren Mittelpunkt die Tyrannen und ihr Prunk standen. Von ihnen gab es eine ganze Reihe von Taten und Untaten zu berichten. Entsprechend wurden sie von der Überlieferung bevorzugt. Und so kennen wir unter anderen die glanzvollen und auch überregional wirksamen Herrschaften der Kypseliden in Korinth, unter denen Periander der herausragendste war, des Peisistratos in Athen, der die großen Dionysien, den Ursprungsort des Theaters, stiftete, sowie des Polykrates, des Seeherrn von Samos, der wegen seines unverschämten Glücks den Neid der Götter und damit seinen Sturz heraufbeschwor. Letzterer ist vielleicht einem breiteren Publikum bekannt, weil ihn Schiller in seiner Ballade vom *Ring des Polykrates* besingt.

Folgende Konstellation war für die Errichtung einer Tyrannis in archaischer Zeit typisch: Zwei oder mehr verfeindete Adelsparteien rangen um die Vorherrschaft in der Stadt bei gleichzeitig schwelenden sozialen Konflikten aufgrund der Verarmung und Benachteiligung unterer Schichten. Im Verlauf des 7. Jahrhunderts waren nämlich offenbar viele freie Bauern durch Missernten, die sie zur Aufnahme von „Hypothekenkrediten" bei den Wohlhabenderen zwangen, und aufgrund genereller Eigentumsverschiebungen (Erbteilung) in eine direkte Abhängigkeit von adligen Herren geraten. Diese konnte sich derart auswirken, dass diese bäuerliche Bevölkerung in eine Art Leibeigenschaft geriet. So wurde in vielen Städten der Ruf nach Entschuldung und Landreform laut. Vor diesem Hintergrund kam es in zahlreichen archaischen Poleis zu anhaltenden sozialen Spannungen und Unzufriedenheit. In den meisten Städten fand sich ein politischer Ausgleich, oft durch Bestellung eines weisen Schiedsrichters, in dessen Folge sich die Bürgerpolis entwickelte, deren Hauptmerkmal die Beteiligung breiterer Kreise an den Entscheidungen und die zunehmende Berufung auf verbindliche und allen zugängliche und bekannte Gesetze war, wie im folgenden Abschnitt näher erläutert wird. In einigen Städten nutzten jedoch einzelne ehrgeizige Adlige diese von inneren Konflikten bestimmte Konstellation aus, um sich – meist mit Söldnern von außerhalb und mit Billigung oder gar Unterstützung der benachteiligten unteren Schichten – an die Macht zu putschen.

Neben der bereits erwähnten Prachtentfaltung ihrer Herrschaften haben sie auch besonders aufgrund ihrer Baupolitik für die Nachwelt bleibenden Eindruck hinterlassen. Der Heratempel auf Samos, der erste Monumentalbau aus Stein seiner Art, geht auf die Stiftung des Polykrates zurück, ebenso wie ein System von Wasserleitungen – nach der Überlieferung vom Baumeister Eupalinos von Megara eingerichtet–, dessen archäologische Spuren tatsächlich bei Ausgrabungen auf Samos identifiziert werden konnten, wie auch die auf die Initiative des Tyrannen zurückgehende Hafenmole. Auch Periander von Korinth soll ein ehrgeiziges Bauprogramm zu seinem und seiner Stadt Ruhm entwickelt haben. Von dieser Bautätigkeit hat sich allerdings aufgrund der gewissenhaften Zerstörung der Stadt durch die Römer nichts erhalten, möglicherweise geht jedoch ein erhaltenes Brunnenhaus auf ihn zurück. Die Rampe, über die Schiffe und Waren über den Isthmus bei Korinth gezogen wurden (der „Diolkos") wurde, wie archäologische Untersuchungen nahelegen, unter seiner Herrschaft eingerichtet, ebenso veranlasste er den Hafenausbau. Angeblich soll er auch den Bau des Kanals durch den Isthmus von Korinth geplant haben, der erst 1893 n. Chr. eingeweiht werden sollte.

Bei aller Popularität, die viele Tyrannen genossen und durch eine „Brot-und-Spiele-Politik" beförderten, war doch Gewalt die Basis der Herrschaft, und sie stützen sich auf Söldner und Mietlinge, um ihre Standesgenossen auf Abstand zur Macht zu halten. Wieder ist es Herodot, der dieses Herrschaftsprinzip in einer gleichnishaften Erzählung veranschaulicht: Periander von Korinth, der in der Überlieferung als mit eiserner Hand herrschender Tyrann galt, schickte kurz, nachdem er seinem Vater auf den Thron nachgefolgt war, einen Boten zu dem ihm befreundeten Tyrannen Thrasybulos von Milet (auch dies wieder ein Hinweis auf Allianzen und Vernetzung der Tyrannen und Adligen untereinander). Er solle ihm Ratschläge geben, wie er seine Macht dauerhaft festigen und erhalten könne: „Thrasybulos führte den Boten des Periandros aus der Stadt, betrat ein Saatfeld und durchschritt es, während er den Boten wiederholt nach dem Zweck seines Kommens aus Korinth befragte. Dabei riss er immer wieder eine Ähre ab, die er über die anderen herausragen sah, und warf sie dann fort, bis er schließlich den schönsten und dichtesten Teil des Feldes mit seinem Tun entstellt hatte. Nachdem er das Feld durchschritten, entließ er den Boten, ohne ihm weiter eine Antwort zu geben. Als dieser nach Korinth zurückkehrte, wollte Periandros begierig den Rat des Thrasybulos erfahren. Der Bote aber erwiderte, er habe keinen Rat erhalten, wundere sich aber, was das für ein Mann sei, zu dem ihn Periandros geschickt habe; der sei ja verrückt und schädige sein eigenes Land. Dabei erzählte er, was er bei Thrasybulos erlebt hatte. Periandros aber verstand sein Tun und erriet, dass Thrasybulos ihm nahe lege, die hervorragenden Bürger zu ermorden. So zeigte er offen sein Wüten gegen seine Mitbürger. Was Kypselos [sein Vater] noch versäumt hatte bei Hinrichtung und Verbannung, holte er nach" (5, 93, 5f)

Aufs Ganze gesehen waren die Tyrannenherrschaften ephemere Erscheinungen, die zur weiteren Entwicklung der Polisstaaten nicht notwendig waren. Die Tyrannen beeindruckten ihre Zeitgenossen durch ihren Glanz, ihre bisweilen düstere Pracht und lieferten späteren Historikern interessante Geschichten. Historisch relevante Spuren haben sie aber nicht im politischen, sondern im kulturellen Bereich hinterlassen. Einige ihrer Bauten erlangten Berühmtheit, und besonders das von ihnen gepflegte Mäzenatentum hat Künstler und Dichter angeregt und an ihre Höfe gezogen. Die griechischen Tyrannen haben die spätere Verdammung durch diejenigen antiken Historiker und Staatstheoretiker nicht wirklich verdient, die den Verfassungsstaat oder gar die Demokratie als Maßstab nahmen und für den *haut goût* verantwortlich sind, den das zunächst neutrale Wort „Tyrann" seit dem 4. Jahrhundert erhalten hat, mit dem wir heute eher einen Hitler oder Stalin, als den weise und menschenfreundlich regierenden Peisistratos von Athen verbinden.

Demokratisierung der Polis. Institutionen und öffentliche Räume

Die Tyrannis konnte sich nirgends dauerhaft etablieren und nur die „Jüngere Tyrannis" des 5. und 4. Jahrhunderts auf Sizilien ist als ein Sonderfall anzusehen, der sich dank spezifischer Bedingungen entwickelte. In der zweiten, spätestens der dritten Generation erlebten die Vertreter der „Älteren Tyrannis" ihren Sturz. Den knapp 30 Poleis, die nach der Überlieferung die Herrschaft von Tyrannen erlebten, stehen gut 1.000 Poleis gegenüber, aus denen keine Tyrannis bekannt ist. Da von den meisten dieser Poleis wiederum aufgrund der Quellenlage jedoch überhaupt nichts bekannt ist, kann man über die Verbreitung der Tyrannis bei den Griechen nur schwerlich urteilen. Tatsächlich waren aber bedeutende Poleis von ihr betroffen, wie Korinth, Athen, Megara oder Milet. Entwicklungsgeschichtlich gesehen blieb die Tyrannis bei den Griechen aber ein Intermezzo. Es folgte – nicht ohne weitere Parteikämpfe – die Ausbildung des griechischen Verfassungsstaates, der durch Gesetze und Institutionen politische Rechte und die Einbindung seiner Bürger (nicht seiner Bewohner!) garantierte. Diese Bürgerpolis bildete sich in den griechischen Gemeinwesen im 6. Jahrhundert heraus und war Folge der gleichen Entwicklung, die in einigen Städten auch zur Tyrannis geführt hatte. Parteikämpfe der „Hetairien", der durch familiäre und freundschaftliche Bande verbundenen Adelsfraktionen, und fortschreitende Pauperisierung der Bauern, die in drückende Abhängigkeit gerieten, sorgten für eine gefährliche Blockierung der Stadtstaaten. Gleichzeitig war eine bestimmte Gruppe bedeutend für die Wehrfähigkeit der Polis geworden, die man getrost mit dem aus der Soziologie bekannten modernen Begriff als „Mittelschicht" bezeichnen darf, denn in Aristoteles' Staatstheorie ist von ihnen ganz ähnlich als von den „Mittleren" (*hoi mésoi*) die Rede. Dabei handelte es sich um diejenigen Bürger, die über genug Besitz verfügten, sich Waffen und Rüstung eines Schwerbewaffneten, also eines Hopliten, leisten zu können. Im 7. Jahrhundert war nämlich eine neue und effektive Kampftaktik aufgekommen, die rasch den adligen „Heldenkampf" ablöste und auf dem disziplinierten gemeinsamen Vorrücken von Schlachtreihen gepanzerter und mit Schild und langem Speer bewaffneter Wehrpflichtiger basierte. Diese geordnete „Phalanxtaktik" (das Wort „Phalanx" bezeichnet die Schlachtreihe) band die besitzenden Bürger als zur Verteidigung der Stadt verpflichtete Wehrbürger entscheidend in die Kriegführung ein. Diese Kampfesweise im engen Verbund, Mann neben Mann, weist *per definitionem* egalitäre Elemente auf und basierte auf gegenseitigem Vertrauen und unbedingtem Gemeinschaftsgeist der Kämpfer. „Mittlere" und der Adel kämpften nun seit dem 7. Jahrhundert Seite an Seite. Daher sehen die meisten modernen Historiker den politischen Aufstieg der griechischen „Mittelklasse" in enger Verbindung mit der militärischen Verantwortung, die ihnen übertragen wurde, und die sich nach und nach in der Beteiligung an politischen Entscheidungen niederschlug. Vielleicht, so mag man spekulieren, kommt in diesem Prozess der politischen Gemeinschaftsbildung in den frühen griechischen Poleis auch den Kolonien eine besondere Rolle zu. Der egalitäre Anspruch, mit dem die Siedler aufbrachen, die gerechte und gleiche Landaufteilung wie auch die grundsätzliche politische Gleichberechtigung der ersten Siedlergeneration haben möglicherweise auch auf die Mutterstädte zurück gewirkt und wie die neue Hoplitenphalanx bei der Ausformung von Modellen politischer Teilhabe einen gewissen Anteil gehabt. Deshalb verwenden manche Historiker zur Kennzeichnung des griechischen Stadtstaates der archaischen Zeit mit einiger Berechtigung den Begriff „Hoplitenstaat" oder „Hoplitenpolis".

Wie über so Vieles aus der archaischen Epoche, so sind wir auch über diesen Prozess, der zum politischen Aufstieg der „Mittleren" führte, nicht gut informiert. Man muss allerlei waghalsige Rückschlüsse aus späteren Tatsachen ziehen. Jedoch zeigen die wenigen frühen Gesetzestexte, die uns für die Zeit ab der zweiten Hälfte des 7. Jahrhunderts überliefert sind, sowie die für viele Städte bezeugte Einsetzung von Schiedsrichtern eine neue Situation an: Während zuvor die Kenntnis und Interpretation der Gesetze exklusiv beim herrschenden Adel gelegen hatte, zeigt die Einsetzung von gesetzgebenden Instanzen und vor allem auch die einsetzende Publikation der Gesetze ein neues Bewusstsein und damit die Geburt der auf allgemeinen Gesetzen gestützten verfassten Polis. Zunächst kam es also zu einem Bruch des Monopols des Adels auf die alleinige Kenntnis und Verwaltung des Rechts, waren doch die Adeligen in der angenehmen Position, sich jeweils an diejenigen Klauseln zu erinnern, an die sich zu erinnern ihnen beliebte. Uns sind einige Namen legendärer Gesetzgeber überliefert, wie etwa Drakon, legendärer Urheber der „drakonischen Strafen" in Athen, oder Lykurg von Sparta, die jedoch von der modernen Quellenkritik als spätere personalisierte Erfindungen entlarvt worden sind. Erst Solon von Athen steht als historische Persönlichkeit vor uns. Er ist der berühmteste dieser Schlichter, vor allem auch deswegen, weil es zu ihm eine reichhaltige und glaubwürdige Überlieferung gibt, ja es existieren sogar einige seiner Maximen und Anweisungen in Form von ihm selbst verfasster Lehrgedichte.

In Athen hatten sich die sozialen Konflikte, die sich in vielen griechischen Städten beobachten lassen, besonders deutlich ausgeprägt. Und dank Solon selbst, aber auch dank Aristoteles und anderer Autoren, die darüber später geschrieben haben, sind wir über diese Konflikte zwischen verarmten Bauern und reichen Grundbesitzern vergleichsweise gut informiert. Aus anderen Orten ist uns oft nur noch der Name des Schiedsrichters bekannt, ohne dass genauere Informationen über die Streitpunkte innerhalb der Bürgerschaft überliefert sind. Der Archon Solon, auf den sich Arm und Reich als Vermittler geeinigt hatten, gehörte selbst zu den Eupatriden und erhielt der Überlieferung gemäß im Jahr seines Archontants 594 den Auftrag und die Vollmacht, einen Kompromiss zu diktieren.

Hätte es in Athen seinerzeit schon Demonstrationszüge gegeben, so wären auf den Transparenten vor allem die

Schlagworte „Schuldenerlass" und „Landverteilung" zu finden gewesen. Denn dies waren die essenziellen Streitpunkte innerhalb der Bürgerschaft. Ein Hauptproblem war offenbar gewesen, dass viele Athener Kleinbauern ihren Besitz verpfändet und in der Folge auch verloren hatten. Damit nicht genug, hafteten sie als Schuldner der Reichen auch mit ihrer eigenen Person und verloren neben Besitz auch ihre Freiheit, mussten also den Besitzenden als Schuldknechte oft auf ihren eigenen Ländereien dienen. Wie es genau zu dieser Situation gekommen war (Überbevölkerung, Missernten, Druck der Reichen, Realerbteilung?), ist nicht mehr zu klären, möglicherweise bestanden bereits vorher Abhängigkeits- und Loyalitätsverhältnisse (Abgabenpflicht gegenüber Schutzgarantien?) zwischen den Oberen und den kleinen Grundbesitzern, die im Laufe des 7. Jahrhunderts ihr ausgleichendes Fundament verloren hatten und zu einer zunehmenden Unterdrückung dieser Abhängigen führte, die – wie Solon selbst berichtet – zuweilen auch in die Sklaverei verkauft wurden.

Solon hatte mit seinem Schiedsspruch offenbar nur teilweise die Forderungen der Bauern erfüllen können. Während er in seinen frühen Gedichten als streitbarer Anwalt der kleinen Leute erscheint, versucht er in seinen späteren Texten offenbar seinen Kompromiss zu rechtfertigen. Denn nur die Schuldknechtschaft hatte er abgeschafft und man holte sogar die ins Ausland verkauften Schuldsklaven zurück. Eine generelle Neuverteilung des Landes erfolgte nicht mehr, möglicherweise nur ausnahmsweise in Fällen krasser widerrechtlicher Aneignung durch einzelne Grundbesitzer, so dass auch wichtige Interessen der adligen Oberschicht gewahrt blieben. Wie viele Aspekte der Geschichte der archaischen Zeit, ist auch der genaue Gehalt von Solons Regelungen trotz einer Reihe erhaltener Texte unter Historikern umstritten. Möglicherweise, so meinen einige, sei es gar nicht in erster Linie um die Schuldknechtschaft gegangen, sondern um die Befreiung der Bürger von einer generellen Abgabenpflicht gegenüber den Adligen. Als *hektémoroi*, „Sechstler", hätten sie zuvor den sechsten Teil ihrer Erträge abführen müssen. Geradezu revolutionär war aber – das scheint im Gegensatz zur Interpretation der Bedeutung der Schuldsklaverei unstreitig – die durch seine Gesetzgebertätigkeit erreichte Neuordnung des öffentlichen Lebens der Polis, also im Wortsinne des „politischen" Lebens. Diese Grundordnung darf man – obwohl es sich eigentlich nur um einzelne Gesetze handelte – ruhig als Verfassung bezeichnen. Das Revolutionärste an Solons Regelungen war die Entmachtung des alten Adels durch die Einführung von vier Vermögensklassen, an die bestimmte politische Rechte gekoppelt waren. Von nun an war nach Solons Zensusverfassung nicht Geburt, sondern Besitz entscheidend für die Wahrnehmung politischer Rechte. Die Einteilung beruhte auf dem Ertrag des Grundbesitzes, den man im Maßstab eines attischen Hohlmaßes angab (*médimnos*), dem mittelalterlichen „Scheffel" vergleichbar, wobei die höchste Klasse für 500 attische Scheffel (entspricht etwa dem Ertrag von 13 ha Landbesitz), die zweite für 300 (schätzungsweise 8 ha Land), die dritte für 200 (5 ha) gut sein musste, während die unterste Gruppe der Tagelöhner über keinen oder ganz geringen Besitz verfügte. Obwohl die griechischen Bezeichnungen, mindestens für die höchste Klasse, für deutsche Zungen geradezu „zungenbrecherisch" sind, seien sie doch hier genannt: Die *pentakosiomédimnoi*, die *híppeis* (das bedeutet Reiter, diese konnten wohl ein Pferd unterhalten), die *zeugítai* (die „Jochmänner", die offenbar immerhin über ein Ochsengespann verfügten) und letztlich die besitzlosen *thétes*. Die höchsten Ämter, die Neun Archonten, blieben den ersten beiden Vermögensklassen vorbehalten, die mit der Verwaltung der Staatskasse befassten Schatzmeister konnten nur aus der Gruppe der Reichsten erwählt werden, ein *thes* war überhaupt nicht amtswürdig.

Weitere Regelungen, die Autoren wie Aristoteles oder Plutarch auf Solon zurückgeführt haben, stehen unter dem Verdacht, späte Zuweisungen zu sein. Solon war später so berühmt und galt als moralische Autorität, so dass die Institution eines neben den Rat vom Areopag (den alten Adelsrat) gestellten

„Rates der 400", der Beschlüsse für die Volksversammlung vorbereitet haben soll, möglicherweise eine unhistorische spätere Zuschreibung sein könnte, ebenso wie die Angabe, auf ihn ginge die Erlosung der Beamten zurück. Gerade das Losverfahren war ein Zeichen der radikalen Demokratie des späten 5. und vor allem des 4. Jahrhunderts gewesen. Bleibender Erfolg war vor allem seinen Gesetzen beschieden. Während die von ihm erlassene ausgleichende Staatsordnung bald darauf im Parteienhader unterging, aus dem Peisistratos als Sieger und Tyrann hervorging (er und sein Nachfolger herrschten mit zwei kurzen Unterbrechungen von 561 bis 510), hatten seine Gesetze, die alle Rechtsbereiche betrafen (Strafrecht, Familien- und Erbrecht, Handelsrecht), dauerhaften Bestand. Nach einer grundlegenden Überarbeitung zwischen 410 und 399 waren sie bis zum Ende der Demokratie in Gebrauch.

Ähnliche Entwicklungen hin zu einer verfassten Gemeinschaft, in der die freien Bauern, die ja auch das Rückgrat der Bürgermiliz bildeten, politische Rechte erhielten, lassen sich auch für die archaische Zeit in anderen Poleis erahnen. Es bildeten sich Institutionen, über die wir selten mehr erfahren als ihre schiere Existenz. Durch zufällige Inschriftenfunde oder aus Randbemerkungen antiker Autoren hören wir so von Amtsbezeichnungen und Gremien, über deren Eigenschaften und Zusammensetzung wir aber meist nicht weiter urteilen können. Das bereits erwähnte Iterationsverbot für den Oberbeamten aus Dreros, das „von der Polis" beschlossen worden war, gehört hier her, ebenso wie der Rat „der Achtzig" in Argos und die dortigen Beamten, die „Demiurgoi", also „für den Demos arbeitende", genannt wurden (so hießen auch die hohen Beamten in Delphi und Elis, andere Städte entwickelten Beamtenkollegien mit anderen Namen, etwa „Timouchoi", „Prytanen", „Kosmoi" usw.). Auf Chios beschloss, wie wir aus einer bemerkenswerten Inschrift aus der ersten Hälfte des 6. Jahrhunderts wissen, der Demos, also „das Volk", Sanktionen gegen korrupte Beamte (sie tragen die Titel „Demarchos" und „Basileus" und könnten bei einer nicht übermäßig spekulativen Deutung als Vertreter des Demos und des Adels betrachtet werden). Leider wissen wir überhaupt nicht, wen die Chier als zum Staatsvolk gehörig betrachteten. Entsprechend lässt sich nicht wirklich etwas über den „demokratischen" Gehalt dieser in erster Linie die Macht der Beamten beschneidenden Regelung aussagen. Insgesamt gesehen handelte es sich beim Ausbau politischer Institutionen und bei der zunehmenden Bedeutung des Demos am Ende des 7. Jahrhunderts offenbar um einen gemeingriechischen Prozess. Dass diese fortschreitende Formalisierung von vorher vielleicht schon in lockerer Form organisierten Gremien (man denke an die informellen Heeresversammlungen in den Homerischen Epen) durch schriftliche Regelungen in ähnlicher Weise offenbar in der gesamten griechischen Welt erfolgte, lässt sich nur durch die bestens funktionierende Vernetzung der griechischen Welt erklären, die den Austausch von Ideen und politischen Organisationsmodellen auf diese Weise problemlos ermöglichte. Im Rahmen der Kolonisation hatte sich ja ein Netzwerk von Handelsbeziehungen und Kommunikationswegen gebildet, das die „um einen Teich herum sitzenden" Griechen miteinander verband.

Am besten sind wir, wieder einmal, über Athen informiert, wo die Regelungen Solons ein gut strukturiertes institutionelles Gefüge für die Zeit um 600 erkennen lassen. Jedoch kommt aus Sparta wohl der älteste Verfassungstext der europäischen Geschichte. Der kurze Text ist als die *Große Rhetra* bekannt, ein altmodisches Wort, das man mit „feierlich gesprochenem Gesetz" übersetzen könnte. Der dunkle, unklare (und deshalb bis heute höchst umstrittene) Text voller archaischer Ausdrücke ist in einem Zitat bei Plutarch überliefert, wird aber inhaltlich ähnlich auch bei dem für Sparta dichtenden Poeten des 7. Jahrhunderts, Tyrtaios, erwähnt, so dass Plutarch offenbar tatsächlich die älteste Verfassung Europas zitiert: Der Gesetzgeber Lykurg habe aus Delphi einen Orakelspruch erhalten (Plutarch, *Leben des Lykurg*, 6). Er „soll ein Heiligtum des Zeus Syllanios und der Athena Syllania errichten; Phylen und Oben einrichten; einen Rat von Dreißig einschließlich der Heerführer konstituieren; von Zeit zu Zeit die Volksversammlung zwischen Babyka und Knakion einberufen und so einbringen und abtreten; [… hier ist der Text korrupt] und Kraft." In einem Zusatz heißt es weiter „ Wenn das Volk sich für einen schiefen Spruch aussprechen sollte, sollen die Ältesten und die Heerführer abtreten lassen". In der Tat ein seltsamer Text, der auch Fachleuten größte Schwierigkeiten bereitet. Will man die kryptische Passage paraphrasieren, geht es im Wesentlichen um ein auf drei Säulen – Rat, Könige/Heerführer und Volksversammlung – aufbauendes Verfassungssystem. Die Bürgerschaft wird in kleinere Organisationseinheiten (Phylen und Oben) aufgeteilt, ein Rat von Dreißig (der Ältestenrat Spartas, die „Gerousia"), dem auch die beiden Heerführer (das sind die spartanischen Könige) angehören, wird etabliert, und eine Volksversammlung, die in regelmäßigen Abständen an dem nicht näher identifizierbaren Ort zwischen „Babyka und Knakion" tagt. Dort werden (vom Rat und den Königen) Anträge eingebracht und die Versammlung wird durch Abtreten aufgelöst. Der Zusatz am Ende räumt dem Ältestenrat und den Königen gewissermaßen ein „Vetorecht" gegen „schiefe" Volksbeschlüsse ein. Droht die Gefahr eines solchen „krummen" Beschlusses, können die Herren des Verfahrens die Abstimmung durch Auflösung der Versammlung einfach verhindern.

Wichtig ist in diesem Zusammenhang, dass hier erstmals der Demos (in der spartanischen Mundart „Damos"), also das Volk und seine Versammlung, als politisch handelndes Organ einer Verfassung erwähnt wird. Natürlich ist die Rede von einer „Verfassung", einem Begriff, den man ja eher nur mit modernen Verwaltungsstaaten und ihren elaborierten Normen in Verbindung bringt, im Zusammenhang mit diesen frühsten Versuchen der Griechen, ihr Zusammenleben vernünftig zu ordnen, etwas hochtrabend. Doch ging es ja auch bei diesen ersten, ungelenken Schritten um ein „Konstituieren" dieser Stadtstaaten: um die Einsetzung von Institutionen, in denen das (Staats-)Volk (die berechtigten Bürger) repräsentiert ist, und um die Setzung von Recht. Der Demos, der zuvor dem herrschenden Adel wohl nur als Publikum diente, wird bei wichtigen Entscheidungen nicht mehr übergangen. Der Demos erhält also eine bestimmte „Kraft" (*krátos*), wie es in der *Rhetra* gerade an der leider durch die problematische Manuskriptüberlieferung entstellten Stelle heißt. Wenn eine Emendation dieser Stelle, eine gelehrte Verbesserung des korrupten Textes, den beschädigten Text angemessen korrigierte, böte die *Rhetra* die erste mögliche Erwähnung des Demokratiebegriffs (*damo d' ... kratos*).

Kurioserweise haben wir – auch unabhängig von der nicht gesicherten und damit spekulativen Textverbesserung – den ersten Beleg einer „Demokratisierung", das heißt der gesetzlich festgelegten und institutionalisierten Beteiligung des Demos als Volksversammlung am politischen Entscheidungsprozess, in eben jener Stadt, die später sprichwörtlich wurde für ihr oligarchisches, auf wenigen Entscheidungsträgern basierendes Herrschaftssystem und als ideologisches Gegenbild zum demokratischen Athen galt. Dieser Sachverhalt verdeutlicht einen wichtigen Aspekt, der in vielen teleologisch argumentierenden Darstellungen zur griechischen Geschichte in einer Art Demokratie-Euphorie untergeht: Die Ausweitung der politischen Rechte auf über die großen Familien hinausführende Bevölkerungskreise ist keineswegs als eine politische Lawine zu sehen, die, einmal ins Rollen gebracht, ungebremst und zielgerichtet ins Tal der Demokratie rollt. Dass es in Athen zu einer Volksherrschaft kam, in der praktisch alles vom Volk entschieden wurde, auch Angehörige der Unterschicht (etwa Tagelöhner) Stimmrecht erhielten, und die in der Folge zu einem erfolgreichen politischen Exportmodell, einem *paradeigma*, wurde (so Perikles in der berühmten Leichenrede), ist eher als Kuriosum der Geschichte zu betrachten, zumindest aber ganz besonderen Umständen zu verdanken, worauf im nächsten Kapitel näher einzugehen ist. Ebenso ist auch schon an dieser Stelle auf die simple Tatsache hinzuweisen, dass die umfassenden, auch das Menschenbild betreffenden Vorstellungen, die wir heute (mit Ausnahme vielleicht von China, Nordkorea und Kuba) mit dem Begriff „Demokratie" verbinden, sich keineswegs mit der politischen Realität im demokratischen Athen decken.

Die in der archaischen Periode in Sparta ebenso wie in Solons Athen und anderswo zu beobachtende „Demokratisierung" der griechischen Poleis, wenn wir diesen Begriff mit aller Vorsicht doch weiter verwenden dürfen, erfolgte zunächst (und außerhalb Athens auch später) nach timokratischen Prinzipien, es bildeten sich Zensusverfassungen heraus, im Einzelnen nachvollziehbar an den Bestimmungen, die Solon für Athen erlassen hat. Das heißt, nur wer über ein nicht geringes Mindestmaß an Vermögen verfügte, war ein berechtigter Vollbürger und konnte an Entscheidungen der Polis Teil haben. Die Teilhaber der Macht waren darüber hinaus auch nicht die Inhaber der Macht, nirgends, nicht einmal im demokratischen Athen des 5. Jahrhunderts. Erst am Ende des 5. Jahrhunderts gelangten dort „bürgerliche", aber sehr reiche Männer als Strategen in das wichtigste Wahlamt, etwa der mit dem Spitznamen „der Gerber" beschimpfte Lederfabrikant Kleon. Zuvor waren nur Repräsentanten des Adels wie der „Erzdemokrat" Perikles, mütterlicherseits Urenkel des glücklichen Freiers Megakles und der Agariste, Führer des Demos, und der politische Kampf um die Gunst des Volkes wurde unter den Vertretern der Oberschicht ausgetragen.

Klassische Zeit

5. Die Perserkriege und der Beginn der Unterscheidung zwischen Orient und Okzident

Die Griechen des 5. und 4. Jahrhunderts teilten die Menschen in zwei Kategorien; in Griechen und Barbaren. Dabei gewann das Barbarenbild gerade im 5. Jahrhundert literarisch und in Vasendarstellungen an Kontur. Der Barbar schlechthin war der Orientale, in erster Linie derjenige persischer Prägung. Aber auch die unter der Herrschaft des Perserreichs stehenden Völker, die Herodot so fesselnd in seinem Werk beschreibt, haben Entscheidendes zu diesem Bild beigetragen. Diese bipolare Weltsicht geht auf ein konkretes Ereignis zurück: die Perserkriege. 490 setzte ein Expeditionsheer des Perserkönigs Dareios über den Bosporos nach Griechenland über, um die Städte der Hellenen zu unterwerfen. Es wurde von einem zahlenmäßig weit unterlegenen, fast nur aus Athenern bestehenden Heer bei Marathon überraschend geschlagen. 480 unternahmen die Perser unter ihrem König Xerxes mit großer Heeresmacht und gut vorbereitet einen erneuten Versuch, Griechenland zu unterwerfen. Der Koalition einer Reihe griechischer Städte unter der Führung der Spartaner gelang es 480 in Seeschlachten bei Kap Artemision und Salamis und 479 in einer entscheidenden Landschlacht bei Plataiai, die riesige Streitmacht der Perser zu besiegen und – was jedoch damals noch niemand wusste – endgültig an weiteren Eroberungszügen nach Europa zu hindern. Erst gegen Mitte des 5. Jahrhunderts (die genauen Umstände des Einverständnisses sind umstritten) kam es zu einer verbindlichen Einstellung der Feindseligkeiten zwischen dem Großkönig und der antipersischen Allianz, die sich unter Führung Athens nach der Vertreibung des Perserheers 478 gebildet hatte. Dieser Krieg, aus Sicht der Griechen ein weltbewegendes Großereignis, das für die Perser aber kaum mehr als ein begrenzter Randkonflikt war, markiert die bis heute gültige kulturelle Scheidung von Orient und Okzident nebst den grundlegenden mit diesen (freilich erst von den Römern geprägten) Begriffen verbundenen Konnotationen. Wie kam es zu dieser Konfrontation, die maßgeblich die weitere Geschichte der griechischen Staaten und ihres Verhältnisses zueinander bestimmt hat, wenn man so will sogar das Hellenentum im Sinne einer gemeinsamen Sache und einer als verbindend empfundenen ethnischen und kulturellen Gemeinschaft erst wirklich begründet hat?

Im 6. Jahrhundert konnte sich die griechische Poliswelt in aller Ruhe, vom Orient zwar in entscheidendem Maße beeinflusst, aber nicht derangiert, entfalten. Auf sich selbst konzentriert, konnten die Griechen das tun, was sie während der gesamten Antike, auch noch in römischer Zeit, am besten konnten: sich denkend, forschend und das Gemeinwesen organisierend untereinander streiten. Neben den alltäglichen internen Auseinandersetzungen zwischen verschiedenen Parteiungen innerhalb der einzelnen Stadtstaaten gab es auch zahlreiche Fehden zwischen den Poleis, die in jährlichen Waffengängen blutig ausgetragen wurden. Hauptstreitpunkt bei solchen Zwistigkeiten waren meistens Gebietsfragen. Berühmtestes Beispiel aus der Überlieferung ist der „Lelantinische Krieg", der um den Besitz der gleichnamigen Ebene zwischen den Nachbarstädten Chalkis und Eretria Anfang des 7. Jahrhunderts über 60 Jahre hinweg mit wechselnden Verbündeten ausgefochten wurde und zur vollständigen ökonomischen Erschöpfung beider Kriegsgegner führte.

Die orientalischen Großreiche erlebten in dieser Zeit einschneidende Umwälzungen und hatten abgesehen vom östlichen Teil kein ernsthaftes Interesse an der Mittelmeerwelt.

Unter dem persischen König Kyros entstand seit der Mitte des 6. Jahrhunderts ein dynamisches neues Reich. Kyros hatte neben den lose verbundenen Fürstentümern der Meder und dem neubabylonischen Reich zuvor schon das Reich der kleinasiatischen Lyder erobert und brachte die Perser so erstmals in direkten Kontakt mit der griechischen Welt. Denn die ionischen Griechenstädte an der Küste Kleinasiens waren bereits in der ersten Hälfte des 6. Jahrhunderts nach kriegerischen Auseinandersetzungen unter den Einfluss des Lyderreichs geraten. Danach unterwarf Kyros die griechischen Städte Ioniens, die – bis auf Milet, das Sonderkonditionen erhielt – den Lydern treu geblieben waren. Schuld an allem war nach Herodot ein Orakelspruch des delphischen Apoll. Kroisos hatte dort nachgefragt, ob es ratsam sei, gegen den aufstrebenden persischen Nachbar Krieg zu führen, worauf das Orakel antwortete, „wenn er gegen die Perser zu Felde ziehe, werde er ein großes Reich zerstören" (Herodot 1, 53, 3). Im Glauben, damit sei das Perserreich gemeint, überschritt der Lyderkönig den Grenzfluss Halys. Dass mit dem Reich, das dem Untergang geweiht war, seine eigene Herrschaft gemeint war, stellte er erst bei seiner Niederlage in Sardes 541 schmerzlich fest.

Bis etwa 500 herrschten so die Perser anstelle der Lyder über die griechischen Städte an der Westküste der heutigen Türkei. Auf Kyros folgte 529 sein Sohn Kambyses, der auch Ägypten eroberte. Damit waren alle orientalischen Großreiche des Altertums unter der Herrschaft der Perser vereinigt. Dem Kambyses folgte nach Thronfolgewirren 521 Dareios I. als Großkönig der Perser nach. Die Herrschaft der Perser war im Übrigen, ganz im Gegensatz zu den zunehmend stereotypen griechischen Beschreibungen ab der Mitte des 5. Jahrhunderts, keineswegs eine drückende Despotie. Das Erfolgsrezept, das das Archämenidenreich von Indien bis an die Westküste Kleinasiens zusammenhielt, bestand in der geschickten Nutzung gewachsener Herrschaftsstrukturen. Kyros und seine Nachfolger übernahmen gewöhnlich nicht nur das Verwaltungssystem der eroberten Gebiete, sondern auch Herrschertitel und beließen Vieles in gewohnter Ordnung. Auch die lokalen Religionen und Kulte ließen sie unangetastet. Bibellesern ist Kyros unter dem Namen „Kores" als Befreier der Juden aus der Babylonischen Gefangenschaft bekannt, seiner „Toleranz" verdanken sie auch den neuen Tempelbau in Jerusalem. Obwohl die persischen Könige den Poleis eine gewisse innere und vor allem auch religiöse Autonomie gewährten, bedienten sie sich zur Sicherung der Herrschaft oft lokaler Tyrannen, die von ihren Gnaden eingesetzt waren. Das entsprach auch den grundlegenden Gepflogenheiten der Perser, die ihr Reich mit Hilfe von entsandten Provinzgouverneuren, den Satrapen, regierten. Großkönig Dareios hatte dieses System der Statthalterschaften besonders effektiv ausgebaut. Der von den Persern unterstütze Tyrann Aristagoras von Milet entpuppte sich im Nachhinein als eine schlechte Wahl, denn er stiftete als Anführer einer antipersischen Städteallianz die kleinasiatischen Poleis zum Abfall vom Perserreich an. Diesem „Ionischen Aufstand" war jedoch kein Erfolg beschieden. Die Festlandgriechen sandten keine Unterstützung, nur Athen und Eretria schickten – das war indes folgenschwer – ein paar Schiffe. Außerdem war die Streitmacht der Perser bei weitem überlegen, so dass der letzte Widerstand 494 in einer Seeschlacht gebrochen wurde. Milet wurde, um ein Exempel zu statuieren, gänzlich zerstört und konnte nie mehr die Stellung einnehmen, die es während des 6. Jahrhunderts innehatte. Die anderen Städte erfuhren aber eine recht milde Behandlung, nicht einmal die Tributzahlungen wurden erhöht. Erneut zeigte sich der rationale und auf Effizienz ausgelegte Herrschaftsstil der Perser. Dieser Aufstand hatte allerdings weit reichende Folgen für ganz Griechenland.

Einen solchen Affront konnte der Großkönig Dareios nicht dulden und entschloss sich, Griechenland gänzlich unter seine Herrschaft zu bringen (Makedonien, Thrakien und Teile Thessaliens waren ihm schon längere Zeit tributpflichtig). Dabei bleibt ungewiss, ob „imperiale" Eroberungsinteressen ausschlaggebend waren, oder „nur" der Wunsch nach

Bestrafung der Unterstützer des Ionischen Aufstands entscheidend für den persischen Angriff auf Zentralgriechenland war. Zunächst schickte Dareios Boten, die die Unterwerfung der Städte forderten – bei vielen hatte er Erfolg –, dann rüstete er zum Feldzug. Einer solchen Bedrohung hatten die wenigen Griechen, die eine Unterwerfung ablehnten, eigentlich nichts entgegenzusetzen. Ihr Glück war, dass Dareios zunächst nur ein überschaubares Expeditionsheer entsandte, wohl in der Annahme, dass er mit den zerstrittenen Kleinstaaten leicht fertig würde. Der Norden Griechenlands unterwarf sich den Persern. Erst die Athener und die durch den Isthmos noch besser vor Eindringlingen geschützten Peloponnesier, angeführt von Sparta, widersetzten sich dem Ersuchen des Großkönigs und stellten sich dem persischen Machtanspruch entgegen.

Zunächst lagerte das Expeditionsheer eine geraume Zeit in der Ebene von Marathon. Die Perser hofften mit ihrer einschüchternden Präsenz vor den Toren Athens auf einen von der perserfreundlichen Partei beförderten Machtwechsel in Athen. Den ehemaligen Tyrannen Hippias, der 507 mit Hilfe der Spartaner vertrieben worden und dann an den persischen Hof geflüchtet war, hatten sie gleich mitgebracht.

Nachdem die Spartaner aus religiösen Gründen – sie waren durch ein Kultfest gebunden – nicht rechtzeitig zu Hilfe eilen konnten, stellten sich auf der Ebene von Marathon nur die Athener, unterstützt durch ein Kontingent von Hopliten aus der kleinen Stadt Plataiai und angeblich auch unter Aufbietung von Sklaven, der Übermacht der Perser entgegen. Angeführt von Miltiades besiegten die in Phalanx geordnet kämpfenden Griechen das Landheer der Perser. Wenngleich man auf die Zahlenangaben bezüglich Heeresstärke und der Gefallenen nicht allzu viel geben darf, war die Übermacht der Perser jedoch erheblich und somit der Ausgang der Schlacht erstaunlich. Die in Eilmärschen herbei geilten Spartaner kamen zu spät (aber sie kamen und bewiesen somit Bündnistreue) und konnten nur noch das Schlachtfeld besichtigen, auf dem nach Herodot nur 192 Griechen, aber 6400 Perser geblieben waren. Die Marathonkämpfer wurden in Athen viele Jahre später noch als Helden gefeiert und die Erinnerung an diesen Kampf hatte sich ins kulturelle Gedächtnis der Athener eingeprägt. „Marathon" war zu einem Mythos geworden. Daher verwundert es nicht, dass allerlei Legenden um das Geschehen entstanden. Leider ist auch die bei Plutarch überlieferte Geschichte vom Läufer, der die rund 40 km zwischen Marathon und dem Zentrum von Athen ohne sich zu schonen im Eillauf zurücklegte, um dann mit den Worten „wir haben gesiegt" (im Griechischen nur ein Wort und daher vor dem Tode einfacher zu röcheln: *nenikékamen*) tot zusammenzubrechen, eine solche unhistorische Legende. Immerhin verdanken wir Plutarch neben der schönen Geschichte auch eine moderne olympische Disziplin.

Nachdem die erste Euphorie verflogen war, mussten die Athener sich den Tatsachen stellen. Erst jetzt fühlte sich der Großkönig wirklich herausgefordert. Dem kleinen Expeditionsheer würde die gesamte Heeresmacht des Perserreichs folgen. Es war nur noch eine Frage der Zeit, wann die Perser einen ernsthafteren Eroberungsfeldzug in Angriff nehmen würden. Hatten die zerstrittenen Griechen dem etwas entgegen zu setzen?

Zum Glück der unbotmäßigen Griechenstädte sorgte der Tod des Dareios im Jahr 486, der nach Marathon gleich mit der gebotenen Zurüstung begonnen hatte, für eine Verzögerung der Eroberungspläne im Westen. Denn sein Nachfolger Xerxes musste nach seinem Herrschaftsantritt erst einmal die Ordnung wieder herstellen und sich um wichtigere Dinge wie Aufstände in Ägypten und Babylonien kümmern. Erst 480 überquerte er selbst an der Spitze eines gewaltigen Heeres, flankiert von einer eindrucksvollen Flotte, den Hellespont – moderne Schätzungen nennen meist 200.000 Mann, die Flotte mag 600 Schiffe umfasst haben, Herodot gibt doppelt so viele an, die Heeresmacht mit allen Hilfstruppen beträgt bei ihm sogar unglaubliche 1,7 Millionen Mann. Bis dahin waren die Griechen jedoch gefordert, sich entsprechend vorzubereiten.

Zunächst mussten die Marathonsieger überlegen, wie sie der bevorstehenden Invasion des nach Rache dürstenden, beleidigten Großkönigs begegnen sollten. Hierbei spielte der athenische Politiker Themistokles eine ganz entscheidende Rolle. Nachdem man reiche Silbervorkommen im attischen Gebiet Laureion entdeckt hatte, gelang es Themistokles die in Athen seit den Reformen des Kleisthenes (507, dazu im übernächsten Kapitel mehr) alle wichtigen Belange der Stadt entscheidende Volksversammlung davon zu überzeugen, die neuen Staatseinnahmen (denn die Minen gehörten zum Staatseigentum) nicht unter den Bürgern zu verteilen, sondern in ein ehrgeiziges Flottenprogramm zu investieren und etwa 200 Schiffe, so genannte „Trieren" (Dreiruderer) zu bauen. Als die Bedrohung durch den Einmarsch des Xerxes dann real wurde, schaffte Themistokles es ferner, die Athener dazu zu bewegen, ihre Stadt und das Umland dem Feind preiszugeben, Frauen, Alte und Kinder zu evakuieren und sich auf die Schiffe als schwimmende Inseln zu begeben, sowie die Flotte als wichtigste strategische Einheit in den Kampf zu führen. In diesem Sinne hatte er einen Orakelspruch aus Delphi überzeugend vor der Volksversammlung gedeutet. Das Orakel hatte auf Anfrage, wie man sich beim Einmarsch der Perser verhalten solle, auf gewohnt enigmatische Weise den Rat gegeben, hinter „hölzernen Mauern" Schutz zu suchen.

Bevor die persische Heeresmacht jedoch in Griechenland einfiel und weitere Verbündete gewann (es kämpften bereits eine ganze Reihe griechischer Städte auf Seiten der Perser) – unter anderem das bedeutende Theben in Böotien –, gelang es dem Abwehrbündnis der Griechen, dem „Hellenenbund", sich unter Führung von Sparta auf zwei Konferenzen 481 und 480 unter größtem diplomatischem Aufwand und ständig vom Scheitern bedroht zu formieren, und eine gemeinsame Strategie für den bevorstehenden Kampf mit den Persern zu entwickeln. Neben Sparta, den meisten peloponnesischen Städten und Athen waren noch einige mittelgriechische Poleis sowie Inselstädte auf Seiten des Widerstands, etwa Ägina, das noch kurz zuvor in erbittertem Streit mit Athen gelegen hatte. Der Oberbefehl wurde in die erfahrenen Hände der Spartaner gelegt und man schwor den Griechenstädten, die ohne Not auf die Seite der Perser gewechselt waren, erbitterte Feindschaft. Es war geplant, den Persern an zwei Verteidigungslinien entgegen zu treten. Das Landheer sollte den Thermopylenpass sperren, während die Flotte am Kap Artemision den persischen Vorstoß verhindern musste. Sollten diese Linien fallen, blieben der Isthmos bei Korinth und die Meerenge bei Salamis als letzte Verteidigungslinien.

Nach der berühmten Schlacht bei den Thermopylen, Anfang August 480, bei der nicht nur die legendären 300 spartanischen Vollbürger unter ihrem König Leonidas, sondern noch rund 700 weitere Kämpfer auf Seiten des Hellenenbundes ums Leben gekommen waren, während sie den Rückzug des restlichen Heeres deckten, konnte das persische Heer in der Folge ganz Mittelgriechenland überrollen. Diese bald darauf zum Mythos geronnene Schlacht beförderte vor allem den Ruhm der Spartaner, deren Opfer auf verlorenem Posten den Griechen zeigte, dass diese es mit der Verteidigung Griechenlands auch außerhalb ihres vitalen Interessenbereichs, der Peloponnes, ernst meinten und zum gegebenen Wort standen. Zu Ehren der gefallenen Spartaner wurde am Ort der Schlacht ein Distichon in Stein gemeißelt, dessen Text in Friedrich Schillers schönen Übersetzung folgendermaßen lautet: „Wanderer kommst Du nach Sparta, verkündige dorten, du habest uns hier liegen gesehn, wie das Gesetz es befahl." (Hier muss man Schiller ein wenig korrigieren, eigentlich sollte der letzte Teil des Distichons mit „dem Befehl gehorchend" übersetzt werden, oder – im Versmaß bleibend – mit „wie der Befehl es bestimmt'").

Die Griechen waren nach dieser Niederlage mit überschaubaren Verlusten keineswegs völlig geschlagen. Die parallel zur Schlacht bei den Thermopylen erfolgte, ebenfalls verlorene Seeschlacht bei Artemision führte auch zu hohen Verlusten der persischen Flotte, die den Griechen nun nicht mehr so haushoch überlegen war. Aber die ohnehin fragile Koalition der Griechen begann weiter zu bröckeln. Noch mehr Griechenstädte schlossen sich den Persern an und die Peloponnesier favorisierten einen Rückzug hinter den Isthmos. Die Athener drängten aber unter ihrem Strategen Themistokles auf eine Verteidigungsstrategie, die als Zentrum den engen Sund von Salamis hatte, während andere Mitglieder des Hellenenbundes sich lieber auf die Verteidigung der Peloponnes beschränken wollten. Auf die ganz nahe bei Athen gelegenen Inseln Salamis und Ägina und nach Troizen hatten die Athener ihre Frauen und Kinder evakuiert, so dass sie, die mit 200 Schiffen das Gros der griechischen Flotte stellten, ihre Position vor Salamis keinesfalls aufgeben konnten. Am 27. September plünderten und brandschatzen die Perser dann das fast völlig verlassene Athen. Die Peisistratiden wurden wieder installiert und herrschten über eine kleine Schar Getreuer in einem persisch besetzten Athen. Bei Salamis suchte der Perserkönig, durch eine List des Themistokles verführt, die Entscheidung. Themistokles hatte einen Getreuen mit einem fingierten athenischen Unterwerfungsangebot und dem angeblichen Verrat eines Fluchtplans der Flotte zu Xerxes gesandt, der den Köder schluckte und den Angriff anordnete, bevor die Koalition der Griechen im Streit ganz auseinander brechen konnte. Am 29. September 480 wurde die persische Flotte, die sich in der Meerenge kaum entfalten konnte, aufgerieben und fast komplett vernichtet. Mit dem Schlachtruf „Söhne der Griechen, auf! Befreiet unsere Heimat! Befreit Frau und Kind! Befreit die Heiligtümer unserer Götter, die Gräber der Väter! Jetzt kämpfen wir um alles!" hatten sich die Schiffsbesatzungen der Athener in den Kampf gestürzt (Aischylos, *Die Perser* 401-405).

Dieser überraschende und wichtige Sieg verlieh den Verteidigern Griechenlands neuen Mut. Den brauchten sie auch. Denn das große Landheer der Perser befand sich noch in Griechenland, wo das perserfreundliche Theben und das besetzte Athen die strategischen Zentren für die Operationen der persischen Generäle bildeten. Xerxes selbst hatte sich unmittelbar nach Salamis in Richtung Kleinasien abgesetzt und seinen Generälen den Kriegsschauplatz überlassen. 479 suchten die Griechen ihrerseits die Entscheidung, sie hatten ihre Strategie von Verteidigung auf Angriff umgestellt. Bei Plataiai in Böotien schlugen sie im Sommer das Heer des Heerführers Mardonios und fast zeitgleich stellte die griechische Flotte bei Mykale an der kleinasiatischen Küste die Reste der Flotte der Perser. Diese letzten beiden Schlachten, besonders die Entscheidungsschlacht von Plataiai, markierten den endgültigen Sieg der Griechen. Die Perser flohen nach Kleinasien und unter der Führung Athens – denn die Spartaner sahen die gemeinsamen Ziele mit der Vertreibung der Feinde aus Zentralgriechenland erfüllt – vertrieben die Griechen die Perser aus den wichtigen Meerengen Hellespont und Bosporos. Nach der Einnahme von Sestos auf der thrakischen Seite der Propontis nagelten die Athener, die Begründer der Demokratie und der abendländischen Philosophie, den persischen Befehlshaber, einen Schwiegersohn des Xerxes, an ein Brett und zwangen ihn zuzusehen, wie seine Söhne zu Tode gesteinigt wurden, bevor sie auch ihn töteten.

Der endgültige Sieg der Griechen verdankte sich im Wesentlichen zwei entscheidenden Faktoren. Einerseits war der gerade hinreichende Bestand der fragilen Koalition der zerstrittenen griechischen Stadtstaaten entscheidend, die sich angesichts der Bedrohung doch zusammen rauften und nach mühevollen diplomatischen Auseinandersetzungen eine gemeinsame Vorgehensweise fanden und in entscheidenden Momenten auf Kompetenzgerangel verzichteten (so überließ der spartanische Oberbefehlshaber dem in nautischen Belangen erfahreneren Themistokles die Befehlsgewalt bei Salamis). Andererseits spielte auch die prekäre Versorgungslage des persischen Riesenheeres eine wichtige Rolle, das, weit entfernt von den sicheren Nachschublinien, nicht in dem Maße strategisch operieren konnte, wie es die Situation eigentlich erfordert hätte. Die persischen Befehlshaber mussten aufgrund logistischer Zwänge oftmals vorzeitig die Entscheidung suchen, ohne zuwarten zu können, dass die brüchige Allianz der Griechen sich erwartungsgemäß weiter atomisierte.

In der griechischen Perspektive war der an ein Wunder grenzende Sieg gegen die persische Übermacht das Fundament eines neuen Gründungsmythos: die Freiheitsliebe der Griechen hatte gegen persischen Despotismus den Sieg davongetragen. Bereits Herodot formuliert den Gedanken von der Überlegenheit der griechischen Freiheit gegenüber persischer Willkür. Der im persischen Exil lebende spartanische Exkönig Demaratos tritt als Warner auf und beschreibt auf die Frage des Xerxes, ob er denn mit ernsthaftem griechischem Widerstand zu rechnen habe, die qualitative Überlegenheit der für ihre Freiheit kämpfenden Griechen gegenüber der nur quantitativen der Perser (7, 101-105). Dies ist dem Perserkönig unverständlich: „Wie könnten 1.000, 10.000 oder 50.000, die alle gleich frei sind und nicht dem Befehl eines einzigen gehorchen, einem so großen Heer widerstehen? [...] Hätten sie nach unserer Art einen einzigen Gebieter, würden sie sich vielleicht aus Furcht vor ihm über ihre Natur hinaus tapfer zeigen und unter Geißelhieben vielleicht trotz ihrer kleineren Zahl einen überlegenen Gegner angreifen. Aber ihrem eigenen Belieben überlassen, tun sie sicherlich nichts von alledem". Diese überhebliche Fehleinschätzung des Großkönigs, der gegen Demaratos' Rat den Feldzug befiehlt, führt ihn in Herodots Logik direkt in die Niederlage. Nach den Perserkriegen bildete sich unter dem Eindruck dieses Sieges ein neues kulturelles Wahrnehmungsmuster heraus, das bis zum 4. Jahrhundert noch einige Akzentverschiebungen erfuhr, doch zunächst einmal auf der grundlegenden Unterscheidung von Griechen und Barbaren, von freien Hellenen und despotischen Orientalen beruhte.

Diese Unterscheidung ist ähnlich wie auch die geographische Trennung von Europa und Asien eine rein kulturelle und bestimmt bis heute wichtige Aspekte auch unserer Weltsicht. Als Gründungsdatum des europäischen Orientbildes, das Edward Said einflussreich mit dem Begriff „Orientalismus" beschrieben hat, darf das Jahr 472 gelten, als in Athen Aischylos seine Tragödie *Die Perser* beim Kultfest der Dionysien präsentierte. In diesem Stück – die erste uns erhaltene griechische Tragödie überhaupt – ist das Bild des freien und siegreichen Griechentums und das der despotischen orientalischen Herrschaft, der servilen Untertanenmentalität, gepaart mit orientalischer Pracht, bereits vorgeformt. Durch die kulturelle Dominanz innerhalb der griechischen Welt, die Athen im Verlauf des fünften Jahrhunderts ausüben sollte, entstand eine athenische Deutungshoheit der Perserkriege, die mit den Siegen bei Marathon und Salamis verbunden war. Aus ihnen speiste sich das enorme politische Selbstbewusstsein der Athener, das zum Aufbau ihres Seereichs in den folgenden Jahren nötig war. Mit diesen Siegen und ihrer literarischen und künstlerischen Verarbeitung (Aischylos' *Perser*, Herodot, einiges von Xenophon und eine Reihe Vasenbilder sind nur der uns überlieferte Bruchteil einer weit umfangreicheren Tradition) entstand ein Bewusstsein, den „Barbaren" in jeder Hinsicht, v.a. auch auf geistig-kulturellem Gebiet, weit überlegen und auch zur Vorherrschaft unter den Hellenen berufen zu sein. Ein damit einhergehendes persisches Feindbild setzte sich nicht unmittelbar nach den Perserkriegen, sondern erst nach und nach im Verlauf des 5. Jahrhunderts durch. Während Herodot die Leistungen der Perser oft anerkennt und noch nicht in Stereotypen denkt, wird „der Perser" erst in der Literatur des 4. Jahrhunderts (v. a. in der Rhetorik, bestes Beispiel ist Isokrates) zum verachtenswerten Zerrbild. Barbarenverachtung wird stereotypisiert, Differenzierungen werden nivelliert. Dieser Befund kann leicht davon ablenken, dass vor allem die Aristokraten vieler griechischer Poleis weiter enge Beziehungen zum persischen Hof pflegten und persische Kultureinflüsse gerade auch in Athen deutliche Spuren hinterlassen haben, besonders in der „Persermode" der athenischen Aristokraten in den 430er und 420er Jahren. Politische Gegensätze schließen Kulturtransfer und Handel also keineswegs aus. In der attischen Keramik des späten 5. und frühen 4. Jahrhunderts, als die Perser literarisch bereits der Barbarenverachtung anheim gefallen waren, erscheinen sie als Vertreter einer bewunderten, fast märchenhaften Luxuswelt.

Der Ausgang der Perserkriege sollte die weitere Geschichte der Griechen maßgeblich bestimmen. Athen verdankt ihnen seinen kometenhaften Aufstieg, und im Kern war darin schon der Konflikt angelegt, den das aufstrebende Athen mit der angestammten Führungsmacht Sparta um die Vorherrschaft in Griechenland in der zweiten Hälfte des 5. Jahrhunderts erst verdeckt, dann offen austrug. Als gemeinsame Erinnerung an eine bestandene Prüfung, als ein Beispiel für Einheit und Freiheitswillen, bildeten die Perserkriege die Grundlage für ein gemeingriechisches Bewusstsein als – den Barbaren natürlich überlegene – „Kulturnation", um den Ausdruck – in Friedrich Meineckes Sinne – aus der deutschen Nationalgeschichte zu borgen. So konnte die längst vergangene Auseinandersetzung mit der östlichen Hochkultur vom Makedonenkönig Alexander 150 Jahre später propagandistisch zur Legitimierung seines „panhellenischen" Eroberungsfeldzugs genutzt werden. Was wird der junge Alexander aus dem makedonisch-hinterwäldlerischen Pella wohl gedacht haben, als er 331 als neuer König in die märchenhafte Metropole Babylon einzog, wo er von den weisesten Gelehrten und Sterndeutern des Orients begrüßt wurde?

6. Sparta und Athen

Sparta

Ursprünge und Grundzüge

Dass die Spartaner sich nach den Perserkriegen wieder nur um ihre eigenen Angelegenheiten kümmern wollten und die weiteren Abwehrmaßnahmen gegen die Perser der Organisation der Athener überließen, wie sie zuvor auch nur sehr zögerlich ihre natürliche Führungsrolle im Hellenenbund angenommen hatten, lag an den Besonderheiten ihres Staatswesens, das sich in vielerlei Hinsicht von anderen griechischen Poleis unterschied. Diese Andersartigkeit, die besonders im Bereich von Sitten und gesellschaftlichen Institutionen zu Tage trat, hatte schon das Interesse der Zeitgenossen am spartanischen „Kosmos", an der spartanischen Ordnung hervorgerufen. Die Spartaner waren Fremden gegenüber jedoch argwöhnisch und blieben lieber unter sich, weswegen nur wenig gesicherte Informationen über ihre Lebensweise nach außen drang. Diese Sachlage, verbunden mit der Tatsache, dass alle Informationen über Sparta, nimmt man die Gedichte des Tyrtaios aus dem 7. Jahrhundert einmal aus, aus den Federn von Außenstehenden stammen (am wichtigsten sind dabei Herodot, Xenophon und Plutarch), führte schon während der Antike zur Ausbildung des „Mythos Sparta". Dieser Mythos wurde in der Neuzeit noch weiter gesponnen – Vielen sind noch heute Begriffe wie „lakonische Kürze", „spartanisch" in Verbindung mit Mahlzeiten und Komfort geläufig – und erschwert es den Historikern, die Sachverhalte nüchtern zu beurteilen.

In archaischer und klassischer Zeit war Sparta der erste und berühmteste Staat des antiken Griechenland. Vor allem ihre militärischen Leistungen und ihr in der späten Archaik ausgebildetes besonderes Gesellschaftssystem verschafften den Spartanern dieses Prestige. Über die spartanische Frühzeit ist hingegen nur sehr wenig bekannt. Die Vorfahren der „klassischen" Spartaner hatten in zwei Perioden der Expansion zunächst die Lakonische Ebene (wohl um 900) und dann das benachbarte Messenien (in schweren Kriegen seit dem Ende des 8. Jahrhunderts bis ca. 620) eingenommen und die unterlegene einheimische Bevölkerung in ein ungewöhnliches System institutionalisierter Abhängigkeit, man könnte sagen „Staatssklaverei", herabgedrückt. Die Angehörigen dieser bodenständigen Bevölkerung mussten ihren neuen Herrn als unfreie Ackerknechte dienen und bildeten in der Folge die Schicht der „Heloten". Diese gehörten dabei nicht individuellen Herren, sondern waren dem Landgut, auf dem sie arbeiteten, zugeordnet, also „an die Scholle gebunden". Besonders die messenischen Heloten, die offenbar bereits vor der Eroberung eine messenische Identität ausgebildet hatten, wagten immer wieder Aufstände gegen ihre ungeliebten Herren, was die Spartaner dazu zwang, ständig ein Auge auf den inneren Feind zu richten und damit viele Ressourcen zu binden. So waren längere „Auslandseinsätze" für das spartanische Heer, wie im Falle der Perserkriege, höchst seltene und angesichts der Gefahr im Innern unerwünschte Ausnahmen. Wahrscheinlich hat dieser Zwang zur steten militärischen Wachsamkeit das von den Griechen selbst als ungewöhnlich empfundene und mit dem legendären Gesetzgeber Lykurg verbundene Gesellschaftssystem der Spartaner begründet, das wohl erst um 600 schrittweise eingeführt wurde und nicht auf einen einzigen gesetzgeberischen Akt zurückzuführen ist. Zunächst einmal war Sparta aber, wie archäologische Funde von hoher Kunstfertigkeit bezeugen, wohl eine ganz normale Polis gewesen.

Infolge der Dorischen Wanderung besiedelten dorischen Dialekt sprechende Griechen nach und nach die Lakonische Ebene. Mit den wohl nach 900 gegründeten vier Dörfern Kynosura, Mesoa, Limnai und Pitane, die bald darauf als politischer Zusammenschluss die Polis Sparta bildeten, fassen wir den Kern des Staatswesens, das heute als Sparta bekannt ist. Die Spartaner selbst nannten sich nach der Landschaft Lakedaimon, dem fruchtbaren Eurotastal, in dem sie siedelten, „Lakedaimonier". Die Frühzeit der spartanischen Geschichte liegt völlig im Dunkel der Legenden, in das nur archäologische Funde ein wenig Licht bringen können. Danach ergibt sich, dass die Lakedaimonier die Ebene in mehreren Etappen in Besitz nahmen. Das südlich der vier Hauptorte gelegene Amyklai hatte wohl noch länger Widerstand geleistet. Erst über die messenischen Kriege und das Ausgreifen der Spartaner über das Taygetosgebirge hinaus auf die westliche Nachbarregion sind wir etwas besser informiert. Während die anderen griechischen Poleis im 7. Jahrhundert Kolonisten entsandten, überfielen die Spartaner ihre Nachbarn und teilten das Land unter sich auf. Bei der Landverteilung scheint es wie bei der großen Kolonisation egalitär zugegangen zu sein, die „Klaroi", die Landlose, wurden gleichberechtigt aufgeteilt. Damit ergibt sich bereits ein wichtiger Aspekt der spartanischen Herrschaftsideologie, wie sie uns definitiv ausgebildet erst im 5. Jahrhundert in den Schriftquellen entgegen tritt: Gleichheit war zumindest als Idealvorstellung eines der wichtigsten Prinzipien der spartanischen Gesellschaft. Die vollberechtigten Bürger der Polis nannten sich in Anspielung darauf auch „Homoioi", „die Gleichen". Zu ihnen zu gehören war indes nicht jedem Bewohner Lakedaimons vorbehalten.

Gesellschaft und spartanische Erziehung

Einige Elemente der spartanischen Gesellschaftsordnung und besonders gewisse Sitten und Rituale haben in den letzten Jahrzehnten die Aufmerksamkeit solcher Forscher erregt, die mittels ethnologischem Vergleich zu neuen Erkenntnissen gelangen wollen. Vor allem Erscheinungen, die den Griechen als wohldurchdachte pädagogische Maßnahmen des Lykurg bekannt waren, werden von vielen Spezialisten heute als Überbleibsel einer früheren Kultur bewertet, als die Vorfahren der Spartaner noch nicht im Eurotastal sesshaft geworden waren. Besonders die wenig ausgeprägte Familienstruktur, der Vorrang des Stammeslebens vor dem Familienleben und die durch Übergangsrituale geprägte reglementierte Jugendzeit deuten in diese Richtung. Die Spartaner unterschieden viel deutlicher als andere Griechen zwischen mehreren klar definierten sozialen Gruppen. Den vollen Bürgerstatus hatten nur diejenigen inne, die über genügend Grundbesitz verfügten (mindestens in Größe eines der genannten Landlose), von zwei spartanischen Vollbürgern abstammten und das berühmte spartanische Erziehungssystem durchlaufen hatten. Auf dieser Gruppe der so genannten „Spartiaten" ruhte nicht nur die politische Verantwortung – nur sie konnten an der Volksversammlung teilnehmen und nur aus ihrer Gruppe konnten bestimmte Beamte erwählt werden –, sondern vor allem auch die militärische, denn die Spartiaten bildeten das Hoplitenheer der Polis.

Dieser militärischen Aufgabe widmeten sie sich dabei im Gegensatz zu ihren Nachbarn exklusiv. Waren die anderen Griechen gewöhnlich Bauern oder Handwerker mit einem Heer, das als Milizarmee aufgebaut war, hatten die Spartiaten den Status von Berufssoldaten, die einen ganz anderen Lebensstil pflegten. Während auf ihren teils im entfernten Messenien liegenden Landgütern ihre Frauen das Regiment führten und damit eine für griechische Frauen ungewöhnlich selbstständige Position einnahmen, lebten die Spartiaten ähnlich wie Zeltgemeinschaften im Verlauf militärischer Feldzüge in so genannten „Syssitien" oder „Syskenien" in Sparta. Darunter sind Männergemeinschaften zu verstehen, in denen diese Wehrbürger die meiste Zeit ihres Lebens verbrachten. Etwa 15 Mann wohnten und aßen gemeinsam und natürlich trainierte und exerzierte man gemeinsam an den Waffen, denn der Kriegsdienst war die Hauptaufgabe der Spartiaten. Für dieses Gemeinschaftsleben bildeten die Landgüter die wirtschaftliche Grundlage. Jeder Bürger musste nämlich seinen Teil in Form von Naturalien zur Versorgung der Tischgemeinschaft beitragen. Wer diesen Beitrag nicht erbringen konnte wurde in die Gruppe der „Hypomeiones", der Minderbemittelten, herabgestuft und konnte am politischen Leben nicht mehr teilnehmen.

Daneben gab es noch weitere soziale Abstufungen, deren genaue rechtliche Einordnung ebenso wie die der Hypomeiones heute nicht mehr möglich ist. Die Mothakes etwa waren die ebenfalls minder berechtigten Nachkommen aus Verbindungen von Spartiaten mit Helotinnen oder Frauen aus den umliegenden Städten, die zum spartanischen Staatsverband gehörten und über eine gewisse innere Autonomie verfügten. Die Bewohner dieser Städte wurden „Periöken" genannt, was soviel wie „Umwohner" bedeutet. Allgemein wird ihnen eine wichtige Rolle im Bereich der handwerklichen

Dienstleistungen für die Spartiaten nachgesagt, aber für eine solche Arbeitsteilung fehlen bislang belastbare archäologische Zeugnisse. Die Periökenstädte waren mit ihren Hopliten ein wichtiger Stützpfeiler des spartanischen Heeres. Basis dieses gesamten Systems, das darauf zugeschnitten war, einer Kriegerelite die exklusive Beschäftigung mit ihrem Handwerk zu ermöglichen, waren die unfreien Heloten. Sie mussten die Güter erwirtschaften, die ihren Herrn das Kasernenleben ermöglichte. Auf der Ausbeutung ihrer Arbeitskraft basierte das spartanische System. Angesichts der Helotenaufstände, die vor allem in Messenien immer wieder ausbrachen, wurde den Heloten jährlich von neuem offiziell der Krieg erklärt. Junge Spartaner, die im Rahmen eines „Krypteia" (die Verbergung) genannten Initiationsritus alleine durch die Lande streiften, waren angehalten, jeden Heloten, der nachts angetroffen wurde, im Sinne einer Mutprobe zu töten. Die Abgaben, die die Heloten zu leisten hatten, waren sehr hoch, wohl die Hälfte des Ertrages. Immerhin blieb ihnen ein Eigenanteil. Die Quellen berichten zwar immer vom harten Los der Heloten, dennoch scheinen die Beziehungen zwischen den Staatssklaven und ihren Herren nicht nur von Spannungen geprägt gewesen zu sein. Heloten dienten mitunter als Leichtbewaffnete im Heer und wurden bisweilen auch freigelassen.

Die interessanteste Einrichtung des spartanischen „Kosmos", die schon bei den Zeitgenossen auf das meiste Interesse stieß, war das berühmte staatliche Erziehungssystem, die „Agogé", dem – wenngleich in unterschiedlichem Maße – Jungen *und* Mädchen unterworfen waren. Das Alter dieser Institution ist ungewiss, die strenge spartanische Erziehung war aber in ganz Griechenland bekannt. Xenophon, der Heerführer und Schriftsteller, soll seine Söhne nach Sparta zur Ausbildung geschickt haben. Im Alter von acht Jahren verließen die Knaben das Elternhaus und wurden in „Herden" eingegliedert, die den Gemeinschaften der Erwachsenen nachgebildet waren. Schon hier galt es, Unterordnung und Gehorsam zu lernen. Jede Herde wurde von einem jungen Anführer befehligt, den man „Eiren" nannte. Für den Unterricht waren neben den Eirenes auch weitere Spartiaten verantwortlich, deren Titel „Paidonomos" (Knabengesetzgeber) und „Mastigophoros" (Peitschenträger) den sprichwörtlich „spartanischen" Erziehungsstil bereits andeuten. „Diskussionen über Sinn oder Unsinn der Prügelstrafe, wie sie aus Athen bekannt sind, sind uns aus Sparta nicht überliefert" (E. Baltrusch). Doch nicht nur körperliche Ertüchtigung und „Wehrsport" standen auf dem Stundenplan, auch Lesen und Schreiben wurden anhand der Homerischen Epen und der Lieder von Tyrtaios und Alkman unterrichtet. Im Alter von 14 Jahren kamen die Jungen in eine andere Gruppe, in der jetzt mehr und systematisch das Soldatenleben simuliert wurde. Abhärtungsübungen, Biwakieren in der Wildnis, Ausdauer- und Kampftechniktraining standen nun auf dem Stundenplan. Höhepunkte bildeten verschiedene Wettspiele, die Ehrgeiz und Konkurrenzdenken förderten. Diese Wettkämpfe waren, das ist ein typisch griechischer Zug, in kultische Veranstaltungen eingebunden. Der erzieherische Grundstein für die tiefe Religiosität der Spartaner, die für ihre besondere Gottesfurcht bekannt waren und die streng ihren religiösen Pflichten nachkamen, wie ihr Ausbleiben bei der Schlacht von Marathon wegen der Karneen, dem wichtigsten Kultfest für Apollon, zeigte (nur sehr moderne Kritiker konnten darin einen bloßen Vorwand sehen), wurde so bereits in der Kindheit gelegt. Einige der eigenartigeren Rituale, die mit diesen Wettspielen verbunden waren, werden aufgrund ihres Mutprobencharakters von heutigen Gelehrten als Initiationsriten gedeutet.

Die Mädchen lebten zwar zu Hause, wurden aber – einmalig in Griechenland – ebenfalls unterwiesen und trainierten sogar gemeinsam mit den Jungen für sportliche Wettkämpfe. Dass dies wie im Falle der Jungen nackt geschah, sorgte bei antiken Kommentatoren immer wieder für Entsetzen. Wie genau das öffentliche Erziehungsprogramm der Mädchen aussah und welche Inhalte vermittelt wurden, lässt sich jedoch nicht rekonstruieren. Dieses Erziehungswesen brachte selbstbewusste

Frauen hervor, die in ganz Griechenland ob ihrer körperlichen Wohlgestalt berühmt waren. Auch rechtlich und gesellschaftlich hatten die Frauen eine etwas andere Position als in den übrigen griechischen Städten, worauf noch im entsprechenden sozialgeschichtlichen Kapitel zurückzukommen sein wird.

Wenn die jungen Männer ihre Ausbildung abgeschlossen hatten, wurden sie in die Männergemeinschaften aufgenommen. Zwischen dem 20. und dem 30. Lebensjahr waren die jungen Spartiaten fast ausschließlich mit militärischen Übungen beschäftigt und hielten sich Tag und Nacht, gewissermaßen kaserniert, im Kreis der Gefährten auf. In dieser Lebensspanne sollten die Männer auch heiraten, was angesichts der Lebensweise keine leichte Aufgabe darstellte, wenn wir Plutarch glauben dürfen, der berichtet, dass der junge spartanische Bräutigam selbst in der Hochzeitsnacht noch zur Gemeinschaftsunterkunft der Kameraden zurückkehren musste und sich auch später nur „insgeheim" mit seiner Frau habe treffen dürfen (*Lykurg*, 15). Erst nach dem 30. Lebensjahr war es den Männern öfters gestattet, zu bestimmten Anlässen dem Gemeinschaftsleben fern bleiben. Bis zum Alter von 60 Jahren leistete man aktiv Militärdienst, danach konnte der Spartiat seinem Staat noch als Mitglied des Ältestenrats dienen. Dieses ungewöhnliche Leben in der Männergemeinschaft hatte auch seine schönen Seiten und wurde von den griechischen Schriftstellern oft als wünschenswertes Ideal und Vorbild beschrieben. Neben den Waffenübungen gab es auch reichlich Zeit für Tänze, Festlichkeiten, Jagden und Gespräche. Von entscheidender Bedeutung ist dabei, dass der spartanische Bürger im Gegensatz zu den Bürgern anderer Städte sich nicht um den Erwerb seines Unterhalts zu kümmern hatte. Es war ein Leben frei von der mühevollen Arbeit, die den Tag des athenischen Bauern bestimmte.

Wie diese in der Tat eigenartige Ordnung der Spartaner entstand, lässt sich nicht mehr nachvollziehen. Die Verfasser unserer Schriftquellen nennen immer wieder den Gesetzgeber Lykurg, der die Ordnung gesetzt haben soll. Im Gegensatz zu

Solon wird er von modernen Historikern jedoch als legendäre Figur eingestuft, zumal die gesellschaftlichen Veränderungen, die Sparta auf seinen Sonderweg brachten, schrittweise wohl seit dem Ende des 7. bis zur Mitte des 6. Jahrhunderts eingeführt wurden. Einige Gebräuche und Riten, die die Aufmerksamkeit der Zeitgenossen erregten, stammen wohl noch aus der Wanderungszeit, darunter die systematische Ausrichtung des Staatswesens auf das Kriegswesen. Die dauerhafte Mobilmachung der Bürgerschaft durch Befreiung der militärischen Leistungsträger von den üblichen Alltagsgeschäften war jedoch eine spätere Reform, die im Zusammenhang mit der Eroberung Messeniens und der schwierigen dauerhaften Unterordnung der bodenständigen Bevölkerung gesehen werden muss. Dieser innere Wandel zwischen dem Ende des 7. und der Mitte des 6. Jahrhunderts wird auch durch das Versiegen der spartanischen Kunstproduktion markiert. Im 7. Jahrhundert galt Sparta noch als Hochburg der griechischen Lyrik. Neben Tyrtaios, von dem unsicher ist, ob er Spartaner war, lebten mit Terpander und Alkman die wichtigsten Dichter ihrer Epoche in der berühmten Stadt am Eurotas. Die archaische Zeit markierte eine Blüteperiode für das kulturelle Leben Spartas. Auch in der kunsthandwerklichen Produktion hat Sparta um 600 Meisterwerke vorzuweisen. Die lakonische Keramik erreicht fast das Niveau der Konkurrenz aus Korinth und Athen und wurde weithin exportiert. Um 550 kommt es jedoch offenbar zu einer einseitigen Konzentration auf die militärischen Aspekte des spartanischen Lebens und damit zu einem raschen Absterben fast jeglichen künstlerischen Interesses. Philosophie, Geschichtsschreibung und Theater fanden keinen Eingang mehr nach Sparta. Die einstmals so gastfreie Stadt, die berühmte ausländische Dichter beherbergte, führte nun regelmäßig „Xenolasien", allgemeine Ausländerabschiebungen, durch, beschäftigte sich nur noch mit sich selbst und ihren Interessen, die gewöhnlich auf die Peloponnes beschränkt bleiben. Im 5. Jahrhundert erscheint Sparta den Zeitgenossen nur noch als das „Heerlager am Eurotas".

Dass diese Ordnung, an der die Spartaner auch in Zeiten des Niedergangs im 4. Jahrhundert mit dem Hinweis auf die Autorität des Lykurg eisern festhielten, rein schon aus familiensoziologischer Sicht zu sozialen Verwerfungen führen musste, liegt auf der Hand. Entsprechend war die ambitionierte Gleichheitsordnung dieser griechischen Samurai auf Dauer zum Scheitern verurteilt. Denn der Mangel an Vollbürgern, dem Rückgrat dieser Gesellschaft, trat von Generation zu Generation deutlicher zu Tage. Konnten die Spartaner in den Perserkriegen noch 8 000 Hopliten aus den Reihen der „Homoioi" aufbieten, waren es im 3. Jahrhundert kaum noch 1 000. Die Zeugung von Nachwuchs erfordert nun einmal das Zusammentreffen von Mann und Frau, was beim strengen Reglement der spartanischen Männerkommunen, die man nur mit offizieller Erlaubnis verlassen durfte, etwa um auf dem heimischen Hof nach dem Rechten zu sehen, nur eingeschränkt möglich war. Außerdem schlug sich der Blutzoll der ständigen Kriege während des 5. und 4. Jahrhunderts auch demographisch nieder. Darüber hinaus kam es entgegen dem ideologischen Anspruch durch Heiratspolitik, Erbschaft und Verkauf zu entscheidenden Besitzverschiebungen, die Reichtum und Grundbesitz in den Händen einiger weniger konzentrierte, aber auch den Zugang zum an Besitz gekoppelten Vollbürgerstatus weiter limitierte.

Spartas politische Ordnung
Aus Sparta stammt das wohl älteste überlieferte europäische Verfassungsdokument, die große *Rhetra* (siehe oben Kap. 4). Die spartanische Verfassung galt vielen antiken Autoren als ideale Verbindung von Monarchie, Aristokratie/Oligarchie und Demokratie. Die beiden Könige, die bestimmte Ehrenrechte, die höchsten Priesterämter und den Oberbefehl während der Feldzüge inne hatten, repräsentierten das monarchische Prinzip, die „Gerusía", der Ältestenrat das aristokratisch-oligarchische, die bei den Spartanern „Apélla" genannte Volksversammlung und die gewählten Beamten,

die fünf „Ephóren" (Aufseher), das demokratische. Aus moderner Sicht und bei Betrachtung der politischen Realitäten sowie mit Blick auf die realen Entscheidungsprozesse wäre der spartanische Staat eher als Herrschaft von Wenigen, als Oligarchie, zu beschreiben, denn die tatsächliche Macht, die in den gesetzlichen Strukturen nicht unbedingt widergespiegelt ist, lag nach dem Herkommen beim Ältestenrat, dessen Autorität nicht in Frage gestellt wurde. Zu den 30 Ratsmitgliedern, den Geronten, gehörten neben den beiden Königen 28 Männer über 60 Jahre, ihnen oblag auch die Gerichtsbarkeit. Möglicherweise konnten nur Angehörige bestimmter Familien, die von Aristoteles zu den „Schönen und Guten", der üblichen Bezeichnung für Adlige, gerechnet werden, Mitglieder dieses Ältestenrats werden. Die Geronten wurden von der Versammlung aufgrund ihrer herausragenden Leistungen und ihrer Weisheit auf Lebenszeit in diese Funktion gewählt. Über den kuriosen Wahlmodus, nach dem auch die Ephoren bestimmt wurden, informiert uns Plutarch (*Lykurg* 26): „Das Volk versammelte sich, und dazu ausgewählte Männer wurden in ein Haus in der Nähe eingeschlossen, wo sie weder etwas sehen noch gesehen werden konnten, sondern nur das Geschrei der Versammelten hörten. Denn durch Zuruf entschieden sie wie über alles andere so hier über die Bewerber, die nicht alle auf einmal, sondern einzeln nach dem Los eingeführt wurden und schweigend die Versammlung durchschritten. Die Eingeschlossenen hatten Schreibtafeln und vermerkten darauf bei jedem die Stärke des Geschreis, ohne zu wissen, wem es galt, außer, dass es der erste, zweite, dritte oder soundsovielte der Eingeführten war; bei wem das Geschrei am stärksten gewesen war, den riefen sie aus." Dieses einzigartige Abstimmungsverfahren nach der Lautstärke, der simplen Akklamation von Heeresversammlungen ähnlich, kam offenbar generell anstatt von Handaufheben in der Apella zur Anwendung. So kam es 432 bei der Abstimmung darüber, ob man gegen Athen in den Krieg ziehen solle, offenbar zu der ungewöhnlichen Situation, dass eine entschlossene Minderheit mit lauterem Geschrei den

Abstimmungssieg über eine weniger laut schreiende Mehrheit davontrug. Über die Wahl der Geronten und Ephoren hinaus hatte die Versammlung wenig Befugnisse. Sie stimmten offenbar nur über Vorlagen ab, aus ihren Reihen konnten also keine Eingaben gemacht werden. Ab dem Ende des 6. Jahrhunderts konnte die Apella jedoch darüber abstimmen, welcher der beiden Könige das Heer befehligen solle.

Die Rolle der Könige war geprägt von der Tradition. Dass es zwei von ihnen gab, ist ein weiterer spartanischer Sonderfall der griechischen Geschichte, den sich moderne Historiker mit der Annahme erklären, dass sich während der „Dorischen Wanderung", die die Vorfahren der Spartaner auf die Peloponnes geführt hatten, zwei größere Stammesgruppen vereinigt und eine Doppelführung gewählt hätten. Die Königsfamilie der Agiaden genoss dabei ein etwas höheres Ansehen als das der Eurypontiden, obwohl die beiden Könige nach Recht und Verfassung völlig gleichberechtigt waren. Anhand der Quellen lässt sich beobachten, dass die Machtfülle der Könige im Laufe der Zeit immer stärker beschnitten wurde und offenbar das irgendwann im 6. Jahrhundert eingeführte – oder, wenn es bereits früher existierte, mit mehr Macht ausgestattete – Amt der Ephoren in erster Linie der Kontrolle ihrer Macht als uneingeschränkte Befehlshaber des Heeres diente. Während die Könige in Sparta in Friedenszeiten in das von den Geronten bestimmte Herrschaftsgefüge integriert waren, konnten sie als Heerführer nach Belieben schalten und walten. Einige charismatische Herrscher, wie etwa der berühmte König Kleomenes I., nutzten diese Machtfülle, um eigene politische Akzente zu setzen und Feldzüge nach Gutdünken zu führen. Mit militärischem Erfolg, der ja auch den Gewinn von Beute mit sich brachte, konnten Könige ihren Einfluss und ihre Autorität ausweiten. Vor allem im Laufe des 5. und 4. Jahrhunderts kam es immer wieder zu Machtkämpfen zwischen Königen und allgemein zu politischen Spannungen, was wohl zum Teil in der seltsamen Doppelstruktur bei prinzipieller Gleichheit angelegt war. Absetzungen und Verbannungen waren die

Konsequenz, der Regent Pausanias bietet hierbei sicherlich das berühmteste Beispiel. Der Agiade war Vormund seines minderjährigen Vetters Pleistarchos und der Befehlshaber des Heeres bei der Schlacht von Plataiai 479. Von Ehrgeiz angetrieben, eroberte er eigenmächtig als Oberbefehlshaber der Flotte des Hellenenbundes 478 Byzantion, das spätere Konstantinopel und heutige Istanbul, ließ sich dort als Volksheld feiern, wurde nach Streitigkeiten mit den Athenern als Befehlshaber jedoch abgesetzt und gründete später an der kleinasiatischen Küste ein eigenes Reich, wobei er Beziehungen zu den Persern geknüpft haben soll. Er habe persische Gewänder getragen und über eine aus Persern und Ägyptern zusammengesetzte Leibwache verfügt. Als er nach Sparta zurückkehrte, wurde er im Tempel der Athena, in den er sich geflüchtet hatte, weil man in Tempeln und an Altären niemandem Gewalt antun durfte, lebendig eingemauert. 467 verschmachtete dort der Sieger von Plataiai.

Die für ein Jahr bestimmten fünf Ephoren waren, wie ihr Name schon sagt, Kontrollbeamte, die das Funktionieren der spartanischen Lebensordnung zu gewährleisten hatten. Ihre Aufgaben betrafen in später Zeit alle Lebensbereiche von der Kontrolle der Barttracht der Spartiaten, ihrer Ernährung und Gesundheit (alle zehn Tage mussten die jungen Männer nackt vor ihnen antreten) bis zur polizeilichen Überwachung der Periöken und Heloten. Als Sittenwächter waren sie mit weit reichenden Befugnissen und Rechten ausgestattet. Bei Prozessen vor der Gerusie konnten sie als Ankläger auftreten, ferner oblag ihnen die Zivilgerichtsbarkeit.

Ihre politisch bedeutsamste Rolle war aber zweifellos ihre Kontrolle über die Amtsträger, besonders über die mit enormer Machtfülle ausgestatteten Könige. Einige meinen deshalb, dass gerade diese Wächterfunktion gegenüber den Königen, die durch ihre Allmacht im militärischen Bereich die Verfassungsordnung am meisten bedrohten, der Grund für die Einführung des Amtes gewesen sei, dessen genaue Entstehungsgeschichte sich indes nicht rekonstruieren lässt.

Archaische Elemente, wie etwa ihr jährlicher Aufruf an die Spartiaten sich die Oberlippenbärte zu stutzen, deuten aus kulturanthropologischer Sicht auf ein hohes Alter der Institution, die jedoch in der *Rhetra* nicht genannt ist. Möglicherweise wurden die wichtigen politischen Befugnisse erst in einer späteren Zeit dem Amt hinzugefügt. Die Ephoren konnten nicht nur den König während des Feldzugs kontrollieren, Anträge in der Versammlung einbringen oder sogar Klage gegen Könige anstrengen. Sie hatten auch Ehrenrechte von starker symbolischer Wirkung. So waren sie die einzigen, die sich bei Eintritt eines Königs nicht von ihrem Platz erheben mussten. Bemerkenswert ist nun, dass das Ephorat trotz der beachtlichen Machtfülle des Amtes nicht als Basis politischer Karrieren einzelner Spartiaten diente. Ephoren sind uns nur selten namentlich überliefert und sie spielten keine Rolle als politische oder militärische Gestalter. Der politische Gestaltungsspielraum des Ephorats war also gering und die jedes Jahr neu gewählten Beamten waren offenbar gut in die von der Gerusia dominierten politischen Strukturen eingebunden.

Die auf diesen Institutionen beruhende Verfassung, die offenbar weitgehend auf Herkommen und Tradition und nicht auf schriftlichen Fixierungen beruhte, wurde im gesamten Altertum und auch in der Neuzeit von der politischen Philosophie als besonders ausgewogen gerühmt. Ihr und der strengen Lebensweise und Erziehung ihrer Bürger habe Sparta seine herausragenden Erfolge zu verdanken gehabt. Aus moderner Sicht erscheint die durch die unbestrittene Vormachtstellung des Ältestenrats dokumentierte innere Geschlossenheit des spartanischen Staates in der Tat bemerkenswert. Sparta wurde so in archaischer Zeit zum „Hegemon" Griechenlands, zur militärisch mächtigsten und angesehensten Polis. Die Führungsrolle, die die übrigen Griechen den Spartanern in der Auseinandersetzung mit den Persern anboten, konnte zu diesem Zeitpunkt nur von ihnen ausgefüllt werden. Im Verlauf des 6. Jahrhunderts hatten die Lakedaimonier ein Bündnissystem geschaffen, dass fast die gesamte Peloponnes unter ihrer Führung einte. Dieser „Peloponnesische Bund" hatte zwar Sparta als Mittelpunkt, beließ den Mitgliedern jedoch ihre Autonomie.

Die militärische Schlagkraft, die das spartanische Heer über alle Griechen heraushob, verdankte sich in erster Linie dem spartanischen Ausbildungs- und Lebensstil, der es einer zahlenmäßig zunächst großen Elite ermöglichte, sich nur um das Kriegshandwerk zu kümmern. Jedoch war es gerade das blinde Festhalten an Traditionen, besonders aber die Undurchlässigkeit der Schicht der Spartiaten, die sich auch in Zeiten des Mangels nicht für neue Mitglieder öffnete, welche für den Abstieg Spartas in die politische Bedeutungslosigkeit verantwortlich waren. Nach dem Peloponnesischen Krieg, den Sparta zwar nominell gewonnen hatte, der die Spartiaten aber einen weiteren hohen Blutzoll gekostet hatte, konnten die Lakedaimonier einer Mittelmacht wie dem böotischen Theben nichts mehr entgegensetzen und mussten sogar eine kurze Zeit der thebanischen Hegemonie erdulden. Nachdem 371 bei der Schlacht von Leuktra 400 Spartiaten gefallen waren, verfügte die einstige Anführerin aller Griechen in der Mitte des vierten Jahrhunderts nur noch über knapp 1.000 Vollbürger.

Was von Sparta bleibt ist der „Mythos Sparta". Er bringt noch heute Millionen ins Kino: Der Film *300* über die Thermopylenschlacht, in dem der Kampf des Leonidas und seiner 300 Spartiaten in opulenten und bewusst unhistorischen Bildern gefeiert wird, kam 2007 in die Kinos. Vor nicht einmal 70 Jahren hörten Millionen vor ihren Volksempfängern eine andere, das historische Vorbild verhöhnende Variante des Thermopylenmythos: Nachdem die 6. Armee ihrem schrecklichen Schicksal in Stalingrad überlassen worden war, dröhnte Göring am 30. Januar 1943 im Radio: „Kommst Du nach Deutschland, so berichte, Du habest uns in Stalingrad liegen sehen, wie das Gesetz, das heißt, das Gesetz für die Sicherheit unseres Volkes, es befohlen hat."

Athen

Das fünfte Jahrhundert war das Jahrhundert Athens. In dieser Zeit wurde die Stadt zum dem Sinnbild griechischer Kultur, das sie bis heute in der abendländischen Tradition geblieben ist. In Athen konzentrierte sich der dynamische Fortschrittsgeist der Griechen, den Christian Meier einmal als das „Könnensbewusstsein" bezeichnet hat. An Arroganz grenzendes Selbstbewusstsein, politisches Bewusstsein in Form von „Bürgersinn" und schier unermessliche Ressourcen aus den Einkünften des Seereichs verbanden sich zu einem Treibstoff, der die Polis Athen in der Zeit nach den Perserkriegen an die Spitze der griechischen Welt katapultierte.

Die Rahmenbedingungen waren günstig für diesen Aufstieg gewesen, denn Athen hatte im Lauf des 6. Jahrhunderts eine besondere politische Entwicklung durchgemacht, die zunächst zu einer Entmachtung des dominierenden Adels und im 5. Jahrhundert zur Ausbildung einer radikalen Demokratie führte. Dieser Entwicklungsgang lässt sich in etwa wie folgt beschreiben: Athen hatte recht spät Bekanntschaft mit dem Phänomen der Tyrannis gemacht. Nachdem die Reformen des Solon zu Beginn des 6. Jahrhunderts (siehe oben Kap. 4) wie jeder ehrliche Kompromiss keinen der Kontrahenten wirklich zufrieden gestellt hatten und der erwünschte soziale Frieden in der Stadt nicht einkehrte, ergriff Peisistratos die Macht in Athen. In den ständigen Auseinandersetzungen verschiedener Adelsparteien trug er mit „den Leuten von jenseits der Berge" wie seine Gruppierung genannt wurde, den Sieg davon, weil er die Sache des einfachen Volkes zu seiner eigenen machte und mit Unterstützung des Demos siegreich blieb. Von 561 bis 528 herrschte er als Tyrann mit zwei Unterbrechungen, die kurzfristigen Allianzen der gegnerischen Adelsfraktionen geschuldet waren, die aber immer wieder brachen.

Auf Peisistratos folgten seine Söhne Hipparchos und Hippias, von denen letzterer bis zu seiner Vertreibung 510 nominell der Herrscher war. Obwohl die Herrschaft der Peisistratiden später eine „schlechte Presse" hatte und nur noch Stereotype über die grausamen Tyrannen kursierten, war die Zeit zwischen 561 und 510 für die immer wieder von Parteienhader heimgesuchten Athener eine Zeit der relativen Stabilität und wirtschaftlichen Prosperität. Offenbar hatte der Tyrann die Versprechungen Solons einlösen und unter den Besitzlosen eine Landverteilung vornehmen können. Er versuchte auch seine politischen Gegner zufrieden zu stellen. Kleisthenes und Miltiades, beides Angehörige konkurrierender Parteiungen, wurden unter ihm als Archonten gewählt. Peisistratos gab sich Mühe, seiner Herrschaft kulturellen Glanz zu verleihen. Auf ihn geht die Neuorganisation des großen Fests der Panathenäen zurück. Seit dieser Zeit wurden die Sieger in den Sportwettkämpfen mit den panathenäischen Preisamphoren bedacht (sie waren mit Olivenöl gefüllt), wertvolle Kunstwerke, von denen eine ganze Reihe erhalten geblieben sind. Das Kultfest diente auch als Rahmen für einen Vortragswettbewerb, bei dem ausschließlich die Epen Homers rezitiert wurden. Außerdem stiftete Peisistratos das neue Fest der „Großen Dionysien" zu Ehren des Gottes Dionysos. Das Dionysosheiligtum am Fuß der Akropolis wurde nun zum Ort von Aufführungen einer neuen Kunstform, die bald darauf ihren Siegeszug um die Welt antreten sollte: das griechische Drama.

Zum Sturz der Tyrannenherrschaft kam es nach einer etwas abenteuerlichen Vorgeschichte. Bereits die Herrschaft des Peisistratos war ständig durch konkurrierende Adelsparteien bedroht, wie man an seiner zweimaligen Vertreibung ersehen kann. Sein Sohn Hippias verfügte offenbar nicht über das gleiche Charisma und galt als wirklicher Tyrann im modernen Sinne des Wortes. Im Jahr 514 entschlossen sich zwei Adlige, Harmodios und Aristogeiton, ein durch eine gesellschaftlich anerkannte homoerotische Beziehung verbundenes Paar, aus persönlichen Motiven – offenbar hatte Hippias dem jüngeren Harmodios Avancen gemacht – Rache zu nehmen und einen Anschlag auf das Leben des Tyrannen durchzuführen. Der schlug allerdings gründlich fehl. Im Durcheinander gelang es den Verschwörern und ihren Genossen nur, den offenbar unbeteiligten Tyrannenbruder Hipparchos zu ermorden. Die Aufrührer wurden gleich gefasst und getötet, danach soll Hippias mit noch härterer Hand regiert haben, bis er 510, als sich seine politischen Konkurrenten mit dem eigenwilligen Spartanerkönig Kleomenes verbündeten, fliehen musste und beim Perserkönig Zuflucht fand.

In der offiziellen Erinnerung der Athener des 5. und 4. Jahrhunderts wurde aber nicht die Vertreibung des Hippias nach der Intervention der Spartaner als die Befreiung von der Tyrannis gefeiert. Die so genannten „Tyrannenmörder", die ja gescheitert waren (man könnte sie allenfalls „Tyrannenbrudermörder" nennen), galten den Athenern später als ihre Befreier von der Zwangsherrschaft, denen sie kultische Ehren zuteil werden ließen. Diesen Sachverhalt erläutert der strenge Historiker Thukydides, nicht ohne seiner Verbitterung über die Leichtgläubigkeit und Unwissenheit des einfachen Volkes Ausdruck zu verleihen.

Nach der Vertreibung des Hippias war Athen wieder drauf und dran, sich im gewohnten Parteienstreit zu verzehren. Der von den Spartanern an die Macht gebrachte Isagoras, der 508 zum Archon bestimmt worden war, konnte seine Position nicht behaupten. Sein Widersacher Kleisthenes aus dem Geschlecht der Alkmeoniden gewann mit Unterstützung der Bevölkerung die Oberhand und etablierte ein neues Verwaltungssystem mit weit reichenden politischen Konsequenzen für Athen. Möglicherweise waren seine Reformen zunächst dazu gedacht gewesen, sich der dauerhaften Unterstützung des Volkes zu versichern und somit seine Macht gegen den Konkurrenten Isagoras abzusichern. Jedoch legten die wohl durchdachten Reformen des Kleisthenes den Grundstein für die später weiter ausgebaute athenische Demokratie und bescherten den Athenern ein Ende des ständigen innenpolitischen Unfriedens.

Grundgedanke der Reform war, dass zukünftig alle politischen Entscheidungen direkt vom Volk in der Versammlung getroffen werden sollten. Um die Gesamtversammlung zu einer funktionierenden Institution zu machen, bedurfte es eines vorbereitenden Organs, das die Versammlungen organisierte und ihre Beschlüsse durchführte. In diesem Sinne schuf Kleisthenes den „Rat der Fünfhundert", der durch Losverfahren aus der Bürgerschaft bestimmt wurde und somit einen Querschnitt der Bevölkerung in diesem wichtigen Organ zusammenführte. Der Zugang zu den Ämtern blieb jedoch nach wie vor den wohlhabenden Vermögensklassen vorbehalten, ebenso wie der Rat vom Areopag, dem die ehemaligen Archonten angehörten, wichtige Funktionen (etwa die Überprüfung der Amtsführung der Beamten) behielt und nach wie vor als Organ des Adels großen Einfluss ausübte.

Die wichtigste Maßnahme des Kleisthenes war jedoch eine umfassende Reform der lokalen Verwaltungseinheiten und damit einhergehend die Neuordnung der athenischen Stammesstrukturen. Seit alters her waren die Bürger in vier Stammesabteilungen, „Phylen" genannt, aufgeteilt. Daneben waren die Bürger in Kultverbänden organisiert, die „Phratrien" (Bruderschaften) genannt wurden und die von adligen Familien dominiert worden waren. Diese Phratrien bildeten das Rückgrat der unteren Verwaltungsebene und führten auch die wichtigen Bürgerlisten. Die Aufnahme in die Bruderschaft bedeutete also Aufnahme in die Bürgerschaft. Während der häufigen Parteikämpfe der adligen Fraktionen während des 7. und 6. Jahrhunderts stützten die konkurrierenden Adelsfamilien ihre Hausmacht eben auf diese Bruderschaften. Kleisthenes hatte also richtig erkannt, dass er, wollte er der politischen Reform einen dauerhaften Erfolg verschaffen, hier ansetzen musste.

Er schuf zehn neue, künstliche Phylenverbände, die zur Identifikationsstiftung nach attischen Heroen, vergöttlichten Helden aus den als historisch geltenden Sagen, benannt wurden. Diese zehn Phylen, die ihrerseits in weitere 30 Unterabteilungen von Trittyes (je drei Trittyen bildeten eine Phyle) und 139 Demen (Verwaltungsbezirke, in der Praxis Dörfer oder Stadtviertel) aufgeteilt waren, bildeten die organisatorische Basis für alle athenischen Institutionen. Dabei durchbrach Kleisthenes geschickt die Hausmachtbasis der großen Familien, indem er jede Phyle mit drei Trittyen aus drei unterschiedlichen geographischen Regionen verband, die in der Regel keine Verbindung zueinander hatten. Da der Rat nun per Losverfahren phylenweise bestimmt wurde – dasselbe galt für den täglich wechselnden Ratsvorsitz –, war es praktisch unmöglich geworden, dass sich politische Interessensgruppen oder gar Parteien bildeten. Der Erfolg der Reformen, die 200 Jahre die Basis athenischer Politik bildeten, zeigt nicht nur, dass Kleisthenes seine Vorschläge gut durchdacht und nicht ins Blaue hinein politische Versuchsballons gestartet hatte, sondern auch, dass es ihm um die Beteiligung der Bürgerschaft an den politischen Entscheidungsprozessen ging, er also tatsächlich eine Form von Volksherrschaft anstrebte. An die Durchsetzung einer radikalen Demokratie, die auch die Unterschicht beteiligt und alle Macht bei der Versammlung konzentrierte (deren Funktionsmechanismen werden Gegenstand des übernächsten Kapitels sein), hatte er sicher nicht gedacht. Der Kern zu dieser späteren Entwicklung war in den ambitionierten Reformen des Kleisthenes aber bereits angelegt.

Kleisthenes hatte seinem neuen Staatsentwurf noch ein Sicherheitssystem mit auf den Weg gegeben, das in den politischen Auseinandersetzungen um die richtige Strategie während der Perserkriege erstmals zur Anwendung kommen sollte: den „Ostrakismós", das Scherbengericht (der Begriff ist abgeleitet von *óstrakon*, „Tonscherbe"). Diese simple wie geniale Einrichtung baute jedwedem personalisierten Richtungsstreit in der politischen Auseinandersetzung wirksam vor und galt den Athenern als sicherer Schutz vor eventuellen Versuchen, eine Tyrannis zu errichten. Die Athener wurden nämlich einmal im Jahr gefragt, ob man ein Scherbengericht abhalten solle. Wurde die Frage bejaht, konnten die Bürger ohne eine „Kandidatenliste" berücksichtigen zu müssen,

Abb. 3
Ostrakon mit dem
Namen des Perikles

den Namen eines beliebigen Mannes, den sie aus der Stadt verbannt sehen wollten, auf einer Tonscherbe einritzen (Beispiel mit dem Namen des Perikles Abb. 3). Dabei galt, wie der Athener Historiker Philochoros (3. Jahrhundert) angibt, ein Quorum von 6.000 Voten, die ein Kandidat auf sich vereinigen musste, um so unbeliebt zu sein, dass man ihn für zehn Jahre, aber ohne jeden Ehr- oder Vermögensverlust aus der Stadt verbannte. Lange Zeit hielt man diese hohe Zahl an Mindestvoten für unrealistisch und glaubte gemäß den Angaben des Plutarch, es habe sich um ein Teilnehmerquorum für die Abstimmung gehandelt und derjenige, der die relative Mehrheit der abgegebenen mindestens 6.000 Stimmen auf sich vereinigte, sei des Landes verwiesen worden. Neuere Forschungen halten die hohe Stimmenanzahl, die auf einen Kandidaten entfallen musste, angesichts des politischen Mobilisierungsgrades und der aktiven Mitwirkung der Bürger im 5. Jahrhundert für glaubhaft. Auch die beeindruckende Zahl von Ostraka mit den Namen einzelner Politiker, die von den Archäologen gefunden wurden, deuten in diese Richtung – auf den Politiker Megakles (470er Jahre) kommen allein über 4.600 Scherben. Der erste Ostrakismós ist für 487 überliefert. Im Rahmen der heftigen Debatten um die richtige Strategie, dem Angriff der Perser zu begegnen, kam es zu mehreren

Scherbengerichtsverfahren in den 480er Jahren. Die wichtigste Richtungsentscheidung war wohl, ob man auf Themistokles hören und eine Flotte aufbauen, oder sich der Meinung seines Gegners Aristeides anschließen sollte, der dies für nicht richtig hielt. Durch die Verbannung des Aristeides, den man aufgrund seines Ansehens – er entstammte einer bedeutenden Familie und war Stratege bei Marathon gewesen – „den Gerechten" nannte, wurde der Richtungsstreit zugunsten des Themistokles entschieden. Aristeides wurde bereits 480 wieder ehrenvoll zurückbeordert und spielte noch eine wichtige Rolle als führender Mann in Athen, unter anderem bei der Gründung des Seebundes. Plutarch berichtet uns, dass ein Bauer an diesem Ostrakismós des Jahres 483 teilnahm und seinen Nachbarn in der Versammlung bat, ihm doch behilflich zu sein, den Namen Aristeides auf eine Scherbe zu ritzen. Auf die Frage des hilfsbereiten Nachbarn, was er den gegen diesen Aristeides habe und ob er ihn überhaupt kenne, gab der Bauer zu verstehen, dass ihn an diesem ihm unbekannten Politiker lediglich ärgere, dass er sich „der Gerechte" nennen lasse. Der Angesprochene, der wie gebeten den gewünschten Namen auf die Scherbe ritzte, war natürlich niemand anderes als Aristeides „der Gerechte" selbst. Ganz erstaunlich ist aber der Sachverhalt, dass wirklich ein Ostrakon existiert, auf dem der Name Aristeides mit unsicherer, zittriger Hand angefangen, dann durchgestrichen und in kräftiger lesbarer Handschrift neu geschrieben wurde. Selbst wenn wir trotz dieses zufälligen Scherbenfundes nicht glauben wollen, dass diese Anekdote den Tatsachen entspricht, wirft der Sachverhalt doch ein Licht auf die Frage der Verbreitung der Kenntnis des Lesens und des Schreibens, auf die wir an anderer Stelle noch zurückkommen werden. Offenbar gab es Leute, die nicht in der Lage waren, eine Tonscherbe zu beschriften. Mit dieser Angabe des Plutarch lassen sich die in Athen (auf der Agora und im benachbarten Töpferviertel Kerameikos) in den letzten rund 80 Jahren gefundenen Ostraka, es sind mittlerweile rund 11.000, in Verbindung bringen. Viele sind von unsicherer

Hand geritzt, manche lassen deutlichere Handschriften erkennen und enthalten neben Namen und Vatersnamen noch einen Fluch oder eine kurze Begründung, etwa eines gegen „Xanthippos, Sohn des Ariphron, so sagt dies ostrakon, tut am meisten Unrecht von den verfluchten Führern" (*Inscriptiones Graecae* I² 909, Übers. K. Brodersen). Andere wiederum sind seriell hergestellt worden und stammen nachweislich von nur wenigen klar identifizierbaren Händen, in einem Brunnen fand sich sogar ein Depot von 191 gleichartigen Scherben mit nur einem Namen, dem des Themistokles. Dieser Befund führte zu der Frage, ob hinter den Kulissen versucht wurde, die Abstimmung zu beeinflussen, indem man etwa des Schreibens Unkundigen oder Unentschlossenen derartige Produkte in die Hand drückte, oder ob Händler gegen geringes Entgelt vorgefertigte Ostraka mit den Namen möglicher Kandidaten, bei denen mit hoher Nachfrage zu rechnen war, bereithielten.

Die Institution des Ostrakismós hatte bis zum Ende der athenischen Demokratie nach der Eroberung Athens durch die Makedonen im Jahr 322 Bestand, allerdings als leeres Ritual. Jedes Jahr wurde die Volksversammlung einmal gefragt, ob ein Scherbengericht abgehalten werden soll, so berichtet es noch Aristoteles in seinem Buch über den *Staat der Athener*. Der letzte belegbare Ostrakismós fand jedoch bereits 416 statt und war mit einem handfesten politischen Skandal verbunden, nach dem die Athener offenbar stillschweigend übereinkamen, dieses politische Instrument nicht mehr anzuwenden. Seinerzeit wurde der Politiker Hyperbolos ostrakisiert. Pikanterweise war dieser es gewesen, der in der Volksversammlung die Verbannung eines der damals bestimmenden und schillernden Volksführer, des berühmt-berüchtigten Neffen der Perikles, Alkibiades, beantragt hatte. Dieser schloss aber nun ein Zweckbündnis mit seinem politischen Gegner, dem ebenfalls sehr einflussreichen Nikias, und zusammen gelang es den beiden Demagogen (der Begriff bedeutete zunächst wirklich nur „Volksführer" und bekam just in dieser Zeit gegen Ende des 5. Jahrhunderts einen negativen Beigeschmack) mit ihren

Anhängerschaften den Ausgang der Abstimmung derart zu beeinflussen, dass eben jener Hyperbolos verbannt wurde. Als Konsequenz dieses paradoxen Abstimmungsausgangs zogen es die Athener laut Plutarch vor, niemanden mehr zu ostrakisieren. In der Tat hatte das Scherbengericht als Instrument für klare politische Richtungsentscheidungen vor allem während der Perserkriege eine entscheidende Rolle gespielt und danach zunehmend an Bedeutung verloren.

Dass die Perserkriege mit dem Sieg bei Plataiai 479 beendet waren, ist eine aus dem späteren Verlauf der Ereignisse gewonnene historische Erkenntnis. Die Zeitgenossen konnten keineswegs wissen, dass kein Perserkönig mehr Ambitionen haben würde, Zentralgriechenland zu erobern. Aus diesem Grund wollten vor allem die kleinasiatischen Städte und Inselstaaten in der östlichen Ägäis weiter gegen die Perser Krieg führen, um den Erfolg von Salamis und Plataiai abzusichern und die ionischen Griechenstädte dauerhaft zu befreien. Da die Spartaner aus innenpolitischen Gründen (sie hatten ja, wie oben beschrieben, ständig mit ihren Heloten zu tun) und aufgrund ihres geopolitischen Desinteresses (ihre Stadt lag gut geschützt im südlichen Zentrum der von den Persern weit entfernten Peloponnes) langwierige militärische Operationen weit weg von zu Hause vermeiden wollten und wenig Interesse zeigten, weiter in der östlichen Ägäis gegen die Perser zu ziehen, kam die Rolle der neuen Führungsmacht der Griechen den Athenern zu. Letztere übernahmen dann diese Aufgabe auch bereitwillig und mit von den Siegen und dem Prestigegewinn breiter Brust. 478/477 schloss Athen mit den meisten Städten der Inseln und Küsten der Ägäis Einzelbündnisse ab. Dieses der Perserabwehr gewidmete Bündnissystem, das sich im Zusammenwirken dieser Einzelbündnisse unter der Hegomonie, also der „Anführerschaft" der Athener, als Einheit konstituierte, nennt man heute den „Ersten Attischen Seebund". Die Zeitgenossen sprachen von einer „Symmachie", einem „Kampfbündnis", in den Quellen ist entsprechend immer von „den Athenern und ihren Mitstreitern" die Rede.

Und in der Tat war der Abwehrkampf zunächst der vornehmliche Zweck dieser Vereinigung. Um wirkungsvoll gegen die Perser operieren zu können, musste jedes Mitglied einen seinen Möglichkeiten entsprechenden Beitrag leisten. Größere Stadtstaaten stellten Flottenkontingente zur Verfügung, andere zahlten Mitgliedsbeiträge in eine Art Kriegskasse, den Bündnisschatz, der auf der Insel Delos unter dem Schutz des Apollon in dessen Heiligtum aufbewahrt wurde. Von diesen Mitgliedsbeiträgen wurden Schiffe für die athenische Flotte gebaut.

Das überaus Interessante an der folgenden Entwicklung ist nun, dass die Athener im Laufe weniger Jahre nach Gründung des Bündnisses, das sehr erfolgreich gegen die Perser in der östlichen Ägäis vorging (nach 466 waren das Meer und die kleinasiatische Küste von den Persern befreit), den Seebund zu einem straff durchorganisierten Herrschaftssystem ausbauten, während die vormals einigermaßen gleichberechtigten Bündnispartner, die zunächst noch jährlich zu einer beschließenden Bundesversammlung zusammengerufen wurden, zu unterjochten Abhängigen abstiegen. Die ursprünglich militärischen Zielen dienenden Maßnahmen, wie etwa die Stationierung von Besatzungen in Bündnisstädten oder die systematische Ansiedlung von Athenern in von den Persern zurückeroberten Gebieten, die man nun auch in unbotmäßigen Bundesstaaten anzusiedeln begann, wurden zu Herrschaftsinstrumenten umfunktioniert, um das ehemalige Bündnis in ein von den Athenern beherrschtes Reich umzuwandeln. Dies gelang den umtriebigen Athenern tatsächlich, und für siebzig Jahre herrschten sie über ein Gebiet, das abgesehen von den ganz anders strukturierten hellenistischen Monarchien als einziges größeres (nichtorientalisches) Herrschaftsgebilde der Antike vor dem Römischen Reich zu gelten hat.

Auf den ersten Blick muss den modernen Betrachter verwirren, dass diese auf Macht und Gewalt gestützte Herrschaft über die Bundesgenossen, die nach und nach zu Tributzahlern degradiert worden waren und bei Unbotmäßigkeit mit harter

Strafe oder gar Auslöschung zu rechnen hatten, ausgerechnet von einer Demokratie ausgeübt wurde. Nach 462 hatte sich Athen nämlich tatsächlich in eine geradezu radikal direkte Demokratie verwandelt, in der nun auch die besitzlosen Unterschichten politisches Mitspracherecht und Zugang zu (fast) allen Ämtern erhielten, und jede wichtige politische Entscheidung von der sämtliche Bürger umfassenden Volksversammlung getroffen wurde. Dass es ein demokratischer Staat war, der die Bürgerschaft der kleinen Insel Melos während des Peloponnesischen Krieges (416) mit kalter Brutalität vor die Wahl stellte, ihm bedingungslos Untertan zu werden, oder physisch ausgelöscht zu werden (tatsächlich wurden alle männlichen Bürger ermordet, Frauen und Kinder in die Sklaverei verkauft), verwundert nur dann, wenn man dem Irrtum aufsitzt, antike Demokratie habe etwas mit unserer modernen Vorstellung von einer an Menschenrechten und persönlichen Freiheitsrechten orientierten „freiheitlich-demokratischen Grundordnung" zu tun. Die Athener installierten als Beherrscher des Seebundes, aber besonders in der Zeit des Peloponnesischen Krieges (431-404), regelmäßig Demokratien in den von ihnen unterworfenen Städten, nicht etwa um die dortigen Bürgerschaften mit demokratischer Freiheit zu beglücken, sondern um mit der künstlich eingeführten neuen Regierungsform über abhängige Parteigänger ihre Herrschaft aufrecht zu erhalten. Antike Demokratie ist zunächst einmal nur die nach Vermögensklassen gestaffelte oder – wie im Falle Athens nach Einführung der radikalen Demokratie – unbeschränkte und direkte Entscheidungsgewalt der Bürger in sämtlichen die Stadt betreffenden Belangen.

Zu dieser einzigartigen Entwicklung in Athen, die durch die Reformen des Kleisthenes bereits angelegt war, kam es 462, als es einem Mann namens Ephialtes zusammen mit seinem jungen Gefolgsmann Perikles, der bald darauf zum bedeutendsten Politiker Athens werden sollte, gelang, in der Volksversammlung zunächst durchzusetzen, die letzten verbliebenen politischen Kompetenzen des Areopag zu beschneiden, womit der einstmals politisch einflussreiche ehemalige Adelsrat zu einem reinen Gerichtshof für Mordfälle degradiert wurde. Die Rechenschaftslegung der Beamten (*euthýnai*) wurde jetzt nicht mehr vor dem Areopag, sondern vor dem Volk abgelegt. Der Einfluss des Areopag, der nicht in Paragraphen und Statuten festgeschrieben war, gründete bis dahin hauptsächlich auf Autorität und Herkommen und war erheblich. Offenbar gab der alte Rat mit seinen erfahrenen Mitgliedern auch nach den Reformen des Kleisthenes die politische Richtung vor. Ephialtes nutzte die Gunst der Stunde, als der als konservativ und spartafreundlich geltende Kimon mit 4.000 Hopliten, deren Status ja an einen gewissen Besitz und damit Wohlstand gebunden war, den Spartanern wegen eines Helotenaufstandes zu Hilfe geeilt war und in der Volksversammlung die armen Bürger in der Mehrheit waren, um den Areopag zu entmachten. Als Kimon nach seiner Rückkehr die Änderungen rückgängig machen wollte, wurde er ostrakisiert (461). Die Reformen des Ephialtes, über die wir im Detail nur unzureichend informiert sind, sahen auch die Zulassung der untersten Besitzklasse, der „Zeugiten" (siehe Kap. 4 über die Gesetze Solons) zum seit 487 durch Los bestimmten Oberamt (Archontat) vor. Dass gerade nach der politischen Ausschaltung des Areopag der Demos so kategorisch von seinen Institutionen und Rechten Gebrauch machte und somit diese Maßnahmen des Ephialtes in der historischen Rückschau entscheidend für die Durchsetzung der Demokratie waren, kann man an der wachsenden Zahl von inschriftlich auf Stein überlieferten Volksbeschlüssen ersehen. Aus der Tatsache, dass diese Beschlüsse weitgehend Angelegenheiten des Seebunds zum Gegenstand hatten, kann man erschließen, „dass es der Seebund war, der als letzter Faktor die Demokratie zum endgültigen Durchbruch brachte" (W. Schuller). In der Tat hat die anspruchsvolle Verwaltung des Seereichs die ruhelose Tätigkeit und ständige Umtriebigkeit des attischen Demos nachhaltig befördert. Zur Charakterisierung dieser politischen Betriebsamkeit der großen Mehrheit der Bürger hat Thukydides den Begriff *polypragmatosýne* geprägt, was sich etwas salopp mit „Geschaftlhuberei" übersetzen lässt.

Obwohl seit der Mitte des 5. Jahrhunderts die Entscheidungsgewalt in Athen also ganz in der Hand des souveränen Volkes lag, das durch die wichtigsten Organe, neben der Volksversammlung vor allem der Rat der 500, die Politik bestimmte, konnte Thukydides in seinem eindrucksvollen Geschichtswerk über den Peloponnesischen Krieg zu folgender Feststellung über die politische Verfasstheit Athens gelangen: „Es war dem Namen nach eine Volksherrschaft, in Wirklichkeit eine Herrschaft des Ersten Mannes" (2, 65, 9). Mit dieser Zuspitzung wollte Thukydides dem Sachverhalt Rechnung tragen, dass ein einziger Mann von Format über 30 Jahre die Politik Athens weitgehend bestimmte: Perikles, der Sohn des Xanthippos. Die Tatsache, dass unter seiner langjährigen Führung Athen nicht nur eine politische und militärische Großmacht, sondern vor allem auch zur Kulturhauptstadt der Griechen wurde, hat man zu würdigen versucht, indem man die Zeitspanne seit der Ermordung des Ephialtes (461) und dem Tod des Perikles an einer Seuche zu Beginn des Peloponnesischen Krieges (429) das „Perikleische Zeitalter" nennt. Die Stellung führender Persönlichkeiten wie Themistokles, Kimon oder Perikles, die über Jahre die Politik dominierten, war formell in keiner Weise gesichert. Sie beruhten auf Ansehen und Überzeugungskraft – und damit verbunden auch Redetalent. Allein das Strategenamt (in Athen waren jährlich zehn dieser Generalposten zu vergeben), das wegen seiner militärischen Bedeutung zuletzt eines der wenigen Wahlämter in Athen blieb (die allermeisten wurden ausgelost), bot eine gewisse institutionelle Basis. Perikles wurde viele Male und zuletzt fünfzehn Mal in Folge zum Strategen gewählt.

In der Tat wurde das reiche Athen zu einem Anziehungspunkt für Künstler, Bildhauer, Dichter und Denker. Diese Entwicklung verdankte sich der eigenmächtigen und auch symbolisch bedeutsamen Verlegung der Bundeskasse von Delos nach Athen (454), in die die Seebundsmitglieder nun Tribut und nicht mehr Mitgliedsbeiträge zahlen mussten und über deren Verwendung zudem nicht mehr die Bundesversammlung, sondern die Volksversammlung der Athener entschied, sowie der reichen Kriegsbeute, dank derer die Stadt über schier unerschöpfliche Mittel verfügte. So lebten und wirkten etwa viele der hervorragenden Künstler und Geistesgrößen, die allgemein mit dem antiken Griechenland verbunden werden – Herodot, Phidias, Sokrates oder Thukydides –, in jenem „goldenen Zeitalter" in Athen. In dieser Zeit wurde die Stadt zur „Schule von Hellas", wie Thukydides Perikles selbst sagen lässt (2, 41, 1).

Die ökonomische Entwicklung der Stadt und die großen baulichen Unternehmungen, die mit der Kriegsbeute aus den erfolgreichen Operationen des Seebundes und durch die Tribute finanziert wurden, zogen Spezialisten und Handwerker aus anderen Städten an, da die wirtschaftliche Dynamik nicht allein von den Athenern bedient werden konnte. „Metöken" (Mitbewohner) wurden diese dauerhaft in Athen siedelnden Ausländer, die sich Handel und Handwerk widmeten, genannt. Der berühmte Stadtplaner Hippodamos etwa, der für die Athener die Siedlungsbauten im Hafen Piräus entwarf, stammte aus Milet und soll im Piräus ein vom Staat zur Verfügung gestelltes Haus bewohnt haben. Unter tätiger Mithilfe solcher Handwerker und Meister wurde von Perikles ein geradezu gigantisches Bauprogramm in die Wege geleitet, das die völlige Neugestaltung der Akropolis vorsah. Dabei war nicht Kulturförderung oder der ausgeprägte, heute von den Kunsthistorikern so bewunderte griechische Sinn für Ästhetik, den unsere moderne Kultur sich durch Renaissance und Klassizismus modifiziert zu eigen gemacht hat, für den beeindruckenden Ausbau der Akropolis verantwortlich, sondern der vom athenischen Volk geteilte Wunsch, den unbedingten Herrschaftsanspruch machtvoll zu demonstrieren. Besonders der imposante Aufgang zum Burgberg und die Torbauten (Propyläen), sowie der wohl berühmteste und eindrucksvollste aller griechischen Tempel, der „Parthenon", der der

Stadtgöttin Athena gewidmet war, erfüllen bis heute diesen Zweck. Seinerzeit werden die mit enormem Aufwand und ungeheuren Summen realisierten Bauwerke ihre Wirkung auf die Abgesandten der abhängigen Bündnisstädte, die ihren Tribut alljährlich bei den großen Dionysien in einer öffentlichen Zeremonie abzuliefern hatten, nicht verfehlt haben.

Selbst herbe Rückschläge konnten diese Dynamik zunächst nicht stoppen. 454 endete ein Versuch, die Perser mit Hilfe lokaler Aufständischer aus Ägypten zu vertreiben, mit einem Desaster. In der Folge kam es nachdem man auf Zypern und auch in Ägypten wieder Erfolge verbuchen konnte, im Jahr 448 zu einem Ausgleich mit dem Erzfeind. Da nun von Perserabwehr überhaupt nicht mehr die Rede sein konnte, entpuppte sich der Seebund für alle sichtbar als reines Herrschaftsinstrument der Athener, die von da an ihre Großmachtpläne noch unverblümter weiter vorantrieben.

Wenn man der suggestiven Darstellung des Thukydides Glauben schenken will, schlug am Ende dieser Epoche, als Athen vor Kraft und Selbstbewusstsein nur so strotzte, der berechtigte Stolz der Athener in Überheblichkeit um. Der Bogen wurde überspannt und die verständliche Furcht der anderen Griechen, die nicht Teil des Seebundes waren, nach und nach mit Gewalt in die Abhängigkeit gepresst zu werden, führte zu dem Krieg, den die Peloponnesier auf Drängen der Korinther unter Führung Spartas führten, um die Macht Athens zu brechen.

Athen und Sparta: Der Peloponnesische Krieg

Das eigentlich Spannende am Peloponnesischen Krieg, dem zwischen 431 und 404 ausgetragenen Kampf der Athener gegen die Spartaner mit ihren jeweiligen Bündnispartnern, ist seine Vorgeschichte: Das geradezu zwangsläufige, vielleicht sogar schicksalhafte Aufeinanderprallen der beiden Großmächte der griechischen Welt, Athen und Sparta. Der Verlauf des Krieges lässt sich auch gut in einem Satz zusammenfassen: Athen und

Sparta kämpften mit einer Unterbrechung 27 Jahre lang in einem alle Kräfte verzehrenden Krieg um die Vorherrschaft in Griechenland, und am Ende siegten die Perser, die an Einfluss gewannen und bis zum Alexanderzug unbehelligt von den Griechen in Kleinasien herrschen konnten. Nominell hatte jedoch Sparta mit seinen peloponnesischen Bundesgenossen den Waffengang nach langem Ringen für sich entscheiden können und die Macht Athens dauerhaft gebrochen. Doch war Sparta angesichts des Bürgerschwunds und seiner inneren Verfasstheit völlig ungeeignet in die Fußstapfen der Seemacht Athen zu treten. Kaum dreißig Jahre später endete die kurze spartanische Hegemonie mit dem Desaster der Schlacht von Leuktra (371), als das in jeder Hinsicht mittelmäßige böotische Theben die berühmte spartanische Militärmacht demütigend vernichtete.

Diesem Krieg verdanken wir – bei allem Respekt vor Herodots Originalität – das wohl eindrucksvollste Geschichtswerk der griechischen Antike: das des Thukydides (er lebte etwa 455-395). Der dem Adel angehörige Athener mit familiären Verbindungen nach Thrakien, der als Stratege während des von ihm später beschriebenen Krieges diente und nach einer verlorenen Schlacht verbannt worden war, verfasste mit der Darstellung des Peloponnesischen Krieges die erste historische Monographie. Er war als Beteiligter von Anbeginn an fest davon überzeugt, dass dieser Konflikt eine der bedeutendsten historischen Marksteine der griechischen Geschichte, die „größte Erschütterung"(*kínesis megíste*) darstellen werde und widmete der Aufzeichnung der Ereignisse die letzten etwa dreißig Jahre seines Lebens. Seiner Interpretationskunst verdanken wir letztendlich auch die historische Evidenz dieses Krieges überhaupt. Denn Thukydides begriff (insgesamt wohl richtig deutend) zwei längere kriegerische Auseinandersetzungen, denen bereits andere voran gegangen waren und weitere folgen sollten und die zudem durch eine achtjährige Friedenszeit voneinander getrennt wurden, als zusammengehörige Einheit, eben als den „Krieg der Peloponnesier und der Athener, wie sie ihn gegeneinander auskämpften" (die heutige Bezeichnung kam erst später auf). Es handelt sich dabei um den „Archidamischen Krieg" (431-421, nach dem Spartanerkönig benannt, der mit seinem Heer beinahe alljährlich in Attika einfiel) und den „Dekeleischen Krieg" (411-404, benannt nach der Festung in Attika, die den Spartanern als Brückenkopf diente). Nicht nur diese Deutung unterschiedlicher Phasen als zusammenhängendes Gesamtgeschehen, sondern vor allem seine schriftstellerische Begabung und seine methodische Klarheit haben Thukydides im Urteil der Späteren zum einflussreichsten Historiker des Altertums werden lassen.

Im Gegensatz zu Herodot, der einen nach heutigen Maßstäben kulturwissenschaftlichen Ansatz verfolgte, betrachtete Thukydides seinen Gegenstand politisch von der Warte einer auf Wirkungszusammenhänge und analytische Ursachenforschung zielenden kritischen Geschichtsschreibung. Dabei entwickelte er Ansätze von Quellenkritik und verwendete bei seinen Nachforschungen nicht nur wie Herodot mündliche Überlieferung, sondern wertete auch Inschriften aus. Dies ist umso bemerkenswerter, weil es für diese analytische Vorgehensweise kein unmittelbares Vorbild gab. Thukydides betrat damit historiographisches Neuland. Leider verzichtet er aber oft darauf anzugeben, wie genau er zu seinen von der modernen Wissenschaft allgemein als überaus zutreffend angesehenen Schlussfolgerungen kommt. Quellenangaben fehlen bei ihm weitgehend.

Was bis heute bei der Lektüre des Thukydides so erschüttert, ist einerseits die über 2.500 Jahre hinweg empfundene Nähe zu unserer Art, historisch zu denken, andererseits und vor allem aber die schonungslos pessimistische Darstellung der menschlichen Natur, die kalt-präzise Analyse der Wirkungszusammenhänge von Macht und Gewalt, die bereits Machiavelli beeindruckt hat. Die moderne Geschichtsschreibung erkennt im Werk dieses Atheners das Modell und den unmittelbaren Vorläufer einer kritischen, auf politisch-militärische

Zusammenhänge fokussierenden Geschichtswissenschaft, wie sie insbesondere seit dem 19. Jahrhundert im Abendland praktiziert wird.

Thukydides konnte sein Werk jedoch nicht vollenden, denn im Jahr 411 brechen seine Schilderungen ab. Die Ereignisse nach 411 bis zur endgültigen Niederlage der Athener 404, sowie darüber hinaus die von Bürgerkrieg und einem Putsch geprägte Nachkriegszeit, zeichnete Xenophon von Athen in seinem Geschichtswerk *Helleniká* auf (zu Deutsch etwa: *Griechische Angelegenheiten*), ohne dabei jedoch konzeptionell und ästhetisch an seinen Vorgänger heranzukommen.

Gerade in der ausführlichen Beschreibung der Vorgeschichte des Krieges beweist Thukydides seine unerreichte Meisterschaft. Er beschreibt dezidiert das Kausalitätsgeflecht, das zur großen Konfrontation der beiden Lager führte, indem er die rund 50 Jahre zwischen den Perserkriegen und dem Ausbruch des Peloponnesischen Krieges analysiert. Die Entfremdung der ehemaligen Bundesgenossen der Perserkriege begann schon unmittelbar nach Plataiai, als der unberechenbare Pausanias die restlichen Griechen und vor allem Athen brüskierte. Die Gründung des Seebundes wurde von den konfliktmüden Spartanern argwöhnisch, aber abwartend beäugt. Eine neue Dimension des Misstrauens zwischen den beiden griechischen Hauptmächten wurde 462 erreicht, als die Spartaner ihre Bundesgenossen, die mit dem Spartanerfreund Kimon und 4.000 Hopliten einen Helotenaufstand niederschlagen halfen, verdächtigten, mit den Aufständischen zu konspirieren. Nach Kimons Verbannung ließen die Athener immer weniger diplomatisches Feingefühl erkennen und brüskierten Sparta und dessen wichtigsten peloponnesischen Bündnispartner Korinth durch Bündnisse mit deren Erzfeinden Argos und Megara. Auch der Bau der „Langen Mauern" von Athen bis zum Piräus (schon unter Themistokles wurde der Stadtkern ummauert), der aus Athen und seinen Häfen eine uneinnehmbare und versorgungssichere Festung machte, sorgte auf der Peloponnes für Argwohn. Als die Athener dann auf griechischem Boden aktiv wurden und seit 457 versuchten, die Nachbarregion Böotien zu kontrollieren, kam es zur direkten militärischen Konfrontation. An deren Ende mussten die Athener von der Absicherung ihrer Macht im inneren Bereich Griechenlands absehen und 446 einen Friedensvertrag auf dreißig Jahre mit den Spartanern schließen.

Da die Dynamik der ökonomischen Entwicklung Athens ungebrochen war und das immer strengere Durchorganisieren der Herrschaft im Seebund (Militärstützpunkte wurden ausgebaut, Samos und Byzantion wurden ins Bündnis zurück gezwungen, dort Demokratien unter Führung von Athenerfreunden installiert) Leitlinie athenischer Politik wurde – die Athener versuchten inzwischen sogar eine einheitliche Münze in ihrem Herrschaftsbereich durchzusetzen –, entschlossen sich die Spartaner 432 nach heftigem Drängen Korinths und nach turbulenten inneren Auseinandersetzungen, mit recht weit hergeholten Argumenten den Bruch des Friedensvertrags von 446 zu konstatieren. Es ging dabei vordergründig um die fragwürdige Unterstützung der zum Einflussbereich Korinths gehörigen Insel Korkyra (Korfu) durch die Athener sowie um den Streit zwischen Athenern und Korinthern um die vom Seebund abgefallene korinthische Kolonie Poteidaia. Die Spartaner waren nicht mehr bereit, dem schier unaufhaltsamen Aufstieg des prunkenden Athens weiter tatenlos zuzusehen und gaben den Beschwerden der Korinther auf der Bundesversammlung der Peloponnesier statt. Die Athener waren auch immer unverblümter als Herrscher aufgetreten und sprachen selbst ohne Hemmungen – so das Zeugnis des Thukydides während des Peloponnesischen Krieges – von ihrer Seeherrschaft als einer Tyrannis. Dieser Sachverhalt bot Thukydides die Gelegenheit, scharfsinnig zwischen tieferem Grund – dem beängstigenden Aufstieg Athens – und bloßem Anlass – Streitigkeiten zwischen Korinth und Athen – für den Konflikt zu unterscheiden, der nun von beiden Seiten gewollt und angenommen die gesamte griechische Welt bis hin nach Sizilien erfassen sollte.

Für die Athener begann der Krieg unter ausgesprochen ungünstigen Auspizien: Da das Land vor den einfallenden Spartanern geräumt worden war und die Bauern aus dem Umland allesamt in der ummauerten Stadt Zuflucht nehmen mussten, wuchs sich der Ausbruch einer Seuche im Jahr 430, der berühmten „Pest von Athen" (medizinhistorisch lässt sich die später bekannte Pest allerdings ausschließen), unter diesen Bedingungen zu einer verheerenden Katastrophe aus. Dabei kann man die schlimmen Auswirkungen dieser Epidemie, die die Athener in zwei Wellen traf und 429 auch den Perikles das Leben kostete, auf die Moral der Bürger kaum überschätzen. Ohne Kenntnisse über Erreger und Verbreitungswege von Krankheiten war den siechenden Athenern, die nach Schätzungen etwa 30 Prozent der in der Stadt lebenden Menschen als Opfer beklagen mussten, klar, dass es sich bei der wohl aus Ägypten eingeschleppten „Pest" um eine göttliche Strafe handeln musste. Thukydides beschreibt die beklagenswerten Zustände, als die Seuche die Stadt im Griff hielt: „Denn ohne Häuser, in stickigen Hütten wohnend in der Reife des Jahres, erlagen sie der Seuche ohne jede Ordnung: die Leichen lagen übereinander, sterbend wälzten sie sich auf den Straßen und halbtot um alle Brunnen, lechzend nach Wasser. Die Heiligtümer, in denen sie sich eingerichtet hatten, lagen voller Leichen der drin an geweihtem Ort Gestorbenen [...]. Alle Bräuche verwirrten sich, die sie sonst bei der Bestattung beobachteten; jeder begrub, wie er konnte." (2, 52, 2-4). Von Anbeginn also stand der Konflikt unter keinen guten Vorzeichen, und während des gesamten Krieges lässt sich beobachten, dass Religionspolitik und das Bemühen, mit den die Stadt beschützenden Gottheiten im Einvernehmen zu sein, eine besondere Rolle spielten, ja zum politischen und entscheidungsrelevanten Leitmotiv des attischen Demos wurde. Von neuen Tempelbauten (Niketempel, Erechtheion) und Besinnung auf religiöse Tradition über die Ausweisung oder Verurteilung religionskritischer Philosophen und die strenge Ahndung von Religionsfreveln (415 waren Standbilder des Gottes Hermes geschändet worden und einige vorwitzige Adlige hatten in privatem Kontext heilige Rituale persifliert) bis hin zur Einführung neuer Gottheiten, von denen man sich Hilfe versprach, war die Kriegszeit von einer generellen religiösen Unsicherheit geprägt, die ihren Ursprung in der schrecklichen Pesterfahrung zu Beginn des nicht unumstrittenen Waffengangs hatte.

Freilich war man zwischendurch auch wieder obenauf. Als man im Jahr 421 120 Spartiaten auf einer Insel gefangen nehmen konnte, war das den an Bürgermangel leidenden Spartanern einen für die Peloponnesier eher ungünstigen Friedensschluss wert. 415 überredete dann der hitzköpfige Politstar Alkibiades, der charismatische und überaus extrovertierte Neffe des Perikles, seine Mitbürger, ein neues verwegenes Abenteuer zu wagen und ein großes Flottenkontingent zur Eroberung Siziliens zu entsenden, wo nach blumigen Ausführungen der Befürworter Milch und Honig fließen sollten. Diese Expedition endete 413 in einer völligen Katastrophe, die sicher den Wendepunkt der Auseinandersetzung markierte. Schon vor der Niederlage im Westen zeichnete sich die Katastrophe ab. Alkibiades wurde abberufen, um sich in Athen wegen des Vorwurfs des Religionsfrevels zu verantworten, lief aber ausgerechnet zu den Spartanern über, denen er nützliche, natürlich hochverräterische Ratschläge gab (er wurde später aber wieder in Gnaden in Athen aufgenommen). Die Spartaner, die inzwischen umfangreiche Flottenrüstungen mit persischem Geld betrieben hatten und auch über einen sehr fähigen Admiral namens Lysander verfügten, gewannen die Oberhand. In der Folge mussten die Athener nach dem Abfall vieler Bundesgenossen, nach einem oligarchischen Intermezzo im Jahre 411 und nach der letzten verlorenen Entscheidungsschlacht bei Aigispotamoi (405) endgültig im Jahr 404 kapitulieren und die Machtübernahme einer rücksichtslosen und brutalen oligarchischen Junta von Spartas Gnaden (die unter dem Namen „die Dreißig Tyrannen" bekannt wurde) ertragen. Erst im April 403 gelang es den Demokraten unter Führung des Thrasybulos, in Athen wieder Fuß zu fassen, „die Dreißig" nach achtmonatiger Terrorherrschaft zu verjagen und die bewährte Regierungsform wieder einzuführen. Dabei zeigten die Sieger in diesem Bürgerkrieg eine erstaunliche Weitsicht, indem sie ein strenges und offenbar allseits beachtetes Amnestiegesetz erließen, das die in die Terrorherrschaft der Dreißig Verwickelten vor Nachstellung schützte, aber der Bürgerschaft einen dauerhaften Ausgleich und ein Ende der Lagerkämpfe bescherte. Aber das Seereich, Motiv für den Stolz aber auch die Hoffart Athens, war endgültig verloren.

Mit dem Peloponnesischen Krieg endet das „klassische" 5. Jahrhundert und auch eine von extremer Dynamik geprägte Epoche. Der Sieg über das persische Weltreich, der Aufstieg Athens an der Spitze des Seebundes, die Herausbildung und Verfestigung einer echten Volksherrschaft, der Dualismus Athen-Sparta und der daraus resultierende große Konflikt, der die Kräfte beider Großmächte überspannte und Athen in die totale Niederlage führte: all diese Entwicklungen machen aus dem 5. Jahrhundert unabhängig von der Zufälligkeit unserer christlichen Zeitrechnung eine Einheit, und die Niederlage Athens im Jahr 404 markiert tatsächlich einen tiefen Einschnitt. Aus einer universalhistorischen Sicht spielten die griechischen Stadtstaaten keine Rolle mehr. Das Perserreich ging als eigentlicher Sieger aus dem Konflikt hervor. Bereits 412 hatten die Spartaner die persische Herrschaft über die kleinasiatischen Griechen anerkannt und bestätigt, um mit persischem Gold ihre Flotte aufzubauen. 387/6 schließlich, nicht einmal hundert Jahre nach Salamis und Plataiai, war es der Perserkönig Artaxerxes II., der im „Königsfrieden" als Garant auftrat und zwischen Sparta und seinen Gegnern einen ersten allgemeinen Frieden (*koiné eiréne*) vermittelte. Im Gegenzug wurde die Position der Perser in Kleinasien allseits anerkannt.

Demgegenüber hat das 4. Jahrhundert bis zu Alexander nicht wirklich viel an großen Linien zu bieten. Was die politische Geschichte angeht, fehlt es an dauerhaften Strukturen; der kurzen spartanischen Vorherrschaft folgt die ebenso kurzlebige so genannte „Thebanische Hegemonie" und das Ausgreifen des makedonischen Königreiches auf die nunmehr kraftlosen griechischen Stadtstaaten, ohne dass, wie im 5. Jahrhundert, klare Linien erkennbar wären. Die Athener wurden zwar ab 377 noch einmal Anführer eines Seebundes, eben des „Zweiten Attischen Seebunds", jedoch war dies ein Zweckverband von Bundesgenossen, in dem Athen an feste Spielregeln gebunden war und beispielsweise keinen Tribut erheben durfte.

Diese für historische Narrative wenig reizvolle politische Konstellation hat das 4. Jahrhundert ein wenig in Misskredit gebracht, viele Darstellungen konzentrieren sich leichtfertig auf die große Zeit, auf das Perikleische, das gleichsam „goldene" Zeitalter – ein Vorwurf, den man bis zu einem gewissen Grade auch diesem Büchlein machen kann. Außerdem hat man lange Zeit voreilig angenommen, mit der Unterwerfung Griechenlands unter die Oberherrschaft der Makedonen sei es zu einer „Krise der Polis" und damit zum Untergang des griechischen Stadtstaatswesens gekommen, was in der jüngeren Forschung eindeutig widerlegt werden konnte. Dabei ist das eigentlich klassische Jahrhundert Athens und damit der Griechen (denn Athen blieb auch nach dem Verlust seines politischen Einflusses die erste unter den Städten) das 4. Jahrhundert. Auf Sizilien erlebten die griechischen Poleis eine Blütezeit, die ökonomische Dynamik des Mittelmeerraums tritt mit dem Ansteigen des Fernhandels erst seit dem 4. Jahrhundert in eine neue Dimension ein. Platon, Aristoteles, Xenophon, der berühmte Bildhauer Praxiteles, Demosthenes, wie überhaupt die großen Redner, alle diese Geistesgrößen Athens gehören ins 4. Jahrhundert. Der Ausbau des zentralen Bürger- und Marktplatzes, der Agora, des Volksversammlungsplatzes gegenüber der Akropolis (die „Pnyx"), der Wasserversorgung sowie die vielen Denkmäler und Bauprojekte, die zwischen 355 und 322 unter den Finanzpolitikern Eubulos und Lykurg entstanden, machen das 4. Jahrhundert zu einem gleichberechtigten Teil der griechischen Klassik. Mehr noch gilt das für die Demokratie. Ihr eigentlicher institutioneller Ausbau erfolgte nach der Wiedereinführung der Demokratie 403/402, als man eine nötige Bestandsaufnahme und die damit verbundene Neukodifikation der Gesetze auch dazu nutzte, Reformen einzubringen (unter anderem wurde erstmals zwischen Gesetz und Erlass, zwischen Norm und Einzelfallregelung unterschieden).

7. Wie funktioniert direkte Demokratie? Athen im 4. Jahrhundert v. Chr.

Menschen und Institutionen

Der Theoretiker der antiken Verfassungen und besonders der Demokratie war Aristoteles (384-322). Er wertete die Verfassungen vieler Stadtstaaten in seiner *Politik a*us, und aus seinem Umkreis, wenn nicht gar von ihm selbst, stammt auch unsere wichtigste Quelle zur athenischen Demokratie, die kleine Schrift *Der Staat der Athener* (*Athenaion Politeia*). Aristoteles sagt dabei über die Volksherrschaft, dass sie vor allem durch drei Institutionen definiert werde: die Volksversammlung, die durch Losverfahren besetzten Ämter und die Gerichtshöfe. Besonders deutlich formuliert er in der *Politik* (1275a), dass der Begriff des Bürgers schlechthin durch die Teilnahme an den Geschworenengerichten (diese nennt er an erster Stelle) und die Übernahme von Ämtern definiert sei.

Moderne Demokratietheoretiker von Alexis de Toqueville bis John Rawls oder Jürgen Habermas hätten mit dieser Definition sicher ihre Schwierigkeiten. Dies liegt natürlich nicht daran, dass Aristoteles bestimmte entscheidende Elemente demokratischer Staatswesen übersehen hätte, sondern daran, dass die antike Demokratie mit moderner Demokratie weniger gemein hat, als für gewöhnlich vermutet wird.

Die Definition des Aristoteles betont nun gerade Prinzipien, die für moderne Demokratien nicht kennzeichnend sind: zum einen das Prinzip der direkten Versammlungsdemokratie, zum anderen die Erlosung und nur ausnahmsweise eine Wahl von jährlich wechselnden Amtsträgern sowie als dritten Punkt die herausragende „demokratische" Funktion der Gerichte.

Bevor ich kurz auf diese drei Elemente im Einzelnen eingehen werde, zunächst noch einige Bemerkungen zum grundsätzlichen Charakter der athenischen Demokratie. Voraussetzung für die Entstehung und Ausbildung der Demokratie bei den Griechen war die seit der archaischen Zeit zu beobachtende rege Beteiligung der Bürger an den politischen Geschicken ihrer Polis. Der Grad der politischen Mobilisierung der Bürger, die ja als Hopliten oder Ruderknechte ihr eigenes Leben als politischen Einsatz einbrachten und in diesem Kontext für die zuvor getroffenen Entscheidungen persönlich gerade stehen mussten, ist nicht mit modernen Beispielen vergleichbar. Mogens Hansen hat das besonders prägnant formuliert: „Das Ausmaß der von den Athenern bewiesenen politischen Aktivität hat in der Weltgeschichte keine Parallele."

Es gab möglicherweise auch außerhalb Athens, vielleicht in Argos und Mantineia, schon früh demokratische Entwicklungen, über die wir aber zu wenig wissen, um zu Urteilen über den Charakter dieser Volksherrschaften zu gelangen. Mit dem Seebund und aktiv unterstützt von den Athenern, die die Demokratie in anderen Städten als Herrschaftsmittel einsetzten, breitete sich diese Regierungsform aber in der zweiten Hälfte des 5. Jahrhunderts weit aus. Aber über die reine Information hinaus, es habe dort und dort Demokratien gegeben, lassen sich kaum sicher fundierte Aussagen oder detaillierte Kenntnisse gewinnen. Athen ist und bleibt historische Referenz. Erstaunlicherweise gab es in Athen keine Pflicht, sich an den politischen Geschicken der Stadt zu beteiligen, alles geschah auf dem Prinzip der Freiwilligkeit. Möglicherweise existierte ein gewisser moralischer Druck oder Gruppenzwang, wie in einer Rede des Perikles bei Thukydides angedeutet wird, wo der Bürger, der abseits steht, als schlechter Bürger bezeichnet wird. Dennoch setzt die jährliche Besetzung der etwa 700 Ämter (von denen man die meisten nur einmal im Leben bekleiden durfte), sowie die nach heutiger Berechnung fast wöchentlichen Volksversammlungen (im 4. Jahrhundert waren es nur noch 40 pro Jahr), zu denen sich viele Tausend zur Abstimmung einfanden, ein ganz reges, geradezu obsessives Interesse an bürgerlicher Mitwirkung voraus. Dieser Einsatz für das Gemeinwesen ist beeindruckend. Dass auch weniger vermögende Bürger an den Institutionen in Athen Teil haben konnten, war bereits seit 458/7 durch eine später weiter ausgebaute Diätenregelung gewährleistet. Der Staat zahlte nämlich für Ämter und den Dienst als Geschworener bei den Gerichten eine Aufwandsentschädigung, später sogar für den Besuch der Volksversammlung. Dies zeigt den allgemeinen politischen Willen, die Beteiligung aller am Gemeinwesen sinnvoll zu ermöglichen. Dass sie überhaupt möglich war, ist sicher auch der Tatsache geschuldet, dass selbst größere Staatsgebilde wie Athen eigentlich Kleinststaaten waren, so dass dort ganz im Gegensatz zu unseren modernen komplexen Gesellschaften beinahe jeder jeden kannte. Moses Finley sprach im Bezug auf die griechische Polis von einer „face to face society", was das Ausmaß bürgerlicher Solidarität teilweise erklären helfen kann.

Zum Thema Bürgerbeteiligung gehören bis zu einem gewissen Grade auch die Staatsfinanzen. Denn ein ganz wichtiger Posten im Haushalt waren neben Hafenzöllen, Tributen von den Mitgliedern des Seebunds (im 5. Jahrhundert), einer Reichensteuer („Eisphorá", früher bei Bedarf ab der Mitte des 4. Jahrhunderts jährlich erhoben) und sonstigen typischen Staatseinnahmen die „Liturgien". Liturgien waren eine besondere Art des Steuerzahlens für reiche Athener, da sie mit der Verpflichtung einhergingen, etwas zu organisieren. Der reiche Athener legte nicht einfach Geld auf den Tisch, sondern musste entweder ein großes staatlich-religiöses Fest ausrichten helfen, oder ein Kriegsschiff zur Verfügung stellen. In beiden Fällen war er direkt impliziert. Im ersten Fall – die bekannteste Form der Festliturgie ist die Choregie – hatte er gewöhnlich als „Choregos" einen Chor zu finanzieren (Proben, Ausstattung), der bei einem der großen Feste zu Ehren des Dionysos oder

der Athena, Dithyramben (das sind dem Dionysos gewidmete, längere Chorlieder), Tragödien oder Komödien aufführte. Als Chorege zu fungieren war eine große Ehre und der öffentliche Auftritt des Chors war immer auch der sichtbare Erfolg des verpflichteten Choregen. Im zweiten Fall agierte der reiche Bürger als „Trierarch", als Ausrüster einer Triere. Auch hier war es nicht damit getan, als Sponsor aufzutreten, der Trierarch war auch automatisch der befehlshabende Kapitän seines Schiffes im Krieg. Während die Festliturgien auch Metöken auferlegt werden konnten, kamen für die militärisch relevanten Trierachien nur Athener in Frage. Obwohl viele solcher recht kostspieliger Liturgien zu vergeben waren (etwa 100 Festliturgien pro Jahr, sowie bis zu 400 Flottenliturgien in den 40er Jahren des 4. Jahrhunderts), fanden sich in den Reihen der Athener fast immer genug ruhmselige Bürger und um Ansehen bemühte Metöken, die die große, aber kostspielige Ehre annahmen, wenn sie vom Archon (im Fall der Festliturgie) oder von einem Strategen (im Fall der Trierarchie) an sie herangetragen wurde. Besonders reiche und ehrgeizige Bürger meldeten sich auch freiwillig und übernahmen oftmals sogar mehrere Liturgien. Als Lohn winkten Ehre und Ansehen, was bisweilen auch politisch umgemünzt werden konnte. Diese beachtenswerte Form von Bürgersinn und Engagement hat vielleicht noch eine moderne Parallele in den USA, wo reiche Mäzene mit ihren Stiftungen kulturelle Aufgaben übernehmen, die in Europa für gewöhnlich hoheitliche Domänen sind (Museen, Kunstsammlungen, Universitäten).

Eine weitere bemerkenswerte Besonderheit der antiken Demokratie ist das Prinzip der Öffentlichkeit. Bis zu den modernen pluralistischen Demokratien der Gegenwart gab es kein Staatswesen, das Staatsangelegenheiten so transparent und öffentlich behandelte. Die zentralen Plätze Athens und des Piräus waren mit Steininschriften übersät, die Volksbeschlüsse, Ehrungen, Rechenschaftsberichte der Finanzbeamten und Staatsverträge wiedergaben, oft mit dem expliziten Vermerk über die vorgesehene Veröffentlichung, damit „jeder,

der will", die Bestimmungen lesen könne. Der allgemeinen Zugänglichkeit wegen sollen Solons Gesetze von Ephialtes von ihrem Standort auf dem Areopag auf die Agora verbracht worden sein. Darüber hinaus gab es ein zentrales Archiv, das von jedem Bürger konsultiert werden konnte und vor allem von den Rednern, die sich über die Gesetze informieren wollten, frequentiert wurde. Dieser Sachverhalt verweist nicht nur auf ein seit den 450er Jahren sehr starkes Bedürfnis, alle Entscheidungen öffentlich zu machen, sondern auch auf eine bemerkenswerte Verbreitung des Lesens (und Schreibens) in den Reihen der Bürgerschaft. Athen war seinerzeit – wiewohl in der jüngeren Forschung immer wieder auf die Bedeutung mündlicher Traditionen und oraler Überlieferung hingewiesen worden ist – eine Schriftkultur und während der klassischen Epoche, besonders im 4. Jahrhundert, wurde Schriftlichkeit immer wichtiger. Die antike, von den Römern perfektionierte Manie, meist Wichtiges, bisweilen auch Unwichtiges, in Inschriften auf Stein und Bronze für die Nachwelt zu verewigen, hat zumindest hinsichtlich der Vielseitigkeit der verewigten Gegenstände ihren Ursprung im antiken Griechenland (orientalische Herrscherinschriften, die einen ganz anderen Charakter aufweisen, begegnen natürlich schon früher).

Aber die Inschriften stellen nur einen minimalen Teil der öffentlichen schriftlichen Kommunikation dar, nämlich den, der uns glücklicherweise, wenn auch nur teilweise, noch heute zur Verfügung steht. Viele Anschläge, etwa Gesetzesvorschläge, Anklageschriften bei öffentlicher Strafverfolgung, die am Denkmal der Phylenheroen auf der Agora angebracht wurden, und ähnliche Bekanntmachungen, von denen bisweilen in den Quellen die Rede ist, haben sich aufgrund des wenig dauerhaften Materials natürlich nicht erhalten.

Darüber hinaus fanden auch alle Beratungen und Gremiensitzungen in der Öffentlichkeit statt. Das gilt für die Volksversammlung natürlich *per definitionem*, aber auch die Ratssitzungen und die oftmals als spannend und unterhaltsam empfunden Prozesse vor den Geschworenengerichten fanden vor reichlich Publikum statt, das die jeweiligen Lokale umgab.

Die Volksversammlung und der Rat der 500

Alle politischen Entscheidungen in Athen wurden in der Volksversammlung (*ekklesía*) durch einfache Mehrheit getroffen. Die Versammlung galt den Athenern als Organ, in dem sich der Willen des ganzen Volkes manifestierte, auch wenn nur einige Tausend anwesend waren. Deshalb ist in den Beschlüssen und Gesetzen, die die Versammlung verabschiedete, immer vom Demos als beschließendem Organ die Rede. Die Versammlungen wurden vom Rat der 500 (*bulé*) einberufen, zunächst nach Bedarf, später im 4. Jahrhundert dann auf 40 Versammlungen pro Jahr festgelegt. Bereits im 5. Jahrhundert nahmen wohl regelmäßig mehr als 6.000 Teilnehmer an den Versammlungen teil (mit Ausnahme der Zeit des Peloponnesischen Krieges, als oftmals weniger Bürger zu den Versammlungen kamen), weswegen schon früh für bestimmte Abstimmungen ein Quorum von 6.000 festgelegt war. Die Athener hatten sogar einen eigenen Versammlungsplatz, die „Pnyx", ein in mehreren Phasen ausgebautes Hügelplateau westlich der Akropolis, auf dem nach den letzten Umbauten in der zweiten Hälfte des 4. Jahrhunderts schätzungsweise 8.-9.000 Leute Platz fanden. Zutritt hatte jeder volljährige Athener (volljährig war man im 4. Jahrhundert mit 20 Jahren nach dem Militärdienst). Wer sich als Unberechtigter einschlich, hatte harte Strafen zu gewärtigen. Aus der Demokratie als Staatsform kritisch gegenüber stehenden philosophisch-staatstheoretischen Quellen erfahren wir, dass die Versammlung mehrheitlich von der ärmeren Bevölkerung Athens, von Tagelöhnern und Alten besucht worden sei. Diese Tendenz mag sich noch verstärkt haben, als man dazu überging, nach 403 auch Diäten für den Besuch der Ekklesia auszuzahlen (das bescheidene Entgelt entsprach etwa einem halben Tageslohn). Hinsichtlich der Richtigkeit der Angaben über die Zusammensetzung der Volksversammlung (Viele gehen einfach davon aus, dass grundbesitzende Bauern aus dem Umland seltener zu den Versammlungen in die Stadt gingen) und über deren Relevanz für die politischen Entscheidungen sind unterschiedliche Meinungen geäußert worden. Es wird sicherlich hilfreich bei der Beurteilung sein, wenn man sich immer deutlich vor Augen hält, dass die einzigen zeitgenössischen Staatstheoretiker Platon, Aristoteles und teilweise Xenophon, ganz zu schweigen von politischen Pamphleten aus der Feder von Oligarchen, allesamt die Demokratie als eine Art Pöbelherrschaft begriffen und somit der Staatsform, die in Athen fast 200 Jahre erfolgreich praktiziert wurde, kaum ein positives Zeugnis ausstellen konnten.

Die Volksversammlung dauerte gewöhnlich – sieht man von essenziellen Debatten in Krisensituationen einmal ab – nur einen halben Tag, was der präzisen und effizienten Vorbereitung der Sitzungen durch den Rat der 500 zuzuschreiben ist, der viele Routineangelegenheiten als einfach durchzuwinkende Beschlussvorlagen präsentierte. Somit war den Besuchern, gerade auch denen, die vielleicht aus entfernteren Demen angereist waren, die Gelegenheit gegeben, am gleichen Tag in der Stadt Geschäften nachzugehen.

Das Beeindruckendste an den Volksversammlungen der Athener bleibt bis heute das dort konsequent angewandte Prinzip der Redefreiheit, auf das die Athener selbst sehr stolz waren. Wer immer wollte – dafür hatten die Athener sogar einen Begriff: *ho bulómenos*, „der, der will" –, unabhängig von Stand und Bildung, konnte in der Ekklesia das Wort ergreifen und an Debatten teilnehmen. Die meisten Teilnehmer der Versammlungen blieben passiv und beschränkten sich auf das wichtige Abstimmen, während sie das Reden den Talentierten und Geübten überließen, die gewissermaßen den wegen mangelnder institutioneller Basis nicht klar konturierten Stand der „Politiker" bildeten. Durch die Redner des 4. Jahrhunderts, aber auch aus den Quellen des 5. Jahrhunderts und aus späteren, die sich auf das Perikleische Zeitalter beziehen, wissen wir von hitzigen Grundsatzdebatten und den Bemühungen der Redner, die Versammlung von ihrer Politik zu überzeugen.

Die Herrschaft der Athener war eine Herrschaft des Wortes. Denn nicht Funktionen und Ämter verliehen den führenden Männern von Athen, von Perikles bis Demosthenes, ihre Autorität, sondern nur das gesprochene Wort. Die Kunst der angemessenen Rede, die „Rhetorik", die bereits im 5. Jahrhundert von professionellen Lehrern vermittelt wurde, war das politische Kapital der attischen Redner. Denn „Redner" (*rhétores*) und nicht anders wurden nämlich bezeichnenderweise die führenden politischen Gestalten von den Athenern genannt. Wer heute für die Geburtstagsfeier der Großmutter oder für den Firmenfeiertag eine Rede verfasst und sich einen der wohlfeilen Ratgeber besorgt, wird dort in der Essenz nichts anderes finden, als was bereits den Erfindern der europäischen Redekunst zu Gebote stand und mit der typischen Einteilung in Einleitung, Sachverhaltsdarstellung, Argumentation und Zusammenfassung vor allem in den Gerichtsreden zur Anwendung kam. Man musste dem Volk in der Ekklesia auch etwas bieten. Sich vor Tausende von Menschen zu stellen und frei zu sprechen (die Redner lasen nicht ab) erfordert schon an sich einen gewissen Mut und auch eine deutliche und klare Stimme. Üblicherweise wurden Redner aber durch Zwischenrufe gestört, höhnisches Gelächter oder Buhrufe konnten sie aus dem Konzept bringen. Das Publikum war anspruchsvoll und wusste glanzvolle Reden zu schätzen und unglückliche Darbietungen entsprechend zu kommentieren. Demosthenes etwa übte seine Stimme und seine Artikulation dadurch, dass er zur tosenden Meeresküste ging, Kieselsteine in den Mund nahm, um dann laut Gedichte zu rezitieren. Als Redner in Athen hervorzutreten, erforderte also Einiges an Einsatz.

Dieser Einsatz beschränkte sich nicht nur auf die Wirkung der Rede, auch für Konsequenzen musste der Redner, der zugleich meist auch Antragsteller eines Gesetzes oder eines Beschlusses war, geradestehen. Denn im Verständnis der Athener war nicht der Demos an einer falschen oder unbedachten

– immerhin von ihm getroffenen – Entscheidung schuld, sondern derjenige, der die Ekklesia dazu veranlasst und überredet hatte. Mit einer Klage wegen Gesetzwidrigkeit des Antrags (*graphé paranómon*) konnte der Antragsteller später zur Rechenschaft gezogen werden.

Über die Gefahr von Demagogie waren sich die Athener also durchaus im Klaren. Die Gegner der Demokratie verwiesen immer darauf, dass sich das Volk leicht verleiten lasse, wenn nur einer den Demos geschickt genug zu manipulieren wisse. Und in der Tat gab es besonders nach dem Tod des Perikles einige politische Aufsteiger, die nicht aus der alten Oberschicht kamen, von der sie als Parvenus auch wenig gelitten wurden, sondern als Geschäftsleute den nötigen Reichtum erworben hatten, um sich ganz der Politik widmen zu können. Der bekannteste von ihnen, Kleon, ein Lederfabrikant, wurde von Aristophanes in der Komödie als „der Gerber" verspottet. Während des Peloponnesischen Krieges hatte sich der Politikstil in der Tat etwas geändert und die neuen „Demagogen" (ein Wort das gerade in dieser Zeit seine negative Konnotation gewinnt) kämpften sich nach oben, indem sie die Launen und Feindbilder der Menge in einer Zeit der Krise bedienten. Die Athener ließen sich von Kleon sogar dazu hinreißen, nach einer hitzigen Debatte für die Ermordung aller Männer der Stadt Mytilene auf Lesbos, die vom Seebund abgefallen war, zu stimmen. Am nächsten Tag wurde ihnen das Ungeheuerliche ihrer Entscheidung aber bewusst und sie stoppten das bereits ausgelaufene Mordkommando. Ereignisse wie dieses, besonders aber die fatale Expedition nach Sizilien, zu der sie sich von Alkibiades hatten überreden lassen, sorgten dafür, dass die Athener 411 in der Versammlung für die kurzfristige, weil erfolglose Installierung eines oligarchischen Regierungssystems votierten, in dem das Bürgerrecht auf 5.000 wohlhabende Athener beschränkt wurde.

Nach der Restitution der Demokratie wurden deswegen die Befugnisse der Versammlung leicht, aber doch entscheidend verändert. Während im 5. Jahrhundert die Ekklesia auch als

Gerichtshof fungieren und nach Gutdünken Gesetze erlassen konnte, wurden sämtliche Aufgaben der Jurisdiktion auf die Gerichtshöfe übertragen (mit Ausnahme ganz bestimmter politischer Strafverfahren, die bis Mitte des 4. Jahrhunderts bei der Volksversammlung verblieben, Mordfälle wurden ohnehin seit alters her vom Areopag verhandelt) und für die Gesetzgebung ein neues Gremium, das der „Nomotheten", eingesetzt. Die Volksversammlung konnte also nur noch Dekrete erlassen, die zudem im Einklang mit den Gesetzen stehen mussten. Eine in jeder Hinsicht bedeutende Neuerung, die bereits ansatzweise eine „Herrschaft des Rechts", wie sie modernen Rechtsstaaten eigen ist, erkennen lässt.

Meist findet sich in diesen Dekreten (wie auch in den von der Ekklesia im 5. Jahrhundert erlassenen Normen und Verordnungen) die Wendung, „beschlossen vom Rat und vom Volk", denn der repräsentativ aus der Bürgerschaft zusammengesetzte Rat der 500 hatte die Versammlungen vorzubereiten und Beschlussvorlagen zu präsentieren. Anträge an die Versammlung konnten nämlich nur nach vorheriger Verhandlung im Rat zur Abstimmung eingebracht werden, wobei der Rat jedoch nicht die Kompetenz hatte, Anträge zu unterdrücken oder bestimmte Eingaben zu bevorzugen. Im Rat wurde lediglich entschieden, ob ein Antrag beschlussfertig dem Volk unterbreitet werden sollte (meist Routineangelegenheiten, die rasch durchgewinkt wurden), oder ob eine generelle Debatte über den Antrag erfolgen sollte. Verlangte aber nur ein einziger Bürger, dass über eine Vorlage diskutiert werden sollte, so musste das geschehen. Der Rat hatte als der Ekklesia beigeordnete Instanz selbst keinerlei Entscheidungsbefugnis, ebenso wenig wie die Beamten. Diese lag allein bei der souveränen Volksversammlung. Als Ratsmitglied konnten Athener über 30 Jahre fungieren. Da jedes Jahr 500 Ratsherrn bestallt werden mussten, wie üblich durch Losverfahren, war es das einzige Losamt das man zweimal im Leben bekleiden durfte. Im Rat bildeten die 50 zu einer Phyle gehörenden Ratsmitglieder für ein Zehntel des Jahres (eine „Prytanie") einen geschäftsführenden Ausschuss (die „Prytanen"), der die Ratssitzungen und vor allem die allein entscheidungsbefugten Volksversammlungen vorbereitete.

Betrachten wir nun, wie eine Volksversammlung im 4. Jahrhundert konkret ablief: Nachdem die Tagesordnung vom Rat vorbereitet und vier Tage vorher am Monument der Phylenheroen auf der Agora angeschlagen worden war, wurde am Versammlungstag ein Zeichen aufgezogen (über dessen Art wir nicht im Bilde sind), so dass für jedermann erkenntlich war, dass nun auch Versammlungstag war. Bei Morgengrauen gingen die Bürger auf die Pnyx, ließen sich Märkchen aushändigen, für die sie bei Rückgabe nach der Sitzung die bescheidene Summe für den Verdienstausfall ausgehändigt bekamen. Die Versammlung selbst begann mit einer Opferhandlung. Ein Schwein wurde geschlachtet und um die Pnyx herum geschleift, um den Platz mit dem Blut des Tieres rituell zu reinigen. Die Debatten begannen nach einem Gebet des Herolds. Diese religiösen Rahmenhandlungen, die in vielen Darstellungen nicht erwähnt werden, waren überaus wichtig, um das Gelingen der Veranstaltung im Einklang mit dem Willen der Götter zu gewährleisten. Zuerst kamen die konkreten Beschlussvorlagen des Rates zur Abstimmung. Die Abstimmung erfolgte für oder gegen den Antrag durch einfaches Handzeichen, gefolgt von einer Abschätzung der Mehrheitsverhältnisse (es wurde nicht gezählt), die von neun für diesen Tag erlosten Vorstehern vorgenommen wurde. Danach kamen die Tagesordnungspunkte zur Verhandlung, die einer Debatte bedurften. Mit den Worten „Wer will sprechen?" leitete der Herold die Debatte ein. An dieser beteiligten sich in erster Linie die Redner, aber offenbar auch ganz normale Bürger, die hin und wieder Anträge einbrachten oder Änderungsanträge vorlegten. Bei vielen der für Dekrete verantwortlichen Antragssteller (Antragssteller wurden immer namentlich genannt, sie waren ggf. auch haftbar zu machen) handelte es sich um Ratsmitglieder, da jeder Antrag zunächst im Rat verhandelt worden war. Dabei lässt sich im Nachhinein nicht mehr feststellen, ob die Initiative nicht auf einen „Politiker" zurückging, der ein Ratsmitglied für einen Antrag hatte gewinnen können. Aus den Inschriften kennen wir eine ganze Reihe von Männern, die entweder aus der zweiten Reihe der Politik kamen und uns deshalb aus anderen Quellen nicht bekannt sind, oder gewöhnliche Ratsmitglieder waren oder einfach als – wie oben bereits ausgeführt – *ho buleumenos* auftraten, als „beliebiger Bürger". Aus der Versammlung heraus konnten auch Anträge formuliert werden. Diese mussten dann jedoch vom Rat für die nächste Sitzung vorbereitet werden. Gewöhnlich wurde die Volksversammlung am Mittag beendet, sobald alle Punkte erledigt waren. Die Bürger verließen die Pnyx und händigten ihre Marken aus, um die Diäten zu kassieren.

Als Beispiel für die Einmischung der Bürger und ihre aktive Teilhabe an den politischen Entscheidungen mag ein Volksbeschluss dienen, der nicht lange nach Einführung der „radikalen" Demokratie durch Ephialtes von der Volksversammlung verabschiedet worden und grob auf die Zeit um das Jahr 450 zu datieren ist. Die Inschrift, deren Anfang und Ende leider abgebrochen sind, behandelt den Umgang der Athener mit einem Korruptionsskandal (sie findet sich in der Inschriftensammlung *Inscriptiones Graecae* Bd. I^3, Nr. 32). Offenbar wurden beim bedeutenden Heiligtum der Demeter und ihrer Tochter Persephone, genannt „das Mädchen" (Kóre), in den Vororten Eleusis und Phaleron Gelder veruntreut, die für Baumaßnahmen vorgesehen waren (der Bausektor scheint schon immer sehr anfällig für Korruption gewesen zu sein). Der Rat hatte nun Maßnahmen zur Behebung der Missstände in einem Dekretentwurf zur Diskussion gestellt (offenbar genaue Richtlinien für die Rechenschaftslegung der für das Heiligtum Verantwortlichen, leider sind die Details am Anfang nicht erhalten). An dieser Stelle intervenierte nun in der Versammlung ein ansonsten unbekannter Bürger namens Thespieus. Er beantragte zusätzlich zu den Vorschlägen des Rats weitergehende Maßnahmen. Eine aus öffentlichen Mitteln finanzierte fünfköpfige Finanzkommission für eleusinische Verwaltungsangelegenheiten (sie hatte pro Tag vier Obolen zu erhalten, etwas weniger als einen Tageslohn) sollte geschaffen werden, die angehalten war, Unregelmäßigkeiten zu verfolgen („wenn sie feststellen, dass etwas [gemeint ist Geld aus den Opferabgaben] fehlt, sollen sie es zurückholen"). Die notwendigen Aufwendungen hatte Thespieus in seinem Antrag genau bedacht und spezifiziert. Auch ein gewisser Lysanias meldete sich zu Wort und formulierte einen Unterstützungsantrag, der (leider ist auch an dieser Stelle die Inschrift abgebrochen) offenbar noch umfassendere Befugnisse und Kontrollmöglichkeiten für das neu zu schaffende Gremium vorsah. In dieser durch die Anträge von Thespieus und Lysanias veränderten Form wurde das Dekret von der Volksversammlung angenommen.

Diese Inschrift zeigt, dass schon Mitte des 5. Jahrhunderts Bürger ganz selbstverständlich ihr Rederecht wahrnahmen und Anträge stellten. Sie ist ein klarer Beleg für die Handlungsfreiheit und die Macht der Ekklesia, die von den Bürgern ganz unprätentiös und selbstverständlich genutzt und ausgeübt wurde. Außerdem zeigen die Details zur Finanzierung, dass bereits damals das Prinzip der Ämterbesoldung in der athenischen Demokratie selbstverständlich war.

Die Ämter

Die Beamtenschaft der Athener lässt sich in wenigen Worten abhandeln, denn die Amtsträger waren politisch unbedeutend, und gerade das ist eine Besonderheit der antiken Demokratie, die sie von der modernen stark unterscheidet, ebenso wie die Bevorzugung des Losverfahrens bei der Bestallung von Magistraten. Dabei galt den Griechen gerade das Losverfahren und nicht etwa die Wahl als die demokratischste Vorgehensweise. Von allen rund 700 Beamten wurden etwa 600 durch Los bestellt, was bereits die Kritik des Sokrates, sowie allgemein der Gegner der Demokratie hervorgerufen hat und auch moderne

Betrachter verwundern dürfte. Während Sokrates sich darüber mokierte, dass man ja auch nicht den Steuermann eines Schiffes oder eine Flötenspielerin auslost, die für ihre Tätigkeiten über gewisse Kompetenzen verfügen müssen, würden heutige Stadtbürger mit Unverständnis auf den Vorschlag reagieren, den Stadtkämmerer oder den Polizeichef zukünftig einfach aus denen auszulosen, die sich auf eine Bewerberliste eintragen. Dafür hatte aber kein einziger Amtsträger in Athen wirkliche Entscheidungsbefugnis (abgesehen von bestimmten Justizmagistraten mit Polizeifunktion, die auf frischer Tat ertappte Rechtsbrecher ohne Prozess hinrichten lassen konnten). Den jährlich bestellten Beamten oblagen rein administrative Aufgaben im Namen des Volkes, das allein entscheidungsbefugt war. Aus dem bereits Gesagten und den Quellen, besonders aus unserer Hauptquelle Aristoteles, ergeben sich gewisse Grundcharakteristika des athenischen Beamtenwesens im 4. Jahrhundert, die ich hier in äußerst knapper Form wiedergebe: Es galten kurze Amtsperioden (gewöhnlich für ein Jahr). Die meisten Ämter wurden per Los bestimmt, mit Ausnahme militärischer Ämter durfte niemand dasselbe Amt mehr als einmal bekleiden (ein Prinzip mit wenigen Ausnahmen, etwa beim Rat der 500, dem man zwei Mal im Leben angehören durfte). Es galt ein allgemeines Iterationsverbot in öffentlichen Ämtern, man musste nach dem Ausscheiden eine Überprüfung über sich ergehen lassen, bevor man sich dann nach einem Jahr Pause wieder für ein Amt bewerben konnte. Es wurden Diäten gezahlt, wobei die Amtstätigkeit nur bei wenigen Positionen (etwa im Falle der Archonten) mehr als eine Teilzeitbeschäftigung war. Es galt das Prinzip der Kollegialität, insofern es sich immer um Ämterkollegien ohne hierarchische Strukturen handelte.

Hinter diesen Grundprinzipien des athenischen Ämterwesens ist deutlich der Wille erkennbar, die Macht der Magistraten zu Gunsten des Volkes zu beschränken. Die jährliche Erlosung der Beamten sollte eine Professionalisierung der Politik ebenso wie eine Parteienbildung verhindern. Trotz dieser Einschränkungen sind die Magistratskollegien der

Athener – an erster Stelle sicher der Rat der 500 mit seinem ständigen Ausschuss, den Prytanen – am ehesten mit modernen Regierungen zu vergleichen, auch wenn ihnen jegliche Entscheidungskompetenz abging. Gleichzeitig lässt sich an diesem Befund auch das Bedürfnis der Athener erkennen, theoretisch jedermann, in der Realität sehr viele Bürger, an der Staatsverwaltung zu beteiligen. Jährlich mussten per Los rund 1.100 staatliche Funktionen (den Rat der 500, den Aristoteles zu den Ämtern zählt, mit einberechnet) besetzt werden. Das setzt, wie auch bei der Teilnahme an den Versammlungen und den Gerichtshöfen, eine enorme Bereitschaft der Bürger voraus, sich für den Staatsdienst aufstellen zu lassen. Wir kennen aus den Quellen eine ganze Reihe von politisch aktiven Bürgern, die in ihrem Leben mehrere unterschiedliche Ämter wahrgenommen haben. Oft gab es offenbar Konkurrenz um Ämter, zumindest um solche, die mit hohem Ansehen verbunden waren. Aber auch wenn bestimmte Bürger besonders aktiv waren und häufiger Magistraturen bekleideten, haben sich die Ämter wohl nie in wenigen Händen konzentriert. Auch wenn möglicherweise einige „schlechte Bürger" abseits standen, wie Perikles in einer ihm von Thukydides in den Mund gelegten Rede bemängelt, so war – aus heutiger Sicht erstaunlicherweise – die Bürgerbeteiligung auch bei der Ämtervergabe in dieser Laiendemokratie sehr groß und die Bürger erwiesen sich, besonders im 4. Jahrhundert, weitgehend als „gute Bürger" nach den Kriterien des Perikles.

Die Gerichte

Die Rechtsprechung in Athen erfolgte im 4. Jahrhundert fast ausschließlich durch Geschworenengerichte (nur bei Tötungsdelikten blieb der Areopag zuständig). Im 5. Jahrhundert konnten noch einige spezielle Klageformen vor der Volksversammlung eingebracht werden. Der demokratische Aspekt der Geschworenengerichte basierte auf der breiten Rekrutierungsbasis der Geschworenen. Jedes Jahr wurden 6.000 potentielle

Richter unter den Athenern über 30 Jahre ausgelost, die einen besonderen Eid, den Heliasteneid (er ist überliefert), schwören mussten, und nach Belieben an Gerichtstagen an den konkreten Auslosungen für die jeweiligen Verfahren teilnehmen konnten. Im Gerichtswesen lässt sich sowohl die Vorliebe der Athener für überaus komplizierte (wenn auch in der Praxis leicht handhabbare) Verfahrensregelungen erkennen, als auch ihr stetiges Bemühen, Korruption und Beeinflussung entgegen zu wirken. Allein der Aufwand, mit dem die Athener ihr Gerichtswesen organisierten, zeigt, dass Aristoteles mit seiner Bewertung richtig liegt, und die Beteiligung der Bürger an den Gerichten zu den wichtigsten Grundlagen der antiken Demokratie gehörte.

Während im 5. Jahrhundert die Lokale der verschiedenen Gerichtshöfe noch an verschiedenen Plätzen in der Stadt gelegen waren, hat man Ende des 4. Jahrhunderts auf der Agora spezielle Gerichtsgebäude an einem Ort zentralisiert, offenbar um auszuschließen, dass die früh morgens erlosten Richter in irgendeiner Form auf dem Weg zum Gerichtshof beeinflusst werden konnten. Ebenfalls um Beeinflussung zu verhindern, aber auch um den demokratischen Aspekt zu betonen, handelte es sich bei den Geschworenengerichten um recht große Körperschaften, die – gestaffelt nach Art und Bedeutung der Klage – 201, 501 oder gar 1.501 Laienrichter umfassen konnten. An gewöhnlichen Gerichtstagen (über 200 im Jahr), an denen üblicherweise zehn Gerichtshöfe tagten, benötigte man rund 2.000 Richter. Aus den Quellen erfahren wir, dass sich immer genügend Freiwillige drängten, um als Geschworene ausgelost zu werden. Aus den Komödien des Aristophanes wie auch aus Schriften der Philosophen, die den Sachverhalt negativ aus antidemokratischer Perspektive kommentieren, geht hervor, dass die meisten Geschworenen alte und eher mittellose Athener waren, die gerne die drei Obolen mitnahmen, die als Richterdiäten ausgezahlt wurden.

Den zehn Gerichtshöfen saßen die neun Archonten vor, unterstützt von einem Sekretär, die den ordnungsgemäßen

Verlauf des Verfahrens zu gewährleisten hatten, ansonsten aber keinen Einfluss auf die Entscheidung der Geschworenen nehmen konnten. Bei ihnen musste auch zuvor die Anklageschrift eingereicht werden. Außerdem leiteten sie die *anakrisis* genannte Voruntersuchung (eine Art Beweisaufnahme und Vorverhandlung).

Zu den Unterschieden gegenüber modernen Rechtsprinzipien gehört auch, dass nicht nach Delikten unterschieden wurde, sondern nach den Formen der Klage, wobei die Klage über die Form des Verfahrens entschied. Das konnte im Einzelfall dazu führen, dass das gleiche Delikt, je nach Form der Klage, in sehr unterschiedlichen Verfahrensweisen abgehandelt werden konnte (das gilt besonders für das 5. Jahrhundert, als die Versammlung noch größere Kompetenzen in der Jurisdiktion hatte). Ein weiterer interessanter Aspekt ist, dass alle Klagen, auch politische, formal Privatklagen waren. Es gab keine staatliche Strafverfolgung, sieht man von dem Kollegium der „Elfmänner" einmal ab, die sich mit gewöhnlicher Kleinkriminalität beschäftigten. Um jemanden zur Rechenschaft zu ziehen, bedurfte es eines Klägers. Politische Prozesse, die eine Hauptkategorie des athenischen Prozesswesens bildeten, unterschieden sich dadurch von Privatklagen, dass ein jeder Klage erheben durfte; bei gewöhnlichen Privatprozessen – wegen Betrugs, Erbangelegenheiten, Mitgiftjägerei oder Ähnlichem – konnte nur der direkt Geschädigte oder, im Falle von Unmündigen oder Frauen, deren nächste Verwandte Klage erheben. Sowohl Kläger als auch Beklagter mussten jedoch immer persönlich vor Gericht auftreten und ihre Plädoyers vor den Geschworenen selbst halten, und zwar auswendig (nur ausnahmsweise konnten sie einen ihnen persönlich nahestehenden Fürsprecher mitbringen). Dennoch gab es Rechtsanwälten vergleichbare Spezialisten, Redenschreiber („Logographen"), die die hohe Kunst der Rhetorik beherrschten, aber auch die Gesetze sehr gut kannten. Diese hatten ein gutes Auskommen, denn die Athener waren berühmt für ihre notorische Prozessfreude. Jedoch hatte jeder Kläger eine empfindliche Strafe von 1.000 Drachmen zu gewärtigen, wenn nicht wenigstens ein Fünftel der Richterstimmen auf seinen Antrag entfielen. Die regelrechte Prozessierwut der Athener lässt sich jedoch auch soziologisch deuten: Besonders in den politischen Prozessen (die rund die Hälfte der bekannten Fälle ausmachen) ging es nämlich nicht allein um die Verfolgung von Straftaten oder darum, der Gerechtigkeit Genüge zu tun und den Rechtsfrieden wieder herzustellen. Die Gerichtshöfe waren auch der Ort, an dem die Mitglieder der Elite ihre soziale Stellung, ihre politischen Karrieren, ihre ganze *Persona* vor einem die Demokratie repräsentierenden Gremium zur Debatte stellten. In den Gerichtsreden ist deshalb so häufig von juristisch eher nebensächlichen Dingen, wie den individuellen Leistungen für die Stadt, dem vorbildlichen Lebenswandel und der demokratischen Gesinnung des Prozessredners die Rede. Somit waren die Gerichtshöfe für die Athener auch Orte der sozialen Kontrolle. Dieser Aspekt und die durch die 6.000 Heliasten gewährleistete bürgerliche Partizipation machten die Gerichtshöfe aus Aristoteles' Sicht zur wichtigsten demokratischen Institution.

Um ein besseres Verständnis für die Abläufe eines athenischen Gerichtsverfahrens zu gewinnen, möchte ich einen der berühmtesten Prozesse als Beispiel anführen: das Gerichtsverfahren, das 399 gegen Sokrates wegen Religionsvergehens („Asebie") geführt wurde.

Ein gewisser Meletos begab sich im Winter des Jahres 399 gemeinsam mit zwei weiteren Athenern, Anytos und Lykon, als Unterstützern zum Amtssitz des Basileus, desjenigen der „Neun Archonten", der sich neben der Organisation der religiösen Feste auch um Klagen wegen Mord und Religionsvergehen zu kümmern hatte. Meletos erhob eine Anklage gegen den Athener Sokrates, Sohn des Sophronikos, wegen Religionsfrevels, eine *graphé asebeías*. Der Basileus prüfte zunächst die formale Richtigkeit der Klage und verlangte einen Eid vom Kläger. Dann bestimmte er einen freien Gerichtstermin, an dem der Fall vor den für diese Klageform vorgesehenen 501 Richtern verhandelt werden sollte. Im Rahmen der Voruntersuchung musste der Beklagte auch zu den Vorwürfen Stellung nehmen und es gab die Möglichkeit, von der jeweiligen Gegenpartei Auskünfte zu verlangen. Außerdem konnten Zeugen gehört werden und andere Beweismittel eingebracht werden. In der Folge wurde die formulierte Anklage mit der schriftlichen Stellungnahme des Beklagten und der Angabe des Gerichtstermins öffentlich ausgehängt. Die Formulierung der Anklage ist bei einem späteren Autor sogar überliefert; sie lautete: „Diese Anklage hat eingebracht und als wahr beschworen Meletos, der Sohn des Meletos, aus dem Demos Pitthos, gegen Sokrates, den Sohn des Sophronikos aus dem Demos Alopeke: Sokrates tut unrecht, indem er nicht die Götter verehrt, die von der Stadt verehrt werden, sondern andere, neue dämonische Wesen einführt, außerdem tut er Unrecht, indem er die Jugend verdirbt. Als Strafe wird der Tod beantragt." (Diogenes Laertios, 2, 40).

Am vorgesehenen Tag versammelten sich viele potentielle Geschworene vor dem Auslosungsplatz auf der Agora. Dort wurden nun phylenweise die für den gesamten Gerichtstag benötigten Richter durch ein kompliziertes Losverfahren ermittelt, bei dem zehn Losapparate (für jede Phyle einer) eine entscheidende Rolle spielten. In die dafür vorgesehenen Schlitze der Automaten wurden die Namenstäfelchen der Richter (zu Sokrates Zeiten waren sie aus Bronze, später aus Buchsbaumholz), die auch als eine Art „Richterausweis" dienten, eingesteckt, und so durch Zufallsprinzip mit in den Automaten eingeworfenen Würfeln die Täfelchen der Geschworenen für den Tag ausgelost. Das alles ging sehr rasch vonstatten und war eingeübte Praxis. Nach einer weiteren durch einfache Ziehung erfolgten Auslosung begaben sich 501 Richter in den ihnen nun bestimmten Gerichtshof, in dem der Prozess des Sokrates stattfinden sollte, wahrscheinlich auf der Agora (zu Sokrates Zeiten waren die Gerichtshöfe noch über mehrere Stellen der Stadt verteilt). Dabei hatte man mittels Erkennungszeichen Vorkehrung getroffen, dass die Geschworenen nur bei den ihnen zugeordneten Gerichten Einlass fanden. Nachdem die 501 Richter am Eingang ihre Platzmärkchen für bestimmte Sitzbänke erhalten hatten, damit es nicht zu Grüppchenbildungen und Verständigungen unter Bekannten kommen konnte, betraten auch die Parteien das von Zuschauern und Schaulustigen (hinter einer Absperrung) umringte Gericht. Danach eröffnete ein Herold das Verfahren, das in dieser letzten Phase nur noch die zeitlich begrenzten Plädoyers der beiden Parteien vorsah, in deren Anschluss es zur Abstimmung über die Anträge kam. Im Rahmen der nun vorgetragenen Reden konnte Kläger oder Beklagter auf Gesetze oder auf Zeugenaussagen aus der Voruntersuchung zurückgreifen, die von einem Sekretär auf Verlangen verlesen wurden.

Es begann Meletos, der von Anytos als Synegoros, als „Mitredner", unterstützt wurde. Die Argumente der Anklage lassen sich nur aus der Entgegnung des Sokrates erschließen, weil die Anklagerede nicht erhalten ist. Auch die Verteidigung des Sokrates ist nur mittelbar auf uns gekommen. Platon, der dem Prozess als Zuschauer beiwohnte, hat die Stehgreifrede seines Lehrers später aufgeschrieben. Sicher hat er dabei einige Stilisierungen vorgenommen, im Kern hat er die Argumentation aber sehr wahrscheinlich korrekt wiedergegeben. Xenophon, der ebenfalls zu den Schülern des Sokrates zu rechnen ist, war zwar zur Zeit des Prozesses nicht in Athen, hat aber später auch eine kleine Apologie verfasst.

Sokrates stand vor dem Problem, nicht nur gegen die konkrete Anklage wegen Gottlosigkeit und Verführung der Jugend sprechen zu müssen, sondern sein eigentlicher Prozessgegner war der Kontext. Der Prozess fand nämlich vor dem Hintergrund einer hochkomplexen Gemengelage statt, die hier nicht mit den eigentlich notwendigen Details wiedergegeben werden kann. Sokrates hatte sich in diesem sehr konkreten Prozess also auch indirekten Vorwürfen zu stellen, etwa dass er Verbindungen zu den „Dreißig Tyrannen", von denen einige seine Schüler gewesen waren, gepflegt habe, die über das erträgliche Maß hinaus gegangen seien. Er galt Vielen auch als ein Sophist, als Lehrer derjenigen Form demagogischer Redekunst, die die Athener im Krieg in den Untergang getrieben und den Taten arroganter und skrupelloser junger Leute wie denen des Alkibiades oder des Kritias, dem Anführer der „Dreißig", Vorschub geleistet hatte. Darüber hinaus war er ein stadtbekannter Plagegeist, der mit seiner Prinzipientreue und seiner Neigung, angesehene Bürger in scharfsinnige philosophische Streitgespräche zu verwickeln, an deren Ende die Gesprächspartner oft als törichte Zeitgenossen dastanden, vielen Mitbürgern einfach lästig war.

All das floss wohl in das Urteil der Richter ein, die nach dem Plädoyer des Sokrates ihre Platzmarken gegen zwei Stimmmarken aus Bronze eintauschten. 281 der 501 Geschworenen deponierten den für den Antrag der Ankläger bestimmten Stimmstein in der für gültige Stimmen vorgesehenen Urne und nur 220 stimmten mit dem anderen Stimmmärkchen für den Antrag des Sokrates. Jeder Abstimmende erhielt zwei Stimmsteine, von denen einer mit einem kleinen Stab, der andere mit einem kleinen Rohr perforiert war. Er fasste jeden mit Daumen und einem Finger so, dass man nicht sehen konnte, was es jeweils war und warf sie in die beiden Urnen, eine für die gültigen, die andere für die ungültigen Stimmen.

Nun musste noch das Strafmaß bestimmt werden, das aber nicht im Ermessen der Richter oder irgendwelcher Gerichtsbeamter lag, sondern in Form von Alternativanträgen von Klägern und Beklagten vorgeschlagen wurde. Im Falle der Klägerseite war ja bereits in der Klageschrift die Todesstrafe vorgesehen. Sokrates aber hätte in seiner Stellungnahme die Verbannung als Strafmaß erbitten können. Angesichts des knappen Ausgangs wäre ihm diese mildere Strafe sicher gewährt worden. Jedoch leistete er sich den kalkulierten Affront, anstatt der Verbannungsstrafe von seinen Richtern zu verlangen, ihn aufgrund seiner Verdienste zum Ehrenbürger der Stadt zu machen. So kam es, dass der Antrag der Kläger diesmal 361 Stimmen erhielt und Sokrates mit großer Mehrheit zum Tode verurteilt wurde.

Nach dieser letzten Stimmabgabe erhielten die Richter ihren Lohn und bekamen die Namenstäfelchen ausgehändigt. Damit war der „Fall Sokrates" für die Athener erledigt. Man hat ihm seinerzeit keine große Bedeutung beigemessen (501 Richter bildeten das Minimum für öffentliche Klagen, bei bedeutenderen Fällen konnten wesentlich mehr Geschworene bestellt werden), erst seine Schüler und die Philosophiegeschichte haben diesen völlig regelkonformen Prozess zu einer „Causa Sokrates" gemacht, so dass bis heute das böse Wort vom „Justizmord" in Darstellungen zu finden ist. Religiöser Nonkonformismus, v.a. mangelnder Respekt gegenüber den Polisgottheiten, wurde besonders in Krisensituation empfindlich wahrgenommen, so dass Sokrates durchaus schuldig im Sinne der Anklage war. Darüber hinaus hat er sich nicht an die Spielregeln gehalten und die Erwartungen, die die Geschworenen an eine Verteidigungsrede hatten, grob missachtet. Dadurch, dass er sich selbst treu blieb, riskierte er, offenbar ganz bewusst, die Verurteilung. Dass vielen von uns Heutigen das Todesurteil gegen den (in Platons Dialogen) so sympathischen Fragensteller Anlass zu Tadel gibt, liegt daran, dass wir oft falsche Maßstäbe an die Demokratie der Athener anlegen.

Demokratie und Freiheit

In der heutigen Wahrnehmung herrscht ein weitgehend unter dem Eindruck des Zweiten Weltkriegs entstandenes idealisiertes Bild der athenischen Demokratie vor. Wiewohl auch viele Fachgelehrte dieses Bild teilen, wurde es doch stark von populärwissenschaftlichen Darstellungen und fachfremden, also nicht vorwiegend altertumswissenschaftlichen Forschungen geprägt. Von diesen ist an erster Stelle das bedeutende Werk von Karl R. Popper *Die offene Gesellschaft und ihre Feinde* (zuerst 1946, dann zahlreiche Auflagen) zu nennen. Aber auch die zahlreichen Publikationen, die anlässlich der besonders in den USA intensiv begangenen Feierlichkeiten zum 2.500. Geburtstag der Demokratie um 1992/93 (gemeint sind die nur bedingt mit dem Begriff „Demokratie" in Verbindung zu bringenden Reformen des Kleisthenes) erschienen sind, betrachten vor allem die Gemeinsamkeiten von antiker und moderner Demokratie. Dabei haben auch renommierte Fachwissenschaftler wie etwa Mogens Hansen die Prinzipien der athenischen Demokratie direkt mit denen der liberalen Demokratien der Gegenwart verglichen und gerade bezüglich unserer modernen Freiheitsvorstellungen Parallelen bei den Athenern entdecken wollen. Das ist natürlich nur bedingt statthaft (etwa zur universitären oder akademischen Drittmitteleinwerbung) und nur sehr bedingt richtig. Ohne zu tief in die Diskussion einzusteigen, möchte ich doch einige einfache Sachverhalte anführen. Die enormen Leistungen der hoch motivierten und betriebsamen athenischen Bürgerschaft wird niemand in Frage stellen wollen und ihre Debattenkultur und das Prinzip der unbedingten Transparenz politischer Entscheidungen beeindrucken uns zweifellos bis heute. Man muss die Hochkultur der Griechen auch nicht – wie es im neueren Jargon heißt – „anthropologisieren", also Parallelen zu tribalen Gesellschaften ausfindig machen, um die Andersartigkeit der griechischen Kultur und der in ihr entstandenen Staatsform „Demokratie" zu erkennen.

Unter Freiheit etwa, um nur diesen zentralen Begriff etwas näher zu betrachten, verstanden die Griechen trotz aller moderner Vergleiche etwas fundamental anderes als wir heutigen (zumindest sofern von der „westlichen Welt" die Rede ist). Wenn eine griechische Stadt ihre Freiheit verteidigt, so verteidigt sie diese gegen Fremdherrschaft, es ist also zunächst die Freiheit, sich selbst zu organisieren (was durchaus unter oligarchischen Verfassungen geschehen kann). Freiheit in einem eher demokratisch verstanden Sinne gilt in Athen nur für Bürger der Stadt, das sind im 5. Jahrhundert vielleicht 35.000 (später weniger) männliche Bürger von über 200.000 Menschen, die Athen bevölkerten. Nur für diese etwa 15 Prozent der Bevölkerung galt das Folterverbot oder das Prinzip, dass niemand ohne Prozess zu Tode gebracht werden durfte (außer Dieben und Räubern, die auf frischer

Tat ertappt wurden); Regelungen, die im Übrigen als Maßnahmen gegen tyrannische Willkür zu verstehen sind. Frauen (von ihnen wird im Kapitel über die griechische Gesellschaft die Rede sein) hatten zwar als Angehörige, als Töchter oder Ehefrauen von Männern gewisse Persönlichkeitsrechte, traten aber nicht politisch oder gesellschaftlich in Erscheinung. Ehrbare Geschäftsleute, die seit Jahren in Athen lebten, standen nur bedingt unter Rechtsschutz. Die Freiheit der Athener ist die Freiheit des Bürgers und nicht die des Menschen (vom erbärmlichen Los der Sklaven in den Bergwerken von Laureion und der Sklavinnen in den billigen Bordellen im Piräus muss gar nicht die Rede sein). Die Freiheit der Athener ist zunächst die Freiheit, politisch zu handeln, zu reden und zu beschließen, nicht aber die Freiheit von staatlicher Gewalt oder staatlicher Einmischung in – aus heutiger Sicht – „private" Angelegenheiten. Wenn die Redner beklagen, dass jemand ungestraft in die Privatwohnung eines Mitbürgers eindringen konnte, um diesen zu ergreifen, oder dass ein Politiker die gefürchteten „Elfmänner" (die Exekutivbeamten der Athener) dazu instrumentalisierte, diejenigen Bürger in ihren Häusern zu verhaften, die Steuerschulden beim Staat hatten, dann sind das Tatbestände, die die Kritik der Redner gerade deshalb herausforderten, weil sie ohne Folgen für die so Handelnden zum Schaden ihrer Klienten geschehen konnten. Der negative Freiheitsbegriff moderner, liberaler Demokratien, also die „Freiheit von etwas" ist eine gute, aber moderne Erfindung.

Auch die berühmte Redefreiheit hatte ihre Grenzen, wie unter anderem der Fall des Sokrates belegt. Politisch war weitgehend alles erlaubt. Wenn aber die Religion ins Spiel kam, hing viel von den Umständen und Stimmungen ab. Die Prozesse gegen religionskritische Philosophen zu Beginn des Peloponnesischen Krieges sind dafür ein Beispiel, wie auch die streng geahndete parodistische Nachahmung religiöser Handlungen im privaten Umkreis des Alkibiades. Redefreiheit heißt nicht Meinungsfreiheit. Daneben könnten noch eine ganze Reihe struktureller Unterschiede angeführt werden, die die direkte antike Demokratie in griechischen Zwergstaaten von unseren Vorstellungen unterscheidet. Einige davon, wie die außergewöhnliche Rolle der Gerichte, der fehlende Gedanke jeder Form von Repräsentativität (völlig machtlose Amtsträger, hoher Mobilisierungsgrad), wurden schon ausführlich beschrieben. Modernen Betrachtern müsste auch auffallen, dass die Demokratie des 5. Jahrhundert von Politikern aus dem Geburtsadel dominiert wurde und diejenigen, die als politische Gestalter und richtungsweisende Redner zu betrachten sind, auch in späterer Zeit, wenn sie nicht aus alten Familien stammten, dann doch immer sehr vermögende Männer waren. Der gemeine Mann stimmte ab, meldete sich gegebenenfalls zu Wort, übte seine Macht als Geschworener aus. Die politischen Gestaltungsräume aber wurden exklusiv von einer zunächst ständisch und zunehmend ökonomisch herausragenden Elite besetzt.

Bezieht man diese einschränkenden Details in sein Urteil über eine der interessantesten vormodernen Gesellschaften und ihre Verfassung mit ein, so verlieren doch die wunderbaren Worte des Perikles in der berühmten *Gefallenenrede* zu Ehren der im ersten Kriegsjahr im Felde gebliebenen Athener keineswegs etwas von ihrer stolzen Strahlkraft. Dort preist der Staatsmann die athenische Bürgerdemokratie mit folgenden Worten als Idealbild: „Die Verfassung, nach der wir leben, vergleicht sich mit keiner fremden; viel eher sind wir für sonst jemand ein Vorbild als Nachahmer anderer. Mit Namen heißt sie, weil der Staat nicht auf wenige Bürger, sondern auf eine größere Zahl gestellt ist, Volksherrschaft. Nach dem Gesetz haben in den Streitigkeiten der Bürger alle ihr gleiches Teil, der Geltung nach aber hat im öffentlichen Wesen den Vorzug, wer sich irgendwie Ansehen erworben hat, nicht nach irgendeiner Zugehörigkeit, sondern nach seinem Verdienst; und ebenso wird keiner aus Armut, wenn er für die Stadt etwas leisten könnte, durch die Unscheinbarkeit seines Namens verhindert. Sondern frei leben wir miteinander im Staat und im gegenseitigen Verdächtigen des alltäglichen Treibens, ohne dem lieben

Nachbar zu grollen, wenn er einmal seiner Laune lebt, und ohne jenes Ärgernis zu nehmen, das zwar keine Strafe, aber doch kränkend anzusehen ist. Bei so viel Nachsicht im Umgang von Mensch zu Mensch erlauben wir uns doch im Staat, schon aus Furcht, keine Rechtsverletzung, im Gehorsam gegen die jährlichen Beamten und gegen die Gesetze, vornehmlich die, welche zu Nutz und Frommen der Verfolgten bestehen, und gegen die ungeschriebnen, die nach allgemeinem Urteil Schande bringen." (Thuk. 2, 37).

Kultur und Gesellschaft

8. Literatur, Philosophie, Kunst und Architektur

Schriftlichkeit und Mündlichkeit

Eines der für das Abendland sicher bedeutendsten Ereignisse war die Schriftrevolution im 9. Jahrhundert, als die Griechen das phönizische Alphabet zu einer einfach zu erlernenden und einfach zu gebrauchenden Lautschrift umgewandelt hatten. Diese neue Schriftform sowie das Bedürfnis, sie auch ausgiebig in unterschiedlichen Kontexten zu verwenden, haben die Griechen erst eigentlich zu den Begründern der abendländischen Kultur gemacht. Denn ihrer Literatur (von Drama bis Philosophie), die über die römische und dann die humanistische Tradition ihren Weg ins moderne Europa gefunden hat, sowie deren lange gültigen Modellfunktion verdanken wir große Teile unserer Denkgewohnheiten. Dabei war der Weg der Griechen zur Schriftkultur keineswegs ein Selbstläufer und Schriftkenntnis allein ist nur die Voraussetzung zur Entwicklung einer Schriftkultur (die Inka oder die Kelten etwa kannten Formen von Schrift, machten jedoch nur geringen, an spezielle Kontexte gebundenen Gebrauch davon). Dass sich in Griechenland und zunächst und vorbildhaft in Athen eine Schriftkultur entwickeln konnte, hängt nicht in erster Linie mit der Ausbildung einer Literaturtradition oder der Notwendigkeit religiöser Kommunikation zusammen, wie man aus heutiger Sicht wohl zunächst vermuten könnte, sondern mit der Herausbildung des demokratischen Staatswesens und seiner Gesetzgebung und Rechtsprechung.

Sicher ist die Ausprägung der griechischen Literatur viel früher anzusetzen. Von den Homerischen Epen, von Hesiod und von den religiösen Texten zuzuordnenden „Homerischen Hymnen" war ja bereits die Rede (Kap. 2), sie gehören schon ins 7. Jahrhundert (die *Ilias* vielleicht früher). Jedoch war Literatur aller Gattungen (auch die viel später entstehende Prosa) zum Vortrag vor Publikum bestimmt und kombinierte somit Elemente von Schriftlichkeit (bei Produktion, als Gedächtnisstütze, zur dauerhaften Überlieferung etc.) mit denen der durch die Rezeptionssituation gegebenen Mündlichkeit. Bis heute sind sich die Philologen auch nicht einig, wann die Homerischen Epen ihre endgültige schriftliche Form erlangt haben; möglicherweise erst im dritten Jahrhundert in Alexandria. Die Verbreitung und der Bedeutungszuwachs der Schriftlichkeit im 5. und besonders im 4. Jahrhundert (auch hier ist das 4. Jahrhundert das eigentlich „klassische"), wurde oft mit dem Begriff einer Medienrevolution in Verbindung gebracht. Über das genaue Ausmaß dieser Revolution und ihre Bewertung wird gestritten, in jüngerer Zeit wird die ungebrochene Bedeutung mündlicher Tradition betont und regional differenziert, denn in Sparta etwa hatte das Schriftwesen keinen vergleichbaren Stellenwert wie in Athen. Dennoch ist der Wandel hin zur Schriftkultur, der im 5. Jahrhundert deutlich zu beobachten ist, ein Phänomen von europäischer Tragweite.

Entscheidenden Anteil an der Durchsetzung der Schriftkultur in Athen, der „Schule von Hellas", hatten jedoch seit der Mitte des 5. Jahrhunderts die demokratischen Institutionen. Gesetze, Beschlüsse, Staatsverträge wurden nicht nur vom Volk mündlich diskutiert und verabschiedet, sondern in Form von Inschriften monumentalisiert und darüber hinaus in zunehmendem Maße auch separat archiviert. Die wachsende Bedeutung der Gesetze bei gleichzeitiger Zunahme der Aktivitäten der Gerichtshöfe im 4. Jahrhundert, die manche Gelehrte von einer „Herrschaft des Rechts" zu Zeiten des Demosthenes haben sprechen lassen, verlangte nach dem Prinzip der Schriftlichkeit, bzw. setzte dieses gar voraus.

Aus diesem Sachverhalt und einigen wenigen Hinweisen aus den Quellen lässt sich erschließen, dass der Grad der Schriftkenntnis innerhalb der Bürgerschaft Athens verglichen etwa mit dem westeuropäischen Mittelalter recht hoch gewesen sein muss. Mehr als sehr vage Aussagen lassen sich aufgrund der wenigen Quellenzeugnisse aber kaum machen, und besonders über die Kenntnisse des Lesens und Schreibens der Mittel- oder Unterschichten lässt sich nur spekulieren. Jedoch gibt es eine Reihe von Indizien für die allgemeine Verbreitung der Schriftkenntnis. Auf vielen Vasen finden sich schon im 6. Jahrhundert die Namen der Vasenmaler oder Namensangaben zu den dargestellten Figuren, die zaghafte Entstehung einer „Buchkultur" (auf Papyrusrollen) kann aus Bemerkungen über Buchhändler aus einer Komödie des Aristophanes und einem Hinweis über preisgünstige Bücher in der Verteidigungsrede des Sokrates (aus der Feder Platons) erschlossen werden. „Bücher" waren dabei eigentlich Schriftrollen, die aus mehreren (meist etwa 20) aneinander geklebten Papyrusbögen hergestellt wurden (das Material war eine ägyptische Schilffaser, die gepresst wurde). Die vom Scherbengericht auf uns gekommenen beschrifteten Tonscherben können auch als Indiz für die Verbreitung von rudimentären Schreibkenntnissen gewertet werden, wenngleich die Anekdote über Aristeides und die auf Vorrat produzierten Ostraka zur Vorsicht gemahnen (siehe Kap. 6). Darüber hinaus gab es in Athen ein privates, teilweise staatlich beaufsichtigtes Elementarschulwesen, von dem wir aber leider kaum mehr wissen, als dass es existierte. In den eigentlich für den Ringersport vorgesehenen Palästren wurde seit dem 5. Jahrhundert auch Schulbildung erteilt. Daneben waren Hauslehrer bei wohlhabenden Familien tätig. Für die Reichen bestand auch die Möglichkeit bei „Sophisten" besonders im Bereich der Rhetorik eine höhere Bildung zu absolvieren. Leider lässt sich anhand der wenigen Quellenzeugnisse die Verbreitung von Lese- und Schriftkompetenzen nicht quantifizieren. Darüber hinaus ist mit großen Abstufungen zu rechnen, denn Lesen und Schreiben ist bekanntlich nicht das Gleiche. Mühsam eine meist nach einem typischen „Formular" abgefasste Inschrift entziffern zu können, gehört zu einer anderen Kategorie von Lesefertigkeit, als das flüssige Lesen von anspruchsvoller Dichtung oder Geschichtsschreibung.

Wie weit nun wenigstens rudimentäre Fähigkeiten des Lesens und Schreibens unter den Athenern und generell unter den Griechen verbreitet waren, bleibt also Gegenstand von Spekulation. Während in Sparta, wo es das am besten strukturierte Schulsystem Griechenlands gab, die Schriftkenntnis im Bereich von Rechtswesen und Politik eher unbedeutend war, setzte die Demokratie in Athen spätestens im 4. Jahrhundert Schriftlichkeit gewissermaßen voraus. Jedenfalls war Schriftkompetenz aufgrund des verglichen mit anderen Schriftarten einfachen griechischen Alphabets so weit verbreitet, dass es in der griechischen Welt nicht zur Ausbildung einer einflussreichen Schreiberkaste kam, wie etwa im Alten Ägypten. Diese starke Tendenz zunehmender Schriftlichkeit, die im 4. Jahrhundert im Bereich des Gerichtswesens aber auch in der Philosophie Platons und Aristoteles', die nur schriftlich – im Wortsinne – denkbar ist, verdrängte die Mündlichkeit keineswegs aus allen Bereichen, auch nicht aus solchen, die wir heute besonders mit Schriftlichkeit verbinden. Die Bedeutung mündlicher Kommunikation und Überlieferung wird erst in der letzten Zeit von den Altertumswissenschaften näher beleuchtet, die traditionellerweise und völlig zu Recht die antiken Texte in ihrer schriftlichen Fixierung als Ausgangspunkt haben. Dabei ist es gerade der Bereich der Literatur, der in der klassischen Zeit in erster Linie mündlicher Präsentation vorbehalten war. Nicht nur Lyrik, Epik und Dramatik, auch die erst zum Ende des 5. Jahrhunderts in Form der Geschichtserzählung sich durchsetzende Prosa war Vortragsliteratur. Für das antike Griechenland ergibt sich so der erstaunliche Befund, dass intensiver und differenzierter Schriftgebrauch in bestimmten Bereichen einer Dominanz der Mündlichkeit in anderen Bereichen gegenübersteht.

Literatur: Drama und Geschichtsschreibung

Griechische Literatur ist zunächst einmal immer an einen Aufführungskontext gebundene Gebrauchsliteratur. Die Heldenepen (siehe Kap. 2) wurden wohl zunächst an den Adelshöfen, später in Vortragswettbewerben vor der Bürgerschaft (Peisistratos soll in Athen einen solchen Wettbewerb eingeführt haben) rezitiert, die zur Lyra gesungenen Lieder des Alkman, des Terpander oder des Archilochos (siehe Kap. 4) hatten das Symposion als Aufführungsort, Chorlyrik und Dramen wurden bei den großen religiösen Festen Athens vor vielen Tausend Zuschauern aufgeführt und Herodot präsentierte seine *Historien* in öffentlichen Lesungen. Die Philosophen lehrten durch Vortrag und Gespräch, Platon und Aristoteles hatten dafür sogar ihre Schulen an bestimmten Orten der Stadt.

Zunächst galt den Griechen nur gebundene Rede als geeignete Ausdrucksform. Solons Reflexionen über den Staat haben deshalb Gedichtform. Der Hexameter der Epen und die Versmaße der Lyrik waren zunächst die einzig gültige Form des musischen – wie überhaupt des schriftlichen oder generell veröffentlichten Ausdrucks. Dahinter mögen lange dominante magische Vorstellungen über die beschwörende Kraft von Gesang und gebundener Sprache stehen. Die europäische Literaturtradition ist in entscheidendem Maße von der lange verbindlichen antiken Literatur und ihren bereits durch die Griechen entwickelten Gattungen geprägt worden (bis heute gilt die klassische Dreiteilung in Epik, Lyrik und Dramatik). Nachdem schon in vorherigen Kapiteln kurz von den Homerischen Epen und einigen Aspekten der Lyrik die Rede war, möchte ich hier besonders auf zwei Formen der griechischen Literatur eingehen, die zu ihren eigenständigsten und einflussreichsten Schöpfungen gehören: das Drama und die Geschichtsschreibung.

Drama

Die dramatische Kunst der Griechen, Tragödie und Komödie, hat sich – der Leser ist es ja mittlerweile gewöhnt – in Athen entwickelt. Am Ursprung dieser literarischen Gattungen, die die europäische Geistesgeschichte in entscheidendem Maße geprägt haben, standen dem Gott Dionysos geweihte Kultfeste. Der Ursprung und vor allem der Aufführungskontext des griechischen Theaters ist also mit dem Bereich der Religion eng verbunden. Die erste Tragödie, die von einem gewissen Thespis verfasst worden war, soll nach der Überlieferung im Jahre 534 zur Aufführung gekommen sein. Der Tyrann Peisistratos hatte eines der Kultfeste für den Gott Dionysos zu einem großen und prunkvollen Ereignis für die Stadt Athen gemacht, in dessen Mittelpunkt künstlerische Wettkämpfe standen. Das Fest war seit dieser Zeit als „die Großen Dionysien" bekannt. Dithyrambenchöre traten gegeneinander an und trugen Hymnen auf den Gott Dionysos vor. Die kultischen Ursprünge der Tragödie (das Wort bedeutet „Bocksgesang") liegen weitgehend im Dunkeln. Man vermutet Prozessionen und Umzüge von Mimen in Bocksfellen, die in engem Zusammenhang mit dem Fruchtbarkeitskult des Gottes Dionysos standen. Aber über grobe Vermutungen wird man nicht hinausgelangen. Erst für das 6. Jahrhundert haben wir verlässlichere Informationen. Thespis revolutionierte 534 nun diesen kultischen Chorwettbewerb, indem er dem Chor einen Schauspieler gegenüberstellte und so das Prinzip des theatralischen Dialogs erfand. Bald entwickelte sich aus diesen Wechselgesängen eine Struktur, die Handlung und Dialogführung ermöglichte, und die die große Blütezeit der attischen Tragödie eröffnete (etwa 490-400). Diese Entwicklung verband sich auch mit weiteren Neuerungen, etwa der Einführung eines zweiten und dann eines dritten Schauspielers bei gleichzeitiger Reduzierung der Chorpartien. Zunehmend entwickelte sich die Tragödie weg von ihren kultischen Ursprüngen hin zu einer Kunstform *sui generis*, die zunächst Athen und dann die ganze Welt eroberte.

Waren die Stücke zunächst zur einmaligen Aufführung beim Kultfest des Dionysos vorgesehen, wurden sie im 4. Jahrhundert zu „Klassikern", die in ganz Hellas zur Aufführung kamen. Wandertruppen nahmen sich dieser Stücke an und präsentierten sie in der ganzen griechischen Welt. Von dieser neuen dramatischen Kunstform ging eine große Faszination aus. Bereits während des Peloponnesischen Krieges wurden gefangene Athener auf Sizilien genötigt, Partien aus den Tragödien des Euripides vorzutragen und retteten so ihr Leben. Seit dem Hellenismus (also der Zeit von Alexander dem Großen bis zum Beginn der römischen Weltherrschaft) verbindet sich Urbanisierung in der griechisch-römischen Welt mit Theaterbauten und Archäologen können unbekannte Siedlungen v.a. nach diesem wichtigen Kriterium klassifizieren.

Die attische Tragödie knüpft sich an drei klangvolle Namen: Aischylos, Sophokles und Eurpides, „die Großen Drei". Nur von diesen Dreien sind uns komplette Stücke überliefert, 32 an der Zahl. Von rund 150 Tragödiendichtern kennen wir nur die Namen, und eine Reihe von Fragmenten aus ihren Werken sind bei anderen antiken Schriftstellern als Zitate überliefert. Allein „die Großen Drei" müssen zusammen rund 300 Stücke verfasst haben, und vielleicht hat der Selektionsprozess über Jahrhunderte dafür gesorgt, dass gerade diese 32 Stücke überliefert wurden, vielleicht spielte auch der Zufall eine wichtige Rolle. Unstreitig ist, dass alle überlieferten Stücke als Literatur von Weltrang gelten müssen. Obwohl diese Kunstform sich zunehmend (v.a. im 4. Jahrhundert) von ihren religiös-kultischen Ursprüngen emanzipierte, war ihr Ort in Athen immer und zuerst das große Kultfest für Dionysos, die Dionysien mit ihrem Wettkampfcharakter.

Wie hat man sich nun die Prozedur vorzustellen, die mit dem alljährlichen Tragödienwettkampf in Athen, dem „Tragödienagon", verbunden war? Als Beispiel soll uns der mittlere „der Großen Drei", Sophokles (497-405), dienen. Im Jahr 442 begab er sich zum Archon, dem Oberbeamten, der auch für die Organisation des Tragödienagons zuständig war und reichte vier Stücke ein (eine „Tetralogie"). Dabei handelte es sich um drei Tragödien (unter anderem die *Antigone*, wohl die berühmteste antike Tragödie) und ein Satyrspiel, das den heiteren Abschluss der Tetralogie bildete. Satyrspiele (nur eines aus der Feder des Euripides ist uns komplett überliefert) präsentierten unproblematische mythologisch-märchenhafte Stoffe, wobei der typische Satyrchor die Hauptrolle spielte. Die mythologischen Mischwesen mit Pferdeohren, Glatze und unablässig erigiertem Phallos kommentierten das Geschehen aus der Warte der weinseligen und faulen Tunichtgute, was dem Geschehen einen amüsanten Charakter verlieh. Sophokles war 442 bereits ein berühmter Dichter, er hatte im Jahr 468 erstmals den Sieg im Wettkampf davongetragen. Er diente der demokratischen Stadt zu dieser Zeit auch als Schatzmeister, als hoher Finanzbeamter. Dennoch hatte er offenbar Zeit gefunden, diese vier Stücke zu verfassen. Nach dem Einreichen der Stücke oder ihrer Skizzen – neben Sophokles reichten sicher auch viele andere Dichterbürger ihre Stücke ein – wurden drei Autoren für die großen Dionysien vom Archon ausgewählt. Offenbar war das Auswahlverfahren über jeden Zweifel erhaben, was sich aus der Tatsache ergibt, dass wir nie etwas über Theaterskandale hören, zumal sich die Archonten auch einem am Ende ihrer Amtszeit anberaumten, rigiden Rechenschaftsverfahren stellen mussten. 442 bekam Sophokles für seine Tetralogie einen Chor zur Verfügung gestellt. Das bedeutete erst einmal die offizielle Zulassung zu den Dionysien, aber auch die Zuweisung eines finanzkräftigen Choregen, der für die Kostüme und die Proben der drei Schauspieler sowie der 15 Choreuten aufkam. Die Schauspieler interpretierten dabei oft mehr als nur eine Rolle, was leicht möglich war, weil immer typisierende Masken verwendet wurden. Weibliche Rollen wurden im Übrigen stets von männlichen Schauspielern in den *dramatis personae* entsprechenden Kostümen und Masken übernommen. Bei der Inszenierung konnten die Stückeschreiber und die Choregen bereits im 5. Jahrhundert auf die umfangreichen Bühnenaufbauten des Dionysostheaters am Fuß der Akropolis zurückgreifen. Eine Schiebeplattform auf Rollen („Ekkýklema") ermöglichte es, bestimmte Handlungen, besonders Tötungsakte, vor den Zuschauern verborgen in das Bühnenhaus zu verlegen und nur das Ergebnis auf der herausziehbaren Plattform zu präsentieren. Am bekanntesten, weil noch heute sprichwörtlich verwendet, ist sicherlich der Bühnenkran, mit dem häufig am Ende eines Stückes ein Schauspieler, der eine Gottheit verkörperte, in einem Korb auf die Bühne herab gelassen wurde. Dieser Flugauftritt ist noch heute in der lateinischen Übersetzung als Auftritt des *deus ex machina* bekannt (Maschinengott).

Nachdem viele Wochen auf die Proben verwandt worden waren, folgte Ende des Monats März die Aufführung der Stücke bei den Dionysien. Jeder der drei ausgewählten Autoren bekam einen ganzen Tag zugewiesen, so dass drei der fünf für die Dionysien vorgesehenen Tage vom Tragödienagon bestimmt waren. Die Stücke waren nie länger als zwei Stunden, so dass ein Tag von morgens bis abends für jede der drei Tetralogien ausreichte. Der Sieger wurde von einer in einem kombinierten Wahl-Losverfahren bestimmten Jury am letzten Tag gekürt, und nur der erste erhielt einen Preis und die Ehre. Dabei wurde neben dem Autor der siegreichen Tetralogie auch der Chorege geehrt. 442 gelang es Sophokles die Jury zu überzeugen, er errang mit seiner Tetralogie, in deren Mittelpunkt die *Antigone* stand, den ersten Platz.

Was den Inhalt der Tragödien angeht, die nach 2.500 Jahren auch heute noch auf den Spielplänen der Theater dieser Welt zu finden sind, so gibt es bei allen Unterschieden im Einzelnen gewisse Gemeinsamkeiten, die als charakteristisch für die griechische Tragödie gelten können. Von zwei bekannten Ausnahmen abgesehen handeln alle Stücke in der fernen Vergangenheit (von den Persern des Aischylos war schon die Rede, die andere „historische" Tragödie, *Der Fall von Milet* des Phrynichos, ist nicht erhalten). Der Stoff, den die Autoren bearbeiteten, war der griechische Mythos. Dabei wurden die überlieferten Handlungsstränge der Sagenwelt, die für die

Griechen übrigens historische Gültigkeit hatte und sich in der Wahrnehmung der Zeitgenossen prinzipiell und qualitativ nicht wesentlich von den Ergebnissen der Geschichtsschreibung eines Herodot oder Thukydides unterschied, interpretiert und adaptiert. Die Sagenkreise um Ödipus, Herakles und Agamemnon wurden zu großen Schicksalsnarrativen montiert, die anhand der legendären Heldengestalten beispielhaft menschliches Leiden und menschliches Handeln präsentierten. Aus diesem Repertoire schöpften die Autoren, gleichzeitig bildeten die bekannten Sagen gleichsam den Rahmen, in dem sich die Kreativität der Dramatiker entfalten konnte. Überhaupt sind viele Tragödien aus heutiger Sicht kunstvolle Formulierungen ganz grundsätzlicher Fragen. Oft brachten die Autoren unausweichliche Konflikte zur Darstellung, für die es keine einfache Lösung gab. Dabei musste die Tragödie nicht zwangsläufig „tragisch" enden. Denn nicht selten machte der Dichter von der Möglichkeit Gebrauch, über den Bühnenkran die bereits erwähnte Gottheit „einfliegen" zu lassen, die dann als Autorität Frieden stiftet und den Konflikt löst.

Ein geradezu idealtypischer „tragischer Konflikt" wird in der *Antigone* des Sophokles dargestellt. Bereits Hegel, der eine sehr einflussreiche Interpretation im 19. Jahrhundert formulierte, erkannte, dass die griechische Tragödie allgemein und *Antigone* im Besonderen nicht einen Konflikt „zwischen Gut und Böse" zum Inhalt hat, sondern zwei gleichwertige Prinzipien (rechtlich, religiös oder moralisch fundiert) gegeneinander positioniert und aufeinanderprallen lässt. In der *Antigone* geht es darum, dass der neue Herrscher der Stadt Theben, Kreon, seinem Neffen Polyneikes, der als Hochverräter im Kampf gegen die eigene Polis den Tod fand, das Begräbnis verweigerte, wie es das Gesetz der Polis vorsah. Dem stellt sich die Schwester des Polyneikes, Antigone, entgegen. Sie argumentiert für die Einhaltung des Sittengesetzes, das zugleich religiöses Gebot war und die ordentliche rituelle Bestattung vorsah, ohne die die Seele des Verstorbenen keine Ruhe finden kann. Trotz Strafandrohung handelt sie pietätvoll und bedeckt die Leiche des Bruders mit Erde. Nun muss Kreon sie verurteilen, wenn er die Gesetze der Stadt und seine eigenen Anordnungen respektieren will. In der Tragödie des Sophokles löst keine Gottheit durch einen Schiedsspruch die vertrackte Situation auf, sondern die Handelnden haben ihr Schicksal zu tragen. Antigone, die mit dem Sohn Kreons, Haimon, verlobt ist, muss als Gesetzesbrecherin auf Anweisung des ihr eigentlich sehr zugetanen Kreon sterben und der Herrscher verflucht sein Schicksal, das ihn zum Tyrannen werden ließ und ihm diejenigen Menschen raubte, die ihm am nächsten standen. Denn auf die Nachricht vom Tode Antigones nahm sich auch sein Sohn Haimon das Leben, darauf, gleich einer Kettenreaktion, schied auch die Mutter des Jungen und Ehefrau Kreons, Eurydike, freiwillig aus dem Leben.

Sophokles positioniert geschickt die ewigen Gesetze von Religion und Sitte gegen die Gesetze des Staates und bringt so ein Grundproblem des jungen demokratischen Gemeinwesens in die Diskussion: Wo hört die Staatsräson und die Macht der menschlichen Gesetze auf?

Für das Publikum waren die großen Dionysien ein besonderes Ereignis. Bis zu 14.000 Zuschauer versammelten sich im Dionysostheater, darunter auch „Touristen" aus anderen Städten, die dem Großereignis beiwohnen wollten, wie auch die Vertreter der Seebundstaaten, die bei dieser Gelegenheit vor aller Welt ihren Tribut entrichten mussten. Die Theateragone betrafen die Athener in ganz umfassender Weise. Die Bürger waren dabei ein verglichen mit heutigen Umständen ganz besonderes Publikum, denn beinahe jeder verfügte über praktische Erfahrungen im musischen Bereich. Bedenkt man, dass zur Ausrichtung der verschiedenen Agone (zu Komödienagonen und anderen Kultfesten gleich mehr) allein bei den Dionysien jährlich rund 1.200 Bürger und Knaben als Mitwirkende benötigt wurden, wird deutlich, dass die meisten Athener mit der Welt der Musik und des Theaters, die in Athen die gewöhnliche Welt des Bürgers war, in direkten Kontakt gekommen waren. Da auch in der Schule Lesen und Schreiben anhand von Texten in gebundener Sprache, vor allem mittels der Homerischen Epen erlernt wurde, war das athenische Publikum bestens für die sprachlich anspruchsvollen und heute selbst in deutscher Übersetzung nicht immer ganz einfach zugänglichen Tragödien gerüstet. Auch darf man angesichts dieses Hintergrunds bei vielen Athenern, die vielleicht schon mehrfach als Choreuten bei Aufführungen mitgewirkt hatten, ein kunstkritisches Verständnis voraussetzen, das die Autoren zu Höchstleistungen herausfordern musste. Die wenigen Zeugnisse, die wir über Publikumsreaktionen haben, deuten auf ein begeistertes und ausdauerndes Massenpublikum hin, das regelmäßig auch aufgrund des religiösen Kontexts der Dionysien als Festgemeinschaft zu einem integralen Teil der Veranstaltung wurde. Anlässlich der Dionysien feierte sich die Stadt Athen prunkvoll selbst.

Die Tatsache, dass sich hier mehr Publikum als bei den Volksversammlungen feierlich zu den Festspielen zu Ehren des Dionysos versammelte und am letzten Tag die Theaterversammlung zur Siegerehrung in eine Volksversammlungssitzung verwandelt wurde, hat zusammen mit inhaltlichen Argumenten in der Forschung die Tendenz verstärkt, nach langer Dominanz rein philologischer Untersuchungen die griechische Tragödie unter soziologischen und politischen Aspekten, ja gar als demokratische Institution zu betrachten. Die Dionysien und die übrigen Kultfeste sind natürlich gemeinschaftliche Feste der Polis Athen, bei denen sich auch ein Gemeinschaftsgeist manifestierte. Ausrichter und finanzieller Träger der Tragödienagone war ja die demokratische Stadt Athen. In der Tat fällt die Blütezeit der Tragödie zusammen mit der Ausgestaltung der attischen Demokratie, diesem großen bürgerlichen Selbstversuch und Selbstfindungsversuch.

Dass die Bürger, von denen viele kaum über die Stadtgrenzen hinausgelangt waren und die nun ständig über Angelegenheiten auf Leben und Tod an fernen Gestaden zu entscheiden hatten, die weiter den Seebund und die ständig wachsende Staatskasse zu verwalten hatten, zudem Bauaufträge erteilten und Außenpolitik gestalteten, mitunter nach politischer Orientierung suchten, liegt durchaus nahe. So erlangte die attische Tragödie nicht nur eine religiöse und ästhetische, sondern auch eine gewisse politische Bedeutung. Die Tragödien gaben gewissermaßen „Anschauungsunterricht, wie grundsätzlich debattiert, entschieden oder gar manipuliert und getäuscht werden konnte" (M. Hose). Ausgerechnet eine Komödie des Aristophanes liefert das Hauptargument für eine politisch-didaktische Deutung der Tragödienkunst. Aristophanes lässt den Dichter Euripides auf die Frage, weswegen ein Tragödiendichter bewundert werden sollen, folgendes antworten: „Wegen seiner Tüchtigkeit und der Belehrung, und weil wir in den Städten die Menschen besser machen" (Aristophanes, *Die Frösche*, V. 1009f). Gerade bei den Stücken des Aischylos und besonders bei dessen *Orestie*, einer inhaltlich zusammenhängenden Trilogie über die sich ergebenden Konsequenzen von Rache und Muttermord (Orest tötet seine Mutter, die ihrerseits gemeinsam mit dem Liebhaber seinen Vater Agamemnon beseitigt hatte und verfällt so als Verfluchter den Rachegöttinnen), hat man deutliche politische Bezüge erkennen wollen. Im letzten Stück dieser Trilogie, den *Eumeniden*, wird der tragische Konflikt dadurch beendet, dass die Göttin Athena, die als *dea ex machina* zur Konfliktlösung eingeflogen worden ist, die Einsetzung des Areopags als Gerichtshof für Tötungsdelikte befiehlt, also genau diejenigen Attribute des Areopags betont, die dieser Institution nach der Reform des Ephialtes noch geblieben waren. Aischylos liefert in der Sicht einiger modernen Interpreten also einen Kommentar zur politischen „Lage der Nation", ja er erklärt dem Volk die politischen Neuerungen und lässt die neue, radikale Demokratie feierlich von der Göttin einsetzen. Der lange blutige Weg von Sippenfehde und Blutrache zur Einsetzung eines Bürgergerichts erscheint als „mythisches Bild für den langsamen und schwierigen Prozess der Polisbildung, von der archaischen Adelsgesellschaft zur Demokratie" (B. Seidensticker).

All diese Beobachtungen haben in der letzten Zeit in der Forschung zu recht grundsätzlichen Fragen geführt, wie die griechische Tragödie denn zu verstehen und zu bewerten sei. Dass die Tragödien politische Anspielungen enthielten (auch wenn es schwer ist, diese heute mit unserer geringen Kenntnis des Kontexts zu dechiffrieren), sogar politische Entwicklungen kommentierten, ist evident. War aber der Hauptzweck der Tragödien politischer Natur? Ging es Aischylos, Sophokles und Euripides darum, die Bürger der Stadt zu erziehen und die Tragödien als Lehrstücke bürgerlichen Verhaltens zu etablieren? Bei der Lektüre der neuesten Kommentare zur Bedeutung der Tragödien kann man in der Tat den Eindruck gewinnen, Aischylos, Sophokles und Euripides hätten Abhandlungen geschrieben und keine Theaterstücke.

Eine Tragödie ist zunächst einmal eine Tragödie. Fundamentale Konflikte werden anhand mythologischer Stoffe exemplifiziert und berühren Grundfragen des menschlichen Daseins. Bereits Aristoteles, unser zuverlässigster Gewährsmann, der in seiner *Poetik* vor allem die attische Tragödie behandelt und analysiert, betont den ästhetischen Aspekt dieser Dichtungen, von politischen Aspekten hingegen weiß er nichts. Und nur so ist zu verstehen, dass uns die antiken Tragödien noch heute faszinieren und nach wie vor die Spielpläne der Theater füllen. Politische Lehrstücke wären bereits nach einer Generation der Vergessenheit anheim gefallen. Wenn Euripides' Phädra in unerlaubter Liebe zu ihrem Stiefsohn Hippolytos entbrennt, so fällt es schwer, dabei politische Hintergründe ausfindig zu machen. Auch der schreckliche Rachewahn der gequälten Mutter Medea, die ihre Kinder tötet, entzieht sich politischer Deutungen. Sicher enthalten viele Tragödien politische Anspielungen, vielleicht sogar Hinweise auf tagespolitische Ereignisse und Personen. Leider lassen sich diese mit unserem heutigen Wissen kaum noch rekonstruieren und oft bleiben nur vage Vermutungen. Somit kann der Hauptzweck der Tragödien kaum ein politisch-didaktischer gewesen sein. Die Bürgerschaft feierte sich selbst in dem grandiosen Spektakel der großen Dionysien, sie feierte aber zunächst ihr Menschsein und die Großartigkeit menschlicher Errungenschaften, zu denen auch und besonders die Kunstform der Tragödie gehört. Nur so findet das berühmte Chorlied der *Antigone* in dem der Mensch als Wesen, das alle Grenzen übertreten kann, ästhetisch bestimmt wird, seinen rechten Platz im Koordinatennetz von Kunst, Ästhetik und Politik: „Viel des Unheimlichen ist, doch nichts/ ist unheimlicher als der Mensch/ [...] Sprache der Gedanken/ luftigen Hauch, und zu gesetzlicher/ Siedlung sanftwilligen Geist/ bracht' er sich bei,/ und der Witterung Ungemach,/ der klaren Kälten und des Regens/ Pfeile zu meiden,/ der Nimmer-Verlegene: verlegen/ geht er an kein Künftiges – vorm Tod allein/ weiß er sich kein Entrinnen;/ aus Siechtums letzter Not doch/ sann er sich Wege./ Im erfindenden Geiste/ nimmer verhoffter Dinge Meister;/ geht er die Bahn, so des Guten/ wie des Bösen;/ hält er hoch Gesetz der Heimat/ und der Götter beschworene Rechte,/ Volkes Zier: Volkes Fluch,/ wem des Guten Widerspiel/ sich gesellt in Empörung;/ Sitze an meinem Herde nicht, noch sei sein Trachten dem meinen gemein,/ der solchen Beginnens." (Sophokles, *Antigone*, V. 332f; 352-375).

Der eigentliche Ort der politischen Auseinandersetzung auf der Bühne war die attische Komödie. Seit dem Jahr 486 wurde diese sehr eigenwillige (und wieder exklusiv athenische) dramatische Kunstform in den attischen Festkalender offiziell integriert. Der zweite Tag der Dionysien war von da an dem Komödienagon vorbehalten. Fünf Autoren konkurrierten mit jeweils einem Stück an diesem Tag um die Gunst der Juroren. Die Lenäen, ein weiteres Kultfest für Dionysos, bei dem Theateragone stattfanden, waren hauptsächlich den Komödien gewidmet, nur zwei Tragödien wurden aufgeführt, während fünf Komödien präsentiert wurden. Formal war die Komödie der Tragödie sehr ähnlich: Hier wie dort standen Schauspieler einem Chor gegenüber und die Wechselrede gab dem dramatischen Geschehen die Dynamik. Die Komödie gewann aber ganz im Gegensatz zur Tragödie ihre Stoffe aus den aktuellsten Erscheinungen des öffentlichen Lebens in Athen. Sie war dem politischen und gesellschaftlichen Tagesgeschehen gewidmet, das sie satirisch spiegelte. Wie die Tragödie hat auch die Komödie ihren Ursprung im kultischen Bereich. Sie entstand offenbar aus überschwänglichen und grotesken Umzügen und Prozessionen für den Fruchtbarkeitskult des Dionysos, bei denen maskierte Teilnehmer allerlei Schabernack trieben. Diese Ursprünge lassen sich noch in den typischen Masken und Kostümen den klassischen Zeit erkennen. Neben grotesken Gesichtsmasken trugen die Schauspieler einen erigierten Phallus an einem Riemen um den Bauch umgeschnallt.

Es sind nur elf Stücke der „Alten Komödie", also die Produktionen von der Mitte des 5. Jahrhunderts bis zum Beginn des 4. Jahrhunderts, erhalten geblieben, die allesamt aus der Feder des Dichters Aristophanes stammen. Von anderen bekannten Autoren der Zeit, etwa Kratinos, Eupolis und Hermippos, haben sich lediglich eine Reihe von Fragmenten erhalten. Von der „Jüngeren Komödie" ist erst 1958 ein komplett erhaltenes Stück aus der Feder des Menander (342–290), das auf einem ägyptischen Papyrus gefunden wurde, an die Öffentlichkeit gelangt. Inhaltlich waren die Stücke der „Alten Komödie" ganz im Gegensatz zu den braven Lustspielen des späten 4. Jahrhunderts von einer Kühnheit, ja Frechheit, die aus heutiger Sicht geradezu verblüffend ist. Personen des öffentlichen Lebens, Politiker und Intellektuelle wurden in einer Weise verspottet und beleidigt, die ihres Gleichen sucht. Am ehesten ist dieser Umgang mit stadtbekannten Persönlichkeiten dem politischen Kabarett unserer Zeit zu vergleichen, wobei jedoch die Schärfe der Attacken und vor allem die „Schläge unter die Gürtellinie" bei der attischen Komödie ein unvergleichliches Niveau erreichten. Vergleichbare Angriffe würden heutzutage als Verletzung der Persönlichkeitsrechte der Betroffenen gewertet und zweifellos gerichtlich verfolgt werden.

Das Lieblingsopfer des Aristophanes war der Politiker Kleon, der Lederfabrikant, der nach dem Tod des Perikles als Redner Einfluss gewann und dem Wort „Demagoge" seine heutige Bedeutung verlieh. Der Parvenu, der von den traditionellen höheren Kreisen der Stadt gemieden wurde, wurde zu Lebzeiten in fast jeder überlieferten Komödie lächerlich gemacht. Zum Beispiel wird er in dem Stück *Die Ritter* als großspuriger Demagoge bloßgestellt. Als niederträchtiger Sklave tritt Kleon auf, der seinen alten, tatterigen Herrn „Demos" manipuliert. Kein Wunder also, dass Kleon mehrfach versuchte, gegen Aristophanes vorzugehen. Aber sowohl eine Anklage wegen Beleidigung, als auch der Versuch, die Staatsbürgerschaft des Aristophanes aberkennen zu lassen, schlugen fehl. Dieser Sachverhalt lässt erkennen, welche Freiheiten sich die Komödiendichter herausnehmen konnten.

Aber auch der edle Perikles hatte unter dem Spott der Komödiendichter zu leiden. Eupolis etwa behauptete, dass seine intelligente aus Milet stämmige Frau Aspasia eine gewöhnliche Hure sei. Solche Verunglimpfungen waren also erlaubt. Ein ganz besonderes Lieblingsopfer des Aristophanes aber war der Dichter Euripides. Euripides war der innovativste und revolutionärste der drei großen Tragödiendichter. Das machte ihn angreifbar und Aristophanes ließ ihn und seine Dichtkunst zur Zielscheibe seines Spottes werden. So wurde er zwar nicht ganz so gehässig wie im Falle von Politikern – darunter etwa Kleon –, aber immer noch derb verunglimpfend in mehreren Komödien lächerlich gemacht. Nach seinem Tod 406 wurde er noch einmal von Aristophanes für die Bühne wiederbelebt: Er musste sich in der Unterwelt mit dem Übervater der Tragödie, dem Altmeister Aischylos messen, denn er forderte in der Komödie *Die Frösche* den Ehrenplatz, den Aischylos im Haus des Hades inne hatte, für sich selbst. Dieser Dichterwettstreit ist eine der amüsantesten und geistreichsten Partien der aristophanischen Komödienkunst, voll von literarischen Anspielungen und Parodien – und gerade deshalb sehr beliebt bei Altphilologen.

Aus Sicht des Historikers haben die Komödien des Aristophanes einen besonderen Reiz. Sie berichten vom Alltagsleben in Athen, von Marktweibern und Fischhändlern, von

Sklaven und ihren Herren, vom Essen und vom Trinken, von Schweinen aus Megara und Aalen aus Böotien, die auf dem Markt Athens feil geboten wurden – von Dingen also, die in historischen Schriften oder anderen Überlieferungen nicht einer Beschreibung für nötig befunden wurden.

Geschichtsschreibung

Polykrates, der Tyrann von Samos, so Herodot in seinem Geschichtswerk, „war der erste Grieche von dem wir sicher wissen, dass er eine Seeherrschaft anstrebte, außer König Minos von Knossos und anderen, die vielleicht zur See geherrscht haben mögen, aber vom Geschlecht der Menschen war Polykrates der erste" (3, 122, 2). Dieser unscheinbare Satz findet sich in Herodots Schilderung der Herrschaft des Tyrannen Polykrates von Samos, der von ca. 538-522 herrschte. Dieser Satz markiert bei genauerer Betrachtung jedoch eine geistesgeschichtliche Revolution. Herodot unterscheidet hier explizit zwischen der mythischen Zeit der Sagenkönige, über die man wenig Genaues zu ermitteln vermag, und der historischen Zeit, die man realitätsnah rekonstruieren kann. Dabei benennt er mit der Herrschaft des Polykrates eine ziemlich genau drei Generationen zurückliegende Epoche. Drei Generationen umfasst nach den Ergebnissen der Forschungen zur mündlichen Überlieferung die Zeitspanne, in der mündlich vermittelte historische Informationen recht genau und unverfälscht weiter gegeben werden, in der Fachliteratur oft als „kommunikatives Gedächtnis" bezeichnet. Diese qualitative Unterscheidung von mythischer Vorzeit und historisch erfassbarer jüngerer Vergangenheit markiert die Geburtsstunde eines echten historischen Bewusstseins, das unseren Vorstellungen in etwa entspricht. Herodot hält die Sagen über König Minos dabei keineswegs für unhistorisch, allein haben derartige Mythen für seine Methoden der Untersuchung qualitativ einen anderen Stellenwert. Zu Recht ist Herodot daher von Cicero später der „Vater der Geschichtsschreibung" genannt worden.

Herodot lebte ungefähr von 485 bis 425 und stammte aus der Stadt Halikarnassos (heute Bodrum) in Kleinasien. Sein Geschichtswerk ist aber eng mit der Stadt Athen verbunden, in der er lebte und offenbar Teil der Literaturszene war. Er war mit Sophokles befreundet und beider Werke lassen gegenseitige Werkkenntnis erkennen, auch enthalten sie Zitate und strukturelle Elemente des jeweils anderen Künstlers. Sein Werk über die Perserkriege, das dem Leser in diesem Buch bereits häufiger begegnet ist, entstand in Athen in den vierziger oder dreißiger Jahren des 5. Jahrhunderts und gab dem neuen Genre auch den Namen. *Historía*, eigentlich zunächst einfach „Untersuchung" oder „Nachforschung", nennt Herodot sein schriftstellerisch-forscherisches Unterfangen, und der Begriff wurde in der Folge zum Fachwort für derartige „historische" Beschreibungen von vergangenem Geschehen. Geschichtsschreibung ist für Herodot wie für die nächsten Generationen von Historikern zunächst einmal Zeitgeschichte, die Beschreibung der jüngeren Vergangenheit. Herodots Methode ist die des eigenen Augenscheins und die des Sammelns von Berichten und Informationen von Leuten, die besondere Kenntnisse über Ereignisse hatten, weil sie Zeitzeugen oder deren Nachfahren waren. Er war also nicht nur der Vater der Geschichte, sondern sicher auch der gerade heute sehr modischen Disziplin „oral history". Das lag aber in gewisser Weise in der Natur der Dinge, denn schriftliche Informationen lagen kaum vor und galten keineswegs als unbedingt verlässlicher als mündliche Auskünfte. Darüber hinaus sammelte er alle möglichen Berichte und Informationen über die Völker, mit denen die Griechen während der Perserkriege in Berührung kamen. Dieses eher ethnologische Wissen über Sitten und Gebräuche der Völker verschiedener Länder baute er geschickt in die Erzählung über den großen Konflikt mit den Persern ein.

Dennoch war die Geschichtsschreibung nicht die geniale Schöpfung Herodots. Sein Werk baute auf einflussreichen Vorläufern auf. Bereits die Homerischen Epen enthalten Geschehen und Genealogien ihrer Helden, die auffällig zeitlich strukturiert sind. Besonders aber die mit ethnographischen Details gespickten Reise- und Abenteuerberichte der Seefahrer während der Zeit der großen Kolonisation, die so genannte „Periplus-Literatur" (wörtlich „Umsegelung"), übte prägenden Einfluss auf Herodot und seinen unmittelbaren Vorgänger Hekataios von Milet aus (ca. 560-480; von ihm war schon in Kap. 2 die Rede). Hekataios verband nun in seiner Erdbeschreibung, die geographische und historische Elemente vermengte, die Informationen über die Vergangenheit mit der von den ionischen Philosophen entwickelten rationalen Weltsicht und kam so in seinem den „Genelaogien" gewidmeten, offenbar historischen Werk (von Hekataios sind insgesamt nur wenige Fragmente überliefert, was Urteile über seine Relevanz als „Historiker" erschwert) zu seiner bereits zitierten kritischen Einschätzung, dass viele Geschichten, die die Griechen erzählten, geradezu lächerlich seien.

Auf einer solchen Tradition aufbauend, gelang Herodot der entscheidende Schritt, durch eigene Nachforschungen auf Basis rationaler Überlegungen Verlässliches über die Vergangenheit in Erfahrung zu bringen. Diese Hinwendung Herodots weg von den Mythen und hin zur Menschheitsgeschichte erfolgte nicht zufällig gerade im 5. Jahrhundert in Athen. Im Kontext gesehen ist dieser Paradigmenwechsel ein Produkt der Aufbruchsstimmung und der Dynamik, die das Athen des 5. Jahrhunderts bestimmte. Die Perserkriege und der Ausbau des Seebundes hatten Athen zu einer international operierenden Seemacht werden lassen, die in Kontakt mit vielen griechischen und fremden Staaten trat. An dieser Horizonterweiterung nahmen aufgrund der demokratischen Verfassung nicht nur die traditionellen Eliten teil. Die ganze Bürgerschaft war in diesen Prozess einbezogen und machte nun „Politik im großen Stil" (C. Meier), die aber auch zunehmend einer historischen Rückkopplung und Fundierung bedurfte. Die Entdeckung der Geschichte als Objekt künstlerischer Darstellung und philosophischer Durchdringung im 5. Jahrhundert war also gewissermaßen keine Entdeckung der

Vergangenheit, sondern der Gegenwart. Die eigene Zeit und die jüngste Vergangenheit hatten an Bedeutung mit der mythischen Vergangenheit des Heldenzeitalters gleichgezogen. Auf diese Weise traten, wie auch das im vorigen Abschnitt zitierte Chorlied aus der *Antigone* zeigt, der Mensch und seine eben auch historisch relevanten eindrucksvollen, ja beängstigenden Leistungen in den Mittelpunkt.

Es ist aus heutiger Sicht leicht und auch etwas billig, Herodot zu kritisieren. Man hat ihm Fehler und Nachlässigkeiten, ja sogar bewusste Falschangaben nachgewiesen oder unterstellt. Verglichen mit seinem sehr kühlen Nachfolger Thukydides, dessen nüchterne Machtanalysen durch ihre Präzision bestechen und das moderne historische Denken in entscheidendem Maße beeinflusst haben, bieten Herodots kulturwissenschaftliche, ja universalhistorisch gedachten Berichte und Geschichten ein recht buntes Bild. Bedenkt man indes, dass Herodot auf kein Vorbild zurückgreifen konnte und mit seiner *Historía* Neuland betrat, seinen Forschungsgegenstand erst einmal konstituierte (eben festlegte, was überhaupt „Geschichte" sei) und methodisch und praktisch eigene Wege der Nachforschung entwickeln musste, dann erscheint seine Leistung doch sehr bemerkenswert.

In gewisser Weise konnte auch Thukydides für sein Werk über den Peloponnesischen Krieg nicht auf die Vorarbeiten anderer zurückgreifen (über ihn und sein Werk war schon ausführlicher die Rede, siehe Kap. 6). Er setzte sich ganz bewusst von Herodot ab, sowohl was Methode als auch seinen Gegenstand angeht. Wohl auf Herodot abzielend konstatiert er: „So unbemüht sind die meisten in der Erforschung der Wahrheit und bleiben lieber bei den herkömmlichen Meinungen" (1, 20, 3). Er selbst will sich, so sagt er an der gleichen Stelle seines Werkes (im „Methodenkapitel", 1, 20), nicht an die Auskünfte der ersten Besten halten, noch einfach nach seinem eigenen Dafürhalten schreiben (wieder ein Tiefschlag gegen Herodot). Seine Nachforschungen habe er mit einem Höchstmaß an Genauigkeit durchgeführt und auch eigene Erfahrungen eingebracht (er war ja selbst Stratege im Peloponnesischen Krieg gewesen). Im Gegensatz zu Herodot, der oftmals zwei Varianten einer Geschichte präsentiert und das Urteil dem Leser überlässt, verwirft Thukydides Unglaubwürdiges, ohne den Leser zu behelligen. Dass er bei seiner Einschätzung immer richtig lag, können wir heute nur hoffen. Diese methodische Rigorosität, die zwar beeindruckt, eine Überprüfung der Schlussfolgerungen aber unmöglich macht, wird flankiert von einer inhaltlichen Einschränkung, die für die europäische Geistesgeschichte sehr folgenreich war: Für Thukydides hat nur das Politisch-Militärische Bedeutung. Andere Aspekte, wie Religion, wirtschaftliche, kulturelle und soziale Zusammenhänge, werden von ihm gewissermaßen arbeitshypothetisch ausgeschlossen. Diese Beschränkung, die sich bis in die Gegenwart hinein im modernen Geschichtsbild wiederfindet, ist doch eine bedauerliche Verengung.

Ein weiterer wichtiger Gesichtspunkt seines Werkes ist die darin durchgehend zum Ausdruck kommende pessimistische Grundhaltung. Herodot hat „dem menschlichen Streben nach persönlichem Glück seinen Platz in der Geschichte gelassen" (W. Dahlheim), Thukydides dagegen war ein eiskalter Zyniker, dessen Menschenbild weitgehend von seiner (leider sehr plausiblen) These bestimmt wurde, dass allein rücksichtsloses Machtstreben die Triebfeder menschlichen Handelns und damit auch der Geschichte ist. Wie einseitig diese Sichtweise des Thukydides auch sein mag, man kann sich der kalten Faszination seiner Analysen nicht entziehen. Der berühmte *Melierdialog* ist vielleicht das beste Beispiel für eine schonungslose Darstellung solch rücksichtsloser Machtpolitik: Die Athener stellten die Bewohner der Insel vor die Wahl, entweder Untertanen des Seebundes zu werden oder dem Untergang entgegen zu sehen. Auf den Einwand der Melier, dieses Vorgehen sei nicht rechtens und auch nicht gottgefällig, erwiderten die Athener (natürlich in einer fingierten Rede aus der Feder des Thukydides): „Wir glauben nämlich, vermutungsweise, dass das Göttliche, ganz gewiss aber, dass alles Menschenwesen allezeit nach dem Zwang seiner Natur, soweit es Macht hat, herrscht. Wir haben dies Gesetz weder gegeben noch ein vorgegebenes zuerst befolgt, als gültig überkamen wir es, und zu ewiger Geltung werden wir es hinterlassen, und wenn wir uns daran halten, so wissen wir, dass auch ihr und jeder, der zur selben Macht wie wir gelangt, ebenso handeln würde. Vor den Göttern brauchen wir also darum nach der Wahrscheinlichkeit keinen Nachteil zu befürchten. Wegen eurer Spartanerhoffnung [die Melier hatten geltend gemacht, dass wohl die Spartaner zu ihren Gunsten eingreifen würden] aber, die ihr hegt, sie würden um ihrer Ehre willen euch gewiss helfen, da preisen wir euch selig für euren Kinderglauben, ohne eure Torheit euch zu neiden. Die Spartaner untereinander nämlich und unter ihren Landesgesetzen zeigen den größten Edelmut; aber gegen die andern könnte man vieles erzählen, wie sie sich betragen, und mit einem Wort etwa so sagen: kein Volk, das wir kennen, erklärt so unverhohlen wie sie das Angenehme für schön und das Nützliche für gerecht. Eine solche Haltung ist jedoch dem Unverstand eurer jetzigen Rettung nicht günstig." (5, 105). Die ganze Diskussion zwischen Meliern und Athenern, der bekanntlich die Auslöschung der kleinen Inselstadt und ihrer männlichen Bevölkerung folgte, wurde nach den letzten Verhandlungen zwischen den Sowjets und der Regierung Dubček Ende Juli 1968 in Schwarzau an der Theiß, als man den Vertretern des Prager Frühlings unverblümt und ultimativ mit dem bereits beschlossenen Einmarsch drohte, von der *Frankfurter Allgemeinen Zeitung* kommentarlos abgedruckt. So zeigt sich die Relevanz der Analysen von Macht und Herrschaft, die Thukydides vor 2.500 Jahren niedergeschrieben hat, wirkungsvoll bis in unsere Tage.

Die Nachfolger des Thukydides, angefangen mit dem vielseitigen Schriftsteller Xenophon, werden allgemein dafür kritisiert, dass sie das kritische Niveau des finsteren Analytikers nicht gehalten haben. Das Konzept dieser Einführung erlaubt es nicht, diese Autoren, die uns meist nur durch Fragmente und nicht durch insgesamt erhaltene Werke bekannt sind, im Einzelnen zu würdigen. Autoren des 4. Jahrhunderts, wie Ephoros, Kratippos oder die Historiker des Hellenismus, legten Wert auf die rhetorische Qualität ihrer Werke, auf die Wirkung mehr als auf den Sachgehalt kam es ihnen an. In der Tat entsprach das nicht der Forderung des strengen Thukydides, der von seinem Werk sagte, es solle „kein Prunkstück für das einmalige Hören" sein, sondern ein „Besitz für die Ewigkeit". Aber die moderne Kritik vergisst, was antike Geschichtsschreibung eigentlich war: Unterhaltungsliteratur, die die Vergangenheit zum Thema hatte. So wurde der wissenschaftliche Ansatz, den Herodot und vor allem Thukydides ohne Vorbilder so kühn entwickelten, bei ihren Nachfolgern nicht weiter verfolgt. Die griechische Geschichtsschreibung erscheint so aus moderner Sicht seltsam vollkommen an ihrem Beginn – und ihre weitere Entwicklung von diesem Standpunkt aus als Niedergang. Erst Polybios von Megalopolis kann im 2. Jahrhundert die Ansprüche des 5. Jahrhunderts wieder einlösen. Er schrieb aber die Geschichte vom Aufstieg Roms.

Trotz dieser Einschränkungen ist die Geschichtsschreibung doch unsere wichtigste Quelle für die griechische Geschichte und Kultur. Zwar bieten Inschriften und archäologische Zeugnisse gewissermaßen „härtere" Fakten, jedoch fehlt ihnen das „Band der Sinnzusammenhänge" (W. Schuller). Diese Sinnzusammenhänge erst verbinden Fakten, wie hart oder weich sie auch seien mögen, zu einer historischen Narrative. Wie wichtig diese sinngebende Deutung der Geschichtsschreibung ist, lässt sich an den Schwierigkeiten der Prähistoriker ermessen, denen nur archäologische Befunde vorliegen und die so weitgehend auf Modelle und damit auf Vermutungen angewiesen sind, die sie aus dem Studium anderer Epochen oder anhand ethnologischer Vergleiche gewinnen. Auch die Kultur der Kelten, ihre Glaubens- und Lebenswelt bleibt uns weitgehend verschlossen, obwohl reichlich archäologisches Material dieser Hochkultur vorliegt. Das Wenige, was wir wissen, verdanken wir römischen Autoren wie Cäsar, deren Berichte das archäologische Material erst verständlich machen. So gesehen wiegen alle Keramikscherben der griechischen Antike zusammen nicht ein einziges Kapitel des Thukydides auf.

Philosophie

Auf wenigen Seiten die wichtigsten Entwicklungen der griechischen Philosophiegeschichte der archaischen und klassischen Zeit mit ihren oft sehr abstrakten Inhalten zusammenzufassen, wäre ein vermessenes Unterfangen, die komplexen Gedankengebäude Platons und Aristoteles nachzuzeichnen gar unmöglich. An dieser Stelle müssen einige Stichworte genügen, um die Bedeutung eines intellektuellen Aufbruchs wenigstens ansatzweise zu beschreiben, der in der Menschheitsgeschichte seinesgleichen sucht. Philosophie ist Weltdeutung und bei den Griechen begann die Philosophie um 600 mit den Versuchen einiger Männer, die Welt zu erklären. Die Kernfragen „Was ist die Welt? Was ist der Mensch?" waren nicht neu. Sie wurden allerdings zuvor durch Mythen beantwortet. Zeus, Poseidon und Hades waren Brüder, die das Weltall unter sich aufgeteilt hatten, usw. Die frühen griechischen Philosophen stellten dem mythisch geprägten Weltbild nun rationale Entwürfe entgegen, die Naturerscheinungen und Gestirne sowie die Entstehung allen Seins zu deuten.

In Kleinasien, genauer in der Stadt Milet, bildete sich eine Schule, die mit den Namen Thales, Anaximander und Anaximenes verbunden, die wiederum als „Ionische Naturphilosophen" in die Philosophiegeschichte eingegangen sind. Wie die Bezeichnung schon verrät, versuchten sie die natürliche Welt rational zu erfassen und den „Urstoff" zu ergründen, aus dem die ganze Welt bestünde und der erklären konnte, wie die Welt entstand. Physik und Ontologie waren also die Interessensgebiete dieser frühen Denker. Aus Sicht der modernen Naturwissenschaften haben die Ideen des Thales, der das Wasser als den Urstoff der Welt ansah oder des Anaximenes, der die Luft dafür hielt, natürlich keinen Bestand. Jedoch sind nicht die Lösungsansätze der Naturphilosophen für unseren

Zusammenhang entscheidend, sondern die Tatsache, dass sie die Fragen formulierten. Damit wandten sie sich von einem theologisch-mythologisch fundierten Weltbild ab und versuchten Naturerscheinungen rational und mathematisch zu deuten und natürlichen Gesetzmäßigkeiten zuzuschreiben. Auf diese Weise gelang es dem Thales, eine Sonnenfinsternis genau vorher zu sagen, was ihn berühmt machte. Dass diese geistigen Anstrengen ausgerechnet in dem Gebiet ihren Ursprung hatten, wo die Griechen mit dem Wissen des Orients in Kontakt kamen, nämlich in Kleinasien, ist kein Zufall. Die persischen Gelehrten und babylonischen Astronomen waren in der Antike berühmt, und ihr Einfluss macht sich in der frühen griechischen Philosophie bemerkbar, auch wenn sich die genauen Kontaktwege nicht mehr rekonstruieren lassen.

Einen grundlegenden Wandel erfuhr das griechische Denken in der zweiten Hälfte des 5. Jahrhunderts. Als Mittelpunkt dieses Wandels hat die Philosophiegeschichte die Gestalt des Atheners Sokrates ausgemacht. Wie bedeutend das Auftauchen des Fragenstellers Sokrates gewertet wird, lässt sich am Begriff „Vorsokratiker" ermessen, mit dem alle geistigen Strömungen und sämtliche wichtigen Denker vor Sokrates bezeichnet und somit gewissermaßen in einen Topf geworfen werden. Das ist nicht nur ungerecht, sondern auch falsch. Unter der mit Sokrates verbundenen Neuorientierung der Philosophie, der „Sokratischen Wende", versteht man die konsequente Hinwendung der zunächst an den Erscheinungen der Natur orientierten Philosophie zum Menschen. Dieser einschneidende Perspektivenwechsel ist in der Tat die bedeutendste Leistung der griechischen Philosophie und hat das gesamte Europa in der Folge entscheidend geprägt. Jedoch hat mit Sokrates vielleicht der Falsche den Ruhm geerntet. Die Schwierigkeit beginnt damit, dass wir gar nicht wissen, was Sokrates wirklich gedacht hat, denn von ihm ist keine einzige Zeile überliefert. Alles, was wir über den Erzphilosophen wissen, kommt aus zweiter oder dritter Hand. Besonders die Aufzeichnungen seines bedeutendsten Schülers

Platon sind in diesem Zusammenhang wichtig. In allen seinen dialogisch verfassten Schriften tritt Sokrates auf und mit dem Voranschreiten des Platonischen Werkes nimmt dieser literarische Sokrates immer mehr die Züge des Autors Platon an. Auf diese Weise ist es ein grundsätzliches Problem, überhaupt zu bestimmen, wie viel Anteil am Gedankengebäude der platonischen Schriften dem Sokrates und wie viel dem Platon zuzuschreiben ist.

Darüber hinaus waren bereits vor dem Auftreten des Sokrates als Lehrer und unermüdlicher Fragesteller auf der Agora in Athen zunächst die Sophisten diejenigen gewesen, die den Menschen in den Mittelpunkt ihrer kühnen Überlegungen stellten. Allerdings eilte diesen Männern, die wie alle bedeutenderen Philosophen vor Sokrates aus dem Ausland nach Athen gekommen waren, ein denkbar schlechter Ruf voraus, der sich bis weit in die Neuzeit gehalten hat. „Du bist und bleibst ein Lügner, ein Sophiste" urteilt noch der Dr. Faust über Mephistopheles. Der schlechte Ruf von Leuten wie Gorgias aus Leontinoi, Protagoras aus Abdera oder Hippias von Elis gründet einerseits auf die Tatsache, dass die Sophisten als Rhetoriklehrer gegen oft hohe Vergütung die junge Politikerelite Athens ausbildeten, ihnen auch Tricks und Kniffe beibrachten, damit diese in der Volksversammlung überzeugender auftreten konnten. Sowohl das Erheben von Schulgebühren (von „Huren des Wissens" war die Rede), wie auch die Unterweisung in der Redekunst im Sinne von „Überredekunst" war anrüchig. Andererseits waren ihre philosophischen Überlegungen, die auf den Erkenntnissen der Naturphilosophie aufbauten, geradezu revolutionär: Sie zogen aus dem sich vom Bereich der Mythologie ablösenden Denken die radikale Konsequenz, dass gewissermaßen alles relativ sei, auch gesellschaftliche Werte und religiöse Tradition. Am deutlichsten formulierte das Protagoras in seinem berühmten *homo-mensura-Satz*: „Der Mensch ist das Maß aller Dinge, der seienden, dass sie sind, der nicht seienden, dass sie nicht sind". In der Konsequenz wird hier eine radikale Form von

Relativismus bestimmt, die den Menschen und seine Wahrnehmung als Maßstab setzt. Es gibt keine außerweltlichen Bezugspunkte, wie Wahrheit, göttliches Recht oder Moral, die Auswirkungen auf das menschliche Zusammenleben haben. Das folgende Lehrbeispiel des Protagoras ist auf den ersten Blick noch harmlos: Eine Speise, die dem einen süß erscheint, mag dem anderen bitter vorkommen. Zum ethisch relevanten Problem wird ein solcher Wahrnehmungsunterschied erst durch die sophistische Position, dass es keinen verbindlichen Begriff von süß oder bitter gibt, an welchem individuelle Vorstellungen von süß und bitter überprüft und gegebenenfalls korrigiert werden können. Folgerichtig gilt ähnliches auch für die Begriffspaare Recht und Unrecht, wahr und falsch oder gut und schlecht. Die vorher verbindlichen und als göttlich sanktioniert gedachten Normen des menschlichen Zusammenlebens wurden von den Sophisten als Produkte menschlicher Konventionen erkannt, was natürlich gesellschaftliches Konfliktpotential in sich barg. Diese Gedanken, die damals viele Menschen sehr beschäftigt haben müssen, finden wir deshalb im *Melierdialog* wieder, im Chorlied aus der *Antigone* über die unheimlichen Fähigkeiten des Menschen, aber auch noch in einigen Postulaten zur Wahrheitstheorie im Rahmen der so genannten „postmodernen" Philosophie unserer Gegenwart, bei der es sich wohl zumindest zum großen Teil um alten Wein in neuen Schläuchen handelt.

Die kühne Rede von der durch den Menschen als Maß aller Dinge bestimmten Relativität der Werte, eine erkenntnistheoretisch kaum zu knackende Nuss, hat den Athener Sokrates sehr beschäftigt. Er und sein Schüler Platon (wie gesagt ist es schwer zu bestimmen, wer welchen Anteil hat) versuchten nun in der Auseinandersetzung mit den Sophisten Werte philosophisch zu begründen und auf diese Weise letztgültig zu erklären, dass eine Handlung gut oder schlecht ist, nicht weil die (religiöse) Tradition oder eine gesellschaftliche Vereinbarung sie als gut oder schlecht bestimmt. Damit wurden Erkenntnistheorie und Ethik in den Mittepunkt der Philosophie gerückt, und mit Fug und Recht kann man Sokrates daher „als Katalysator jenes Wandels" bezeichnen, „der den Menschen zum Kernstück der philosophischen Forschung machte" (M. I. Finley).

Die zentrale Frage des Sokrates und damit auch Platons war: Kann Gut sein gelehrt werden? Die gemäße Antwort die Platon nun im 4. Jahrhundert auf die provokativen Lehren der Sophisten fand, war die Entdeckung der objektiven Existenz von Ideen, die das absolute Gute verkörpern. Die Entdeckung dieser Ideen (man spricht von Platons „Ideenlehre") ist nur wenigen Denkern nach mühsamen Lehrjahren und geistigen Kasteiungen möglich. Diesen Weg beschreibt Platon in seinem berühmten Höhlengleichnis (Platon, *Politeia* 514a–517a).

Die normalen Menschen habe man sich vorzustellen, als ob sie in einer Höhle lebten. Sie seien dabei festgeschnallt und könnten nur in eine Richtung schauen. Hinter ihnen befindet sich eine Lichtquelle und ab und an werden Gegenstände vor diesem Leuchtfeuer vorbeigetragen, deren Abbilder die Menschen nun als Schattenspiele an der ihnen einsichtigen Wand wahrnehmen könnten. Diese Schatten erscheinen den Gefesselten als die wahre Welt und machen nun den Lebensinhalt der Menschen aus, die mit ihrer Deutung tagaus, tagein beschäftigt sind. Würde nun einer befreit und gelangte an die Oberfläche, so wäre er zunächst von der Sonne geblendet und könne lange gar nichts sehen. Habe er sich aber an die Lichtverhältnisse gewöhnt, so würde er beginnen, die Sonne und auch die Dinge selbst zu erkennen, für deren Schatten die Sonne verantwortlich ist. Kehrte dieser nun Erleuchtete in Kenntnis der Wahrheit wieder in die Höhle zurück, würde er, so er von seinen Erkenntnissen berichten würde, als Geblendeter von den anderen, die sich im Deuten der Schattenbilder gegenseitig zu übertreffen suchen, nicht mehr ernst genommen werden.

Die Höhle steht dabei in Platons Gleichnis für unsere wahrnehmbare Welt, indes sind die Schatten nur Abbilder des „wahren Seienden". Die Welt der Ideen und die zentrale Idee des Guten (für sie steht die Sonne) finden sich in der Oberwelt, die zu erreichen die schwierige Aufgabe des Philosophen ist. Diese Einsichten zu lehren und weiterzugeben war Platons Aufgabe, der er ab 385 in der von ihm nahe dem Heiligtum des Heros Akademos gegründeten Schule, der „Akademie", nachkam.

Die mit der „Sokratischen Wende" erfolgende Konzentration auf den Menschen und seine Lebenswelt sorgte für eine nachhaltige Bindung der Philosophie an die Politik. Platons wichtigste Gesellschaftsentwürfe in seinen Schriften über den *Staat* (*Politeia*) und die *Gesetze* (*Nomoi*) kreisen um die Idee, welche Ordnung sich menschliche Gemeinschaften zu geben haben, um dem Ideal des Guten und Gerechten möglichst nahe zu kommen. Seine späten Schriften sind gewissermaßen ein Erziehungsplan, um die Menschen besser zu machen. Dafür braucht es aber einen Staat, in dem nicht die Masse der Höhlenbewohner herrscht, sondern diejenigen, welche die Idee der Gerechtigkeit geschaut haben und die Gesetze vor dem Hintergrund ihrer Weisheit flexibel handhaben. Dieser letztlich utopische Staatsentwurf scheitert auf der ganzen Linie daran, dass er von der Kernfrage „Wer soll herrschen?" abhängt. Karl R. Popper hat vor diesem Hintergrund Platons Staatsphilosophie als Entwurf eines letztlich totalitären Staates kritisiert.

Einen wichtigen Beitrag zur politischen Philosophie, vielleicht den wichtigsten der Antike, hat Aristoteles geliefert. Der aus Stageira im südlichen Makedonien stammende Schüler des Platon eröffnete nach dem Tod seines Meisters und nach längeren Auslandsaufenthalten (er war unter anderem als Erzieher des jungen Alexander am makedonischen Königshof beschäftigt) 335 in Athen ebenfalls eine eigene Schule, das „Lykeion", vor den Toren der Stadt (davon leitet sich natürlich unser altes Wort „Lyceum" für höhere Bildungsanstalten ab). Er war an Vielseitigkeit kaum zu übertreffen. Von ihm sind uns naturkundliche Studien von erstaunlicher Breite überliefert, ebenso wie Arbeiten zur Logik, zu medizinischen

Themen, zur Zoologie, aber auch Schriften zur Staatsphilosophie, etwa die *Politik* und der *Staat der Athener* (*Athenaíon Politeía*), von denen bereits die Rede war. In vielerlei Hinsicht von seinem Lehrer verschieden, war er der erste wissenschaftliche Empiriker. Dadurch setzt er sich deutlich von seinem Lehrer ab. Wissen (*epistéme*) erlangt man nach Aristoteles durch empirische Erforschung der erfahrbaren Welt. Platon dagegen war überzeugt, dass diese Welt der „Abbilder" nie Gegenstand echten Wissens sein könne und nur die Welt der Ideen Aufmerksamkeit eines Philosophen erfordere. Entsprechend gering war sein Interesse an dem, was wir heute Wissenschaften nennen. Dieser Bereich des Wissens, der von Aristoteles in so vielen „Disziplinen" vertreten wurde, produzierte in der Antike eine reichhaltige Fachliteratur, die auch praktische Anwendungen vorsah. Neben Werken über Fischzucht, Ackerbau und Jagd waren es vor allem die medizinischen Schriften aus der Schule des Arztes Hippokrates von Kos, die aus Erfahrung gewonnenes praktisches Wissen über die menschliche Natur vermittelten.

Aristoteles' empirische Arbeitsweise zeigt sich besonders in seinen Forschungen zur politischen Philosophie, die in den Kapiteln über die Polis (Kap. 3 und 4) schon mehrfach angesprochen wurden. Für seine Erkenntnisse über den besten Staat verwendete er eine Vielzahl von Fallstudien und Einzeluntersuchungen zu griechischen Stadtstaaten (es sollen 158 gewesen sein), die ihm meist seine Schüler anfertigten. Die für die Geschichte und Verfassung Athens so wichtige Schrift *Athenaion Politeia* ist eine solche Faktensammlung zum internen Schulgebrauch.

Die beiden von Platon und Aristoteles gegründeten Schulen – die Akademie und die nach einer Wandelhalle beim Lykeion in Perípatos umbenannte Schule des Aristoteles – waren bis in die Zeit des Hellenismus die einflussreichsten Philosophenschulen. Während in Platons Akademie die Schriften des Meisters das Maß aller Dinge waren und eifrig studiert und gepflegt wurden (das ist wohl der Grund für die einmalige Situation, dass sämtliche Werke Platons und noch einige ihm fälschlicherweise zugeschriebene als Corpus überliefert wurden), setzten die Nachfolger des Aristoteles (Theophrast und Straton) eigene Akzente. Während Platon die ganze Antike über einflussreich blieb (besonders der metaphysisch ausgerichtete und auf Platons Seelenlehre aufbauende Neuplatonismus hatte seit dem 3. Jahrhundert n. Chr. über die Kirchenväter großen Einfluss auf die christliche Lehre), war es Aristoteles vorbehalten die mittelalterlichen Universitäten seit dem 13. Jahrhundert zu dominieren und einen bedeutenden Einfluss auf die arabische Philosophie auszuüben, zumal einige Schriften des Aristoteles nur in arabischen Übersetzungen überliefert sind.

Bildende Kunst und Architektur

In einigen der Ästhetik gewidmeten Passagen seiner Werke beschreibt Aristoteles den Zweck und die Wirkung der Künste, unter anderem der Bildwerke. Wichtig ist für ihn der Begriff der künstlerischen Nachahmung der Wirklichkeit und der Natur, der *Mímesis*. Dabei geht es nicht in erster Linie um das abgebildete Objekt, sondern um das in der künstlerischen Umsetzung und Nachahmung erfasste Wesen des abgebildeten Gegenstands. Das Kunstwerk ist damit eine verallgemeinernde Idealisierung, die über den dargestellten Gegenstand hinaus weist, wie eine zentrale Stelle in der *Physik* nahe legt: „Überhaupt ist es so, dass die Kunst vollendet, was die Natur nicht zu vollenden vermag, oder dass sie nachahmt." (*Physik* 199 a15).

Die gesellschaftliche Bedeutung der Kunst wird bei Aristoteles bereits angedeutet und ist ihr entscheidendes Wesensmerkmal. Die griechische Kunst, prominent durch Plastik, Vasenmalerei und Architektur vertreten, ist in der modernen Wahrnehmung geradezu das Emblem für die griechische Kultur überhaupt geworden und wird seit der Renaissance vorwiegend ästhetisch und kunsthistorisch betrachtet. Dabei waren die griechischen Kunstwerke immer integraler Bestandteil des alltäglichen Lebens und niemals *l'art pour l'art*. Die griechischen Vasen, die Trinkgefäße und das bemalte Haushaltsgeschirr, das heute in beleuchteten Vitrinen der großen Museen bewundert wird, wurde, wenn es nicht als Grabbeigabe vorgesehen war, ausgiebig benutzt und ging zu Bruch, weswegen wir heute über Abertausende von bemalten Tonscherben dieser Epoche verfügen. Kunstwerke gehörten prinzipiell in einen Kontext, etwa in einen häuslich-privaten, wie im Falle der Gefäße, oder in einen öffentlichen oder religiösen, wie im Falle von Standbildern oder Tempelzier. In den wenigen Seiten, die hier dem breiten und spannenden Thema der griechischen Kunst der archaischen und klassischen Zeit gewidmet werden können, geht es deswegen vornehmlich um den Sitz im Leben dieser Kunst. „In der Antike waren die Bildwerke ein Teil der Lebenswelt. Dort waren sie nicht Gegenstand ‚musealer' Betrachtung, sondern bildliche Elemente neben vielen anderen Elementen der kulturellen Welt, in der die antiken Gesellschaften ihr Leben einrichteten. In diesem Sinn stellt sich für die antiken Bildwerke nicht so sehr die Frage, in welchem Sinn der Künstler sie geschaffen und die Betrachter sie verstanden haben, sondern wie die Gemeinschaft mit ihnen lebte." (T. Hölscher).

Die heute erhaltenen Bildwerke und Reste künstlerischer Produktion können leicht ein falsches Bild entstehen lassen und haben frühere Generationen von Kunstkritikern und Historikern auch ein wenig in die Irre geführt. Denn von vielen bedeutenden Typen von Kunstwerken erfahren wir nur aus der zeitgenössischen Literatur, weil sie aus verschiedenen Gründen nur in geringer Anzahl oder überhaupt nicht erhalten blieben. Das gilt in besonderem Maße für die Malerei und die Bildnisse aus Holz, die gerade im Bereich der Religion eine große Rolle gespielt haben, weil das verwendete Material (stuckierte Wände und Holztafeln bei der Malerei, verschiedene Hölzer bei Statuen) die Zeiten nicht überdauern konnte. Auch die Kunstwerke, die aus Edelmetallen gefertigt waren, neben der Bronzeplastik auch Geschirr und Schmuckstücke aus Silber und Gold, sind nur durch Zufälle (Katastrophen, Schiffsunglücke etc.) erhalten, weil man die wertvollen Metalle einschmolz und anderweitig wieder verwendete. Entsprechend ist unser immer noch vom Klassizismus geprägtes allgemeines Bild von der Kunst der griechischen Antike weitgehend mit den großen Marmorbildnissen und der ebenfalls marmornen Tempelarchitektur verbunden.

Kunst, die auch im modernen Sinne von den Zeitgenossen als Kunst wahrgenommen wurde, war aus Sicht der Griechen zunächst einmal die Kunst im öffentlichen Raum. Die Vasenmalerei, die heute auch aufgrund ihres Informationsgehaltes als besonders wichtiger Teil der griechischen Kunstproduktion gilt, hatte den Rang von Handwerksproduktion (sie wurde oft von Sklaven hergestellt, und das Töpferviertel Kerameikos in Athen galt als ein verrufener Ort). Kunstproduktion in diesem öffentlichen Sinne setzt gesellschaftliche Institutionen, gemeinschaftliche Praktiken und Rituale voraus, in deren Rahmen die Bildwerke Verwendung fanden. In archaischer Zeit, als sich die Polis formierte, waren die Orte, die für die öffentliche Kunst prädestiniert waren, zunächst die Plätze der gemeinschaftlichen Kultausübung, die Heiligtümer und Altäre der Götter.

Diese selbst stellten wohl die größte künstlerische Leistung der Griechen dar. Die Tempelbauten der klassischen Zeit, von denen noch heute beachtliche Reste erhalten sind (vor allem in den erdbebensicheren Regionen Süditaliens), gehören zu dem Eindrucksvollsten, was die Antike hervorgebracht hat. Bis ins 6. Jahrhundert waren Tempel kleinere Lehmziegelbauten gewesen, die sich nicht erhalten haben, aus deren Grundstruktur sich dann die durch Säulenhallen unterschiedlicher Gestaltung gekennzeichneten steinernen Tempelgroßbauten entwickelten. Gerade bei den Tempelbauten macht sich der kanonische Charakter der griechischen Kunst bemerkbar. Es gilt – gleiches lässt sich bei Plastik und Vasenmalerei beobachten – ein vorgegebener Rahmen, den der Künstler kreativ ausfüllen, aber nicht überschreiten kann. Bei den Tempelbauten orientierte man sich an zwei (zunächst landschaftsspezifischen) Säulenordnungen, der dorischen und der ionischen (Abb. 4 und 5). Letztere ist komplizierter, aber in ihrer Wirkung etwas leichter, sie wirkt weniger wuchtig und mathematisch als die strengere dorische Ordnung. Die künstlerische Ausgestaltung der Tempel geschah mit mythologischen Motiven in Form von Bemalung und Architekturplastik

Die Tempel waren nicht etwa Versammlungsorte der Gemeinde wie unsere heutigen Kirchen, sondern beherbergten lediglich die Kultbilder der Götter, die zunächst aus Holz waren und in klassischer Zeit in den großen Zentren von imposanten Statuen abgelöst wurden. Am berühmtesten waren die riesige sitzende Zeusstatue im Tempel von Olympia und die Statue der Athena, die aufrecht und in Waffen im Parthenon in Athen stand. Beide sind Schöpfungen des Atheners Phidias.

Solche Prachtbauten wurden nicht nur aus religiösen oder inneren künstlerischen Gründen geschaffen; sie dienten auch und besonders der Repräsentation. Dies lässt sich für fast alle Prachtbauten der klassischen Zeit feststellen, die mit hohem finanziellem Aufwand errichtet wurden. Am deutlichsten wird dieser Anspruch in Athen formuliert, wo die Akropolis als Gesamtkunstwerk des Perikleischen Zeitalters der Herrschaftsrepräsentation und -legitimation dient. Mit dem imposanten Aufgang und den Torbauten und dem dahinter liegenden Parthenon, dem bedeutendsten Tempelbau des klassischen Altertums, hatten die Athener sich und ihrer Demokratie mit enorm hohem Aufwand (es haben sich noch Inschriften mit Abrechnungen enthalten) ein beeindruckendes Denkmal gesetzt. Thukydides lässt Perikles sagen, die Bauten sollten den Seebundsmitgliedern zeigen, „dass sie von keinen Unwürdigen" beherrscht würden. Der Parthenon ist in jeder Hinsicht beeindruckend, sowohl wegen seiner Größe und der Harmonie seiner Proportionen, als auch wegen seines Bauschmucks, den plastisch ausgestalteten Giebeln und den Reliefs, die die Friese zieren (Teile sind erhalten, andere lassen sich anhand alter Zeichnungen rekonstruieren). Die Bauplastik folgt einem durchdachten und anspruchsvollen Bildprogramm, das die Größe Athens und das neue Sendungsbewusstsein der Athener als Herrscher des Seebundes widerspiegelt. Die Giebel und die Metopenfriese zeigen mythologische Szenen, wie die Geburt Athenas aus dem Haupt des Zeus (Ostgiebel, über dem Eingang) und den siegreichen Kampf Athenas gegen Poseidon um den Besitz der Landschaft Attika (Westgiebel). Die Südmetopen zeigen den Kampf der legendären Lapithen, jenes mythischen Volks aus Thessalien, gegen die tierisch wilden Zentauren, die ein Hochzeitsfest gestürmt haben. Mit Hilfe des athenischen Heros Theseus werden die Fabelwesen besiegt. Symbolisch drückt sich darin der Sieg der zivilisierten Welt der geordneten Polis über die tierische Natur aus. Besondere Aufmerksamkeit verdient die vor den Augen der wohlwollenden Götter und der Phylenheroen dargestellte Prozession der athenischen Jugend beim Kultfest für Athena, den Panathenäen, die den Fries an der Außenwand der Cella zierte. Hier wird die Bürgerschaft als fromme, aber auch stolze Festgemeinschaft in Übereinstimmung mit den Göttern dargestellt.

Der Tempel wurde zwischen 447-438 (die Arbeiten am Figurenschmuck dauerten wohl noch bis mindestens 433 an) zu Ehren der Stadtgöttin Athena, in ihrer Qualität als „jungfräuliche" – *parthénôs* – Göttin und auch als Dank für die Errettung vor den Persern erbaut. Bereits während der Perserkriege hatten die Athener mit einem Tempelneubau an gleichem Platz begonnen. Jedoch zerstörten die Perser die Akropolis gründlich, was den Athenern Mitte des Jahrhunderts nun auf der Höhe ihrer Macht die Möglichkeit gab, den Neubau in großem Stil zu realisieren. Das Bauwerk lässt sich nur als durchdachtes Gesamtkunstwerk verstehen, das auf Initiative des Perikles, der das gesamte ehrgeizige Akropolis-Bauprogramm in der Volksversammlung durchbrachte, vom berühmten Bildhauer Phidias als Bauleiter gestaltet wurde, als Architekten fungierten Iktinos und Kallikrates.

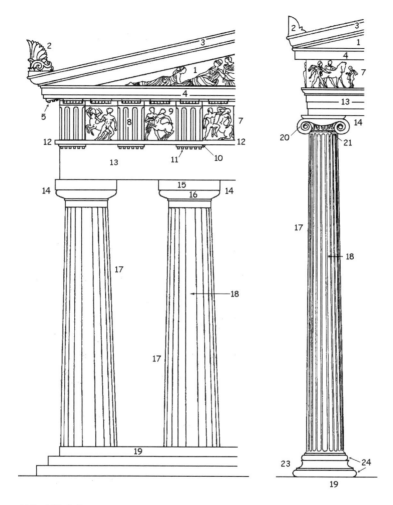

Abb. 4 (links)
Dorische Säulenordnung (1. Tympanon, 2. Akroter, 3. Sima, 4. Geison, 5. Mutulus, 7. Triglyphenfries, 8. Triglyphe, 9. Metope, 10. Regula, 11. Gutta, 12. Taenia, 13. Architrav, 14. Kapitell, 15. Abakus, 16. Echinus, 17. Säule, 18. Kannelure und 19. Stylobat)

Abb. 5 (rechts)
Ionische Säulenordnung (1. Tympanon, 2. Akroter, 3. Sima; 4. Geison, 7. Fries 13. Architrav, 14. Kapitell, 17. Säule, 18. Kannelure, 19. Stylobat, 20. Volute, 21. Echinus, 23. Basis, 24. Torus)

Der repräsentative Charakter von Monumentalbauten wie dem Parthenon war seit spätarchaischer Zeit ein Wesenszug griechischer Architektur und ein Garant für die künstlerische Entwicklung unter Wettbewerbsbedingungen. So versuchten sich viele Stadtstaaten in den panhellenischen Heiligtümern wie Delphi oder Olympia durch die Errichtung möglichst eindrucksvoller und künstlerisch ausgestalteter Schatzhäuser gegenseitig zu übertrumpfen und ihren Rang unter den Städten „international" geltend zu machen. Diese meist mit einer Säulenvorhalle versehenen Gebäude dienten der Aufbewahrung wertvoller Weihgeschenke der betreffenden Städte.

Weihgeschenke selbst waren ebenfalls Kunstobjekte bisweilen hohen Rangs. Die Großplastik hat hier ihre Wurzeln. Der Brauch, den Göttern für ihren Schutz zu danken oder mit dem Votiv weiteren Schutz und Hilfe zu erbitten, hatte unterschiedliche künstlerische Ausprägungen hervorgebracht. Dreifußkessel oder Waffen der Besiegten (typisch für die archaische Zeit) konnten ebenso geweiht werden wie kleinere Terrakottastatuen oder solche aus Bronze (in klassischer Zeit waren vor allem Weihreliefs in Mode). Seit dem 7. Jahrhundert nahmen die Weihgeschenke in den Heiligtümern monumentalere Formen an. Es begegnen nun Standbilder aus dauerhaften Werkstoffen, uns sind vor allem solche aus Marmor bekannt. In diesem Kontext entwickelt sich die figürliche Großplastik, die zunächst in archaischer Zeit vom männlichen Kuros (eine Jünglingsstatue) und der weiblichen Kore (Mädchen) dominiert wird. Der nackt dargestellte Kuros folgt einem von ägyptischen Vorbildern geprägten Schema, den linken Fuß vorgesetzt, die Arme mit den zu Fäusten geballten Händen an die Oberschenkel angelegt. Die kraftvolle Dynamik dieser Gestalten dokumentiert sich in der Betonung der Muskelpartien.

Schon die archaischen Kuroi verweisen in ihrer Dynamik und im angedeuteten Voranschreiten auf die Aufbruchsstimmung der archaischen Zeit (siehe Kap. 3). Die Entwicklung der Kunst insgesamt und der griechischen Plastik im Besonderen erfährt im 5. Jahrhundert eine weitere Dimension. Parallel zur politischen Entwicklung und ganz im Sinne des beschriebenen „Könnensbewusstseins" bezeugt sie zusammen mit der Philosophie (Stichwort „Sokratische Wende"), den Tragödien „Der großen Drei" und der Geschichtsschreibung die Tendenz, den Menschen in neuer Weise in das Zentrum des Weltbildes zu stellen. Mit der Demokratisierung der öffentlichen Bildkunst in Athen, also durch die Tatsache, dass die Bürgerschaft selbst über Bauaufträge und öffentliche Projekte zu entscheiden hatte, wurden Baukunst und Denkmal zu einer eminent politischen Kunst, was sich in der Formensprache der Bildenden Kunst ausdrückte, die nun „eine fundamental neue Struktur des Menschenbildes entwickelt." (T. Hölscher).

Die Kunstgeschichte markiert diesen Moment mit der Erfindung der „Ponderation". Das Gewicht der Statue ist dabei auf ein Bein (Standbein) verlegt, während das andere entlastet und im Knie gebeugt ist (Spielbein). Dadurch gerät das Becken in eine leichte Schräglage, die der Statue durch den daraus resultierenden Hüftschwung eine Spannung verleiht, die durch die Gegensätze Ruhe und Bewegung, Hebung und Senkung unterstrichen wird. Durch diese Neuerung, die durch eine Statue um 480 (der *Kritios-Knabe*) erstmals belegt ist, gelang es den Künstlern, Last und Unbeschwertheit, Ruhe und Bewegung sowie Gebundenheit und Freiheit des menschlichen Körpers auszudrücken (Abb. 6). Dieser neue Typus der ponderierten Figur, der in idealer Weise durch den Speerträger (Doryphoros) des Bildhauers Polyklet verkörpert wird, verweist auf den Menschen als das Maß aller Dinge, den Menschen als ein Wesen, das sich aus eigener Kraft aufzurichten und zu bewegen weiß.

Ein frühes Beispiel dieser neuen bürgerlichen und identitätsstiftenden Aufgabe der Großplastik ist die Statuengruppe der *Tyrannenmörder* (Abb. 7). Die beiden Adligen Harmodios und Aristogeiton, die den Bruder des Tyrannen Hippias ermordet hatten, galten den Athenern als Befreier von der Tyrannis (darüber war bereits in Kap. 6 im Abschnitt über Athen die Rede), und man hatte ihnen kurz nach den Reformen des

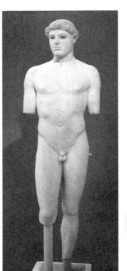

Abb. 6
Kritios-Knabe (um 480)

Abb. 7
Rekonstruierte Tyrannenmördergruppe, Gips

Kleisthenes ein Standbild auf der Agora, dem öffentlichsten Platz der Stadt, errichtet, das von den Persern 480 geraubt worden war. 477 gaben die Athener nun ein neues Standbild dieser Identifikationsfiguren der neuen Ordnung bei den Bildhauern Kritios und Nesiotes in Auftrag. Die Statuengruppe transportiert – das hat vor allem Burkhard Fehr im Einzelnen zeigen können – unter Verwendung bekannter Bildchiffren und ikonographischer Formeln gleich mehrere Ebenen einer eminent politischen Botschaft.

Die beiden Statuen wurden als zwei angreifende, leicht überlebensgroße Kämpfer in Ausfallstellung in spiegelbildlicher Symmetrie ausgeführt. Harmodios, der als bartloser Jüngling dargestellt wird, hat energisch ausschreitend sein rechtes Bein vorgesetzt, der ältere, mit Bart portraitierte Aristogeiton sein linkes. Dieser holt mit dem rechten Arm nach hinten zum Stoß mit einem Schwert aus, während über seinem linken, vorgestreckten Arm ein kurzer Mantel lose herabhängt, in der Faust hält er die Scheide des Schwerts. Harmodios holt mit seinem Schwert weit über dem Kopf zum Schlag aus, wobei der schwertführende Arm scharf angewinkelt ist. Den angespannten linken Arm streckt er mit leerer Hand nach hinten aus. Die Anordnung der beiden Tyrannenmörderstatuen zueinander, die sich aus den überlieferten Darstellungen nicht ganz eindeutig rekonstruieren lässt, erfolgte höchstwahrscheinlich Rücken an Rücken, so dass die Bewegungsrichtungen der beiden parallel verliefen.

Die Anordnung unterstreicht den bereits durch Gesichtszüge und Bartwuchs angedeuteten Altersunterschied zwischen den beiden Männern. Entsprechend präsentierte das Denkmal die Tyrannenmörder als zwei ehemalige Mitbürger, die typhaft idealisiert den sieggewohnten, fast übermütigen ‚Jüngling' und den reiferen, erfahren handelnden älteren Mann bei einer gemeinsamen Handlung für das Wohl der Stadt zeigen. In dieser, dem historischem Moment, auf den sie eigentlich verweisen, gleichsam entzogenen Darstellungsform machte das Monument allen Athener Bürgern auf mehreren

Ebenen Identifikationsangebote: Sogar die adligen Bürger, die sich nicht alle mit der neuen Staatsform anfreunden wollten, konnten sich in den beiden herausragenden Standesgenossen wiederfinden. Die in vielen Standbildern deutlich zum Ausdruck kommende typische Überhöhung des einzelnen ‚hervorragenden Mannes', die adligen Repräsentationsvorstellungen eher entsprach, fehlt hier (Zweizahl). Zugleich bot aber diese ‚demokratische' Wiedergabe eines Freundespaars auch adligen Betrachtern die Möglichkeit, einen der wichtigsten gesellschaftlichen Werte ihres Standes, die Freundschaft, *philia*, darin wieder zu erkennen.

Gerade die Integration des in den gesellschaftlichen Auseinandersetzungen nach dem Tyrannensturz unterlegenen Adels war möglicherweise ein besonders wichtiger Grund für die Unterstützung des Tyrannenmörderkults durch maßgebliche Gruppen der athenischen Führungsschicht. So konnten die Adligen, die ja auch innerhalb der neu geschaffenen Institutionen eine herausragende Rolle spielten, darauf verweisen, dass Vertreter ihres Standes maßgeblich an der Begründung der neuen demokratischen Ordnung beteiligt gewesen waren.

Auch weitere Darstellungsaspekte verweisen auf ein alle Bürger ansprechendes, durchaus demokratisches Konzept. Fehr konnte zeigen, dass die beiden durch eine große Anzahl parallel geführter Achsen eng verbundenen Statuen ein durchdachtes kompositionelles Gesamtsystem bilden. Der Statuengruppe liegt mit parallel geführten Achsen und der Ähnlichkeit der Silhouetten eine den Darstellungsabsichten entsprechende, ikonographische Formel zugrunde, die bereits in archaischen Bildszenen vorgeprägt ist. Sie repräsentiert gemeinsames, diszipliniertes Handeln bei gleichem Anteil an der dargestellten Handlung. Besonders augenfällig ist diese auch in der Statuengruppe der Tyrannenmörder zum Ausdruck kommende Formel bei Darstellungen der Phalanxtaktik oder bei Tanzgruppen und Treibjagden in der Flächenkunst. Das Handlungsmuster der Tyrannenmörder repräsentiert sowohl selbstbewusste Bürgerdisziplin wie sie v. a. in der egalitären Phalanxtaktik für die athenischen Hopliten erfahrbar wurde, als auch bürgerliche Gleichheit, als deren Garanten Harmodios und Aristogeiton angesehen wurden. Darüber hinaus war anscheinend beabsichtigt, die Tyrannenmörder ganz allgemein als angreifende Kämpfer vorzuführen „und ‚Handlungsbereitschaft' sowie ‚Tapferkeit' der beiden Aristokraten zu veranschaulichen" (H. Bumke). Durch die Allgemeinheit der Darstellung wurde gleichzeitig erreicht, dass sich die Angriffshandlungen auf jeden potentiellen Tyrannen beziehen ließen und die Gruppe somit vom Betrachter als eine „überzeitliche Darstellung des Tyrannenmordes" (H. Bumke) interpretiert werden konnte.

Dieses zugegebenermaßen etwas ausführlich dargestellte Beispiel der frühklassischen Großplastik sollte vor allem eines unterstreichen: Kunst hatte unmittelbar gesellschaftliche und politische Bedeutung. Sie war nicht Ausdruck eines individuellen Genies, sondern eingebettet in den sozialen Kontext, dem sie diente. Sie war, sofern sie öffentliche Kunst war, auch immer politisch und damit Träger einer Botschaft, die für die Zeitgenossen viel leichter und selbstverständlicher zu verstehen war, als für Interpreten unserer Zeit. Die Griechen lebten mit Bildwerken. Sie begegneten ihnen täglich in den Heiligtümern auf dem Markt und an den Straßen, an denen die großen Nekropolen lagen. Im Gegensatz zu unserer individuellen und zunehmend flüchtigen Wahrnehmung von Bilderfluten, waren die griechischen Bildwerke auf Wahrnehmung in öffentlichen Räumen im Sinne von Denkmälern und komplexen Bedeutungsträgern angelegt, die in der modernen Welt aus der Mode gekommen sind und nur noch musealen Charakter für Sonntagsausflüge haben.

Auch die Vasenmalerei ist zunächst kontextgebunden zu betrachten. In wertvollen bemalten Trinkgefäßen wurde der Wein bei den Symposien der Adligen kredenzt. Von der sozialen Rolle des Symposions in der archaischen Periode war bereits die Rede (Kap. 4). Das verwendete Tafelgeschirr hatte durch die künstlerische Gestaltung und durch die verwendeten Motive repräsentativen Charakter und diente der Formulierung des sozialen Anspruchs eines reichen und einflussreichen Gastgebers. Aber auch die Sitte des Gastmahls wird zunehmend in der klassischen Zeit „demokratisiert". Offenbar sind nun auch Angehörige niedrigerer Gesellschaftsklassen Kunden von derartigem Geschirr für Festlichkeiten. Überhaupt kann man sich nicht sicher sein, ob die in der Literatur oft als „Luxusgeschirr" bezeichnete bemalte Töpferware wirklich so luxuriös war. Die wenigen Hinweise, die wir über den sozialen Rang der Vasenmaler und der Töpfer sowie über die Preise von bemalter Keramik haben, deuten eher darauf hin, dass diese Waren womöglich sehr günstig waren und von einfachen Leuten produziert wurden.

Wie schon im Zusammenhang mit der archaischen Keramik aus Korinth (Kap. 3) angedeutet, war Athen am Ende der archaischen Zeit zum Marktführer für bemalte Keramik aufgestiegen. Die schwarzfigurige Vasenmalerei, bei der die Figuren ausgemalt waren, wurde nun von der immer beliebter werdenden und die klassische Zeit dominierenden rotfigurigen Malerei abgelöst, bei der die Figuren ausgespart wurden, während die Flächen mit der schwarzen Glanzfarbe (geschlämmter Ton) bestrichen wurden, um den gewünschten Effekt beim Brennvorgang zu erzielen. Der hochwertige athenische Ton war wegen seines Eisenoxidgehalts besonders zur Hervorhebung der roten Farbe geeignet. Die Keramiker unter den klassischen Archäologen haben herausgefunden, dass sich durch den Wandel der bevorzugten Motive der Vasenmalerei bestimmte gesellschaftliche Veränderungen erahnen lassen. Eine der offensichtlichsten ist sicherlich die auch in der Vasenmalerei sich dokumentierende Hinwendung zum Menschen, dessen Darstellung seit der spätarchaischen Zeit dominiert.

Was die historische und archäologische Relevanz angeht, so sind – abgesehen von der kunsthistorischen und der ökonomischen Bedeutung der Vasen als Handelsware – besonders die aus den Darstellungen und Motiven zu gewinnenden

Informationen über das Alltagsleben zu erwähnen. Neben den wichtigen und zahlreichen mythologischen Darstellungen auf Vasen (Gigantomachien, Kämpfe mit den Amazonen, Theseus und der Minotauros und derlei mehr), sind es vor allem die Darstellungen von Kulthandlungen, Theaterszenen oder häuslichen Verrichtungen, ja auch von der Produktion von Töpferwaren, wie sie von einigen Malern thematisiert worden ist, die wichtige Erkenntnisse über nicht in den Quellen erwähnte Aspekte des Alltagslebens liefern. Aber selbst mythologische Darstellungen enthalten oftmals realweltlichen Informationsgehalt. So zeigt zum Beispiel ein Skyphos (das ist eine höherwandige Trinkschale) des Penelope-Malers die treue Frau des Odysseus vor einem detailgetreuen Webstuhl, an dem sie gerade eine mit eindrucksvollen Fabeltiermotiven verzierte Stoffbahn webt (eben ihre sprichwörtliche „Penelopearbeit", siehe Abb. 8). Überhaupt ist die Vasenmalerei die bedeutendste Quelle für Mode, Kleidung und Textilien aller Art, denn antike Gewebe sind so gut wie überhaupt nicht erhalten. Nur durch die Gewanddarstellungen auf Vasen und einige Plastiken lassen sich aus den Quellen bekannte Kleidungsstücke der Männermode wie der Chlamys (ein kurzer Mantel) oder der „Petasos" genannte breitkrempige Sonnenhut rekonstruieren (siehe Abb. 9). Ähnliches gilt für Frauengewänder wie den Chiton oder den Peplos.

Die Motive der Vasenmalerei waren überaus vielfältig und sind hier gar nicht alle zu fassen. Die Vasen boten so etwa erotische, bisweilen pornographische Darstellungen oder Trinkszenen auf dem Trinkgeschirr für festliche Anlässe, religiöse Kulthandlungen, Männer beim Sport und bei der Körperpflege, Darstellungen von Theaterszenen mit Requisiten und Bühnenkostümen, Kämpfe von Griechen gegen Perser, Götterdarstellungen und vieles mehr. Diese Vielzahl von Motiven und die schiere Masse erhaltener Vasen (rund 50.000 attische Vasen sind erhalten, das sind geschätzte 1 Prozent der Gesamtproduktion) und die in die Millionen gehenden Vasenfragmente (es kommen ständig Neufunde hinzu) haben Spezialisten auf

Abb. 8
Skyphos des Penelopemalers (Telemach und Penelope vor einem Webstuhl)

den Plan gerufen, die ihr Leben der Analyse und Einordnung der griechischen Vasenmalerei widmeten und widmen. Diesen Spezialisten, von denen einige anhand der Fülle des Materials mit einem photographischen Gedächtnis gesegnet sein müssen, ist es gelungen, bestimmte Arbeiten konkreten Malern zuzuordnen, die dann – da wir nur die Namen von einigen Handwerkern, die ihre Arbeiten signiert haben, kennen – Zwecknamen erhalten haben, die sich an den von ihnen bevorzugten Motiven (etwa der genannte Penelope-Maler) oder an den Aufbewahrungsorten der wichtigsten Stücke orientieren (etwa Jena-Maler, Berlin-Maler). Dieser Seitenzweig der klassischen Archäologie hat sich auch institutionell so weit verselbstständigt, dass die Frage, welche neuen Erkenntnisse und historischen Einsichten auf diesem Wege gewonnen werden können, als ketzerisch angesehen werden würde.

Abb. 9
Kylix des Ödipusmalers, Ödipus und Sphinx (ca. 480)

Krieg und Gewalt

Einem Betrachter der Vasenmotive müsste eigentlich auffallen, dass eine Vielzahl der Darstellungen brutalste Gewalt, Kampfhandlungen und Tötungsakte zum Thema haben. Oft handelt es sich dabei um mythologische Szenen, wie etwa die besonders beliebten Amazonenkämpfe oder Szenen aus dem Trojanischen Krieg, aber auch Kämpfe mit persischen Kriegern, die die jüngere Vergangenheit reflektierten. Die Vasenbilder zeigen auch häufig Abschiedsszenen von Kriegern, die in den Kampf ziehen. Die *Ilias* ist voll von ausführlichen Gewaltdarstellungen, die das Abtrennen von Körperteilen ebenso schildern wie die Vergewaltigung der am Altar der Athena Schutz suchenden Kassandra durch Aiax. Explizite Gewaltdarstellungen, die ja auch unsere modernen Medien weitgehend bestimmen, sind für sich alleine gesehen natürlich kein Beweis für die besondere Gewalttätigkeit einer Gesellschaft. Konfrontiert man den literarischen und darstellerischen Befund aber mit den Quellen und der Alltagserfahrung der griechischen Polisbewohner, so wird rasch deutlich, dass Krieg und Gewalt maßgeblich das Leben in der archaischen und klassischen Zeit (und danach) – und damit auch die Kultur bestimmten.

Krieg war selbstverständlicher Teil des Lebens, die Bürgerarmeen der Poleis waren fast jedes Jahr auf Kriegszug und jedes Jahr wurden in Athen die Gefallenen als Helden öffentlich geehrt. Damit verbunden war ein durchweg positives Kriegerethos, im Falle der Spartaner haben wir es sogar mit einer konsequenten Ausrichtung der ganzen Gesellschaft auf den Krieg zu tun, dessen Ächtung eine ganz moderne Erscheinung ist. Der berühmte Ausspruch des frühen griechischen Philosophen Heraklit (ca. 520-460), der Krieg sei „der Vater aller Dinge. Die einen macht er zu Göttern, die anderen zu Menschen, die einen zu Sklaven, die anderen zu Freien", spiegelt diese Lebenswelt der Kriegergesellschaft auch gedanklich wieder. Bei der Betrachtung der griechischen Kultur, der attischen Demokratie und der sich in literarischen Werken von Weltrang und beeindruckenden Bauwerken und Kunstobjekten spiegelnden Blüte einer Hochkultur, wird die Seite des kriegerischen Alltags oft in den Hintergrund gestellt und das heroische Pathos eher idealisiert. Auch die Quellen, die ja vom Standpunkt dieses positiven Kriegerethos aus geschrieben sind, beleuchten nur *en passant* die dunklen Seiten von gewaltsamen Konflikten, die nicht nur auf die Hoplitenarmeen als Kombattanten beschränkt waren, sondern oft auch die Bevölkerung der Städte in Mitleidenschaft zog. Die „Kollateralschäden" solcher Kriegshandlungen waren nicht nur die Vernichtung von Eigentum, die Plünderung und bisweilen nachhaltige Auslöschung von Städten, sondern vor allem die von Gewalttaten gegen Frauen und Kinder begleitete Versklavung der Angehörigen der unterlegenen Partei, wobei die Männer meist ermordet wurden, um eventuelle spätere Racheakte zu verhindern. Über die Sklaverei und die Behandlung von Sklaven wird an anderer Stelle (Kap. 11) noch weiter die Rede sein.

Schlimmer noch als die üblichen Kriegszüge wurden in der griechischen Welt die vielen Bürgerkriege wahrgenommen. Athen hatte das Glück, nicht ständig von blutigen Machkämpfen verfeindeter Gruppen heimgesucht zu werden, die weite Kreise der Bevölkerung in Mitleidenschaft zog. Nicht nur in der archaischen Zeit, wenn Adelsfraktionen sich um die Herrschaft stritten, waren solche Bürgerkriege an der Tagesordnung, auch in klassischer Zeit kam es zu solch blutigen Auseinandersetzungen, die oftmals zwischen Leuten ausgetragen wurden, die mittels einer Oligarchie herrschen und solchen, die demokratisch (das hieß mit der Hilfe Athens) an die Macht kommen wollten. Die griechischen Städte waren voll von Flüchtlingen, die der jeweils unterlegenen Partei in Bürgerkriegen angehört hatten, und die, wenn sie mit dem Leben davon gekommen waren, fliehen mussten. Die Grausamkeit und Brutalität, mit der Bürger der gleichen Stadt im Kampf um die Macht übereinander herfielen, schildert Thukydides in seinem erschütternden Bericht über den Bürgerkrieg auf der Insel Korkyra (Korfu), wo nach langen Kämpfen die demokratische Partei den „Sieg" davon trug. „Die meisten [der unterlegenen Aristokraten] gaben sich im Heiligtum gegenseitig den Tod, manche hängten sich dort an den Bäumen auf oder nahmen sich auf andere Weise das Leben. Sieben Tage brauchten die Korkyräer, um alle umzubringen, die sie für ihre politischen Gegner hielten. Die Schuld, die sie ihnen vorwarfen lautete: Sturz der Demokratie. Es mussten aber auch manche um persönlicher Feindschaft willen oder als Gläubiger unter den Händen ihrer Schuldner sterben. In all seinen Gestalten trat der Tod auf: Der Vater brachte den Sohn um, von den Altären riss man sie und tötete sie auf den Stufen". (Thuk. 3, 81)

„Gemessen an den Standards des späten 20. Jahrhunderts", so schrieb einmal die amerikanische Historikerin Jennifer T. Roberts „waren die Griechen keine sehr netten Leute". Unser von Humanismus und Klassizismus bis heute maßgeblich geprägtes Griechenbild blendet diese Aspekte des antiken Alltags oftmals aus, was zu einer nicht geringen Verzerrung führen kann und bisweilen die Tatsache aus dem Blick geraten lässt, dass die Griechen trotz rationaler Philosophie und kultureller Höchstleistungen doch eine vormoderne Gesellschaft bildeten, die uns nur deshalb so nahe zu sein scheint, weil wir „unsere Griechen" gerne selektiv wahrnehmen.

9. Religion

Von der Fremdartigkeit griechischer Religion

Der grönländisch-dänische Polarforscher und Ethnologe Knud Rasmussen (1879-1933), der sein Leben dem Studium der Kultur der Inuit, der Ureinwohner des Polarkreises, widmete, fragte in einem seiner Interviews einmal einen Schamanen: „Glaubt ihr an die Götter"? Der so angesprochene antwortete ihm verwundert: „Wir glauben nicht an sie, wir fürchten sie!". Der Bereich der Religion ist vielleicht derjenige, bei dem die Griechen am weitesten von uns entfernt sind, und die „Fremdartigkeit der Götter" (S. C. Humphreys) kann unser Verständnis nachhaltig behindern. Gerade hinsichtlich der Einordnung der griechischen Religion kann es daher leicht passieren, dass die moderne Forschung Fragen an den Gegenstand heranträgt, die diesem grundsätzlich fremd sind, weil sie, wie im Falle Knud Rasmussens, von der Warte eines völlig anderen kulturellen Hintergrunds formuliert werden.

Zu Beginn sei deshalb auf die bedeutenden Unterschiede hinweisen, die die polytheistische Religion der Griechen von unseren durch Christentum einerseits und das Säurebad der Aufklärung andererseits geprägten Vorstellungen nachhaltig trennen. In aller Kürze kann man die wesentlichen Unterschiede folgendermaßen zusammenfassen: Die griechische Religion kannte keine Dogmen, kein Credo, keine heilige Schrift, keinen ausgeprägten Jenseitsglauben und keine professionelle und einflussreiche Priesterkaste. Darüber hinaus lassen sich – wenn wir zusammenfassend und übergreifend über die „griechische" Religion sprechen – sehr große regionale Unterschiede beobachten, die der Tatsache geschuldet sind, dass polytheistische Religionen offene Systeme sind, die Gewichtungen zulassen, so dass letztlich jede Stadt ihre eigene Gruppe bevorzugter Götter hatte, von denen einige wichtiger und andere weniger wichtig waren, einige auch gar nicht verehrt wurden. Dennoch ist es nicht nur eine abstrahierende Vereinfachung, wenn wir von „der griechischen Religion" sprechen. Die gemeinsamen Kulte und Feste, so Herodot, waren ja eines der wichtigsten verbindenden Glieder für ein griechisches Gemeinschaftsgefühl (siehe Kap. 1).

Diese Fremdartigkeit, die in der jüngeren Forschung immer wieder betont worden ist, stellt uns vor ein nicht geringes erkenntnistheoretisches Problem. Alle unsere Äußerungen über fremde Religionen, sei nun die Rede von den Dinka und den Nur in Afrika oder von den alten Griechen, lassen sich nur mit den aus der christlich-abendländischen Tradition stammenden Begrifflichkeiten und letztlich mit den damit verbundenen Vorstellungen treffen. Die unserer Erfahrungswelt eigentlich fremden Sachverhalte, die den Charakter ihrer Fremdheit auch nie ganz verlieren, müssen und können in die Sprache unseres Verständnishorizontes „übersetzt" und in dieser Sprache umschrieben werden. Dies ist nun einmal unser Bezugsrahmen, in dem wir uns bewegen und allgemein verständliche Aussagen treffen, auch wenn Begriffe wie „Glauben" oder „Frömmigkeit" keine direkten Entsprechungen im Griechischen haben; das muss man sich immer wieder kritisch bewusst machen, aber man muss damit umgehen können, will man über Aporien hinaus gelangen. „Nur wenn wir den Bezug auf die Gegenwart gegebenenfalls wagen", so ist Albert Henrichs zuzustimmen, „setzen wir uns wirklich mit der Antike auseinander, solange wir uns der gänzlichen Andersartigkeit unserer historischen Situation bewusst bleiben".

Götter, Menschen und Städte

„Alles ist voll von Göttern". Dieser Satz des Thales definiert die Welt als von göttlichen Kräften gestaltet und durchwaltet, er lässt sich auch ganz praktisch auf die Lebenswelt im archaischen und klassischen Griechenland übertragen. Die griechischen Städte waren von großen und kleineren Heiligtümern durchzogen. Auf den zentralen Marktplätzen und Straßen der Poleis drängten sich Standbilder von Göttern und Heroen. Die Landschaft war durch außerhalb der Stadt liegende, meist exponierte Tempelbezirke mit eindrucksvollen Bauten strukturiert. Darüber hinaus war die Religion umfassend ins Alltagsleben der Menschen eingebunden. Schlechthin existierte kein Lebensbereich ohne religiöse Rückkopplung. Geburt, Erwachsenwerden, Tod, Landwirtschaft, aber auch die Politik (keine Sitzung der Volksversammlung begann ohne die Opferung eines Schweins und die rituelle Reinigung des Versammlungsplatzes) wie auch die ganz direkt mit den Kultfeiern verbundenen Sportwettkämpfe und Theateragone wurden von religiösen Ritualen begleitet und geleitet.

Die Griechen verehrten eine Vielzahl von anthropomorphen Gottheiten. Drei Aspekte, die dieser einfache Satz berührt, sind für unser heutiges Alltagsverständnis von Religion so fremd, dass in der Wissenschaft immer noch kein klares und damit allseits verständliches Bild davon existiert, was genau wir unter griechischer Religion zu verstehen haben (auch die folgenden Abschnitte werden daran wohl nichts Wesentliches ändern).

Mit dem *Verehren* fängt das Problem an. Die moderne Forschung betont, dass nicht der Glaube (eine nach allgemeiner

Auffassung zur Beschreibung der griechischen Religion unbrauchbare Kategorie), sondern die an die korrekte Einhaltung von Ritualen geknüpfte Verehrung der Götter, also ein öffentlich bekundetes, im Extremfall ohne jegliche innere Anteilnahme erfolgendes Sozialverhalten, das entscheidende Merkmal griechischer Religion gewesen sei. Weiter irritierend wirkt auf moderne Betrachter die *Vielzahl* der verehrten Gottheiten. Dabei gilt es zu beachten, dass nicht nur die noch heute allgemein bekannten „olympischen" Götter, an deren Spitze Zeus stand und deren wichtigste Vertreter Athena und Apollon waren, eine Vielzahl von in Teilbereichen ebenso mächtigen übernatürlichen Wesen, sowohl Götter, als auch Heroen, Fluss- und Quellnymphen oder Naturgeister eine wichtige Rolle spielten. Darüber hinaus kann man bedeutende regionale Unterschiede im jeweiligen „Götterhimmel" (Pantheon) der verschiedenen Städte ausmachen. Bestimmte Gottheiten wurden in einigen Städten bevorzugt, womöglich solche, die anderswo keine Rolle spielten. In den verschiedenen Stadtstaaten wurden gewisse Götter als wichtigste und staatlich besonders sanktionierte Schutzgottheiten verehrt. In Athen war das natürlich Athena, in Sparta etwa Apollon. Zeus, Apollon und Athena gehörten zu den Gottheiten, die mit dem Namenszusatz Polieus (m.) oder Polias (f.) am häufigsten diese durch herausragende staatlich organisierte Kulte gekennzeichnete Rolle übernahmen. Diese Bevorzugung der genannten drei galt jedoch keinesfalls exklusiv. In Epidauros auf der Peloponnes war es der Heilgott Asklepios, im kleinasiatischen Ephesos die meist mit der ungezähmten Natur und weiblichen Initiationsriten verbundene Göttin Artemis, die diese Stelle einnahmen. Auch scheinbar ganz „unbedeutende" Götter konnten wichtige Kultfeste (und damit überhaupt eine öffentliche Relevanz) in den griechischen Städten erlangen. Die Quellnymphe Arethusa wurde als Stadtgottheit in Syrakus verehrt. Der Hirtengott Pan wurde in Athen nach der Schlacht von Marathon mit einem Kult geehrt. Er war (wie auch immer man sich das als skeptischer Bürger des 3. Jahrtausends vorzustellen hat) dem Athener

Meldeläufer Philippides, der vergeblich die Hilfe der Spartaner erbeten hatte, auf dem Rückweg nach Marathon in den Bergen begegnet, sprach ihn mit Namen an und ließ ihn wissen, dass er, obwohl man ihn Athen nicht genügend verehre, gewillt sei, den Athenern gegen die Perser zu helfen. Als Dank für die offensichtlich gewährte Unterstützung wurde ihm zu Ehren ein Tempel am Fuße der Akropolis errichtet und ein jährliches Opferfest, begleitet von einem Fackellauf, etabliert.

Der Vielzahl der Götter entsprach auch die Vielzahl der unterschiedlichen Zuständigkeitsbereiche der jeweiligen Götter, die umfassender oder spezieller sein konnten. Hermes etwa war der Beschützer der Reisenden (aber auch der Diebe), Artemis wachte über die Reinheit junger Mädchen, Hephaistos, der Schmied, war Partron der Handwerker. Etwas von dieser Vielgötterei und Arbeitsteilung hat sich in der Heiligenverehrung der katholischen und den orthodoxen Kirchen erhalten.

Diese komplexe und durch Mythen, also traditionelle Erzählungen von gesellschaftlicher Relevanz, zu einem Beziehungsgeflecht strukturierte Götterwelt hier im Einzelnen darzulegen würde zu weit führen (es ist auch zu bezweifeln, ob dies überhaupt möglich wäre), zumal im Gegensatz zur älteren Forschungstradition die Göttergestalten nicht mehr im Mittelpunkt des religionswissenschaftlichen Interesses stehen. Es genügt zunächst einmal festzustellen, dass der griechische Polytheismus keiner limitierenden Beschränkung unterworfen und prinzipiell ein offenes System war. Entsprechend kam es in vielen Städten regelmäßig und problemlos zur Aufnahme von „neuen Göttern", die einen Kult zugewiesen bekamen und so in das bestehende Pantheon integriert wurden.

Der dritte problematische Aspekt ist der *Anthropomorphismus* der griechischen Götter. Die Griechen stellten sich ihre Götter in menschlicher Gestalt vor, was nur vordergründig ein Verständnisproblem mit sich bringt, das vielleicht mit modernen, durch das erste Gebot geprägten Vorstellungen zusammenhängt. In der Literatur wie auch in der bildlichen

Darstellung begegnen die Götter nicht nur in menschlicher Gestalt, sondern auch als menschlich Handelnde, was vielleicht noch verstörender ist als ihre Erscheinung. Eifersucht, Neid, Rachsucht und derlei Gefühle und Affekte sind ihnen nicht fremd. Für die Verbreitung dieses Götterbildes sind in erster Linie die Homerischen Epen und Hesiods Lehrgedicht von den Göttern (die *Theogonie*) verantwortlich, die einen prägenden Einfluss auf die gesamte griechische Welt ausübten. Herodot behauptet sogar zugespitzt, Homer und Hesiod hätten den Griechen ihre Götter gegeben (2, 53). Die Götter waren also in ihrem bei Homer und im Mythos beschriebenen Verhalten weder „lieb", noch gerecht, aber dennoch Garanten der Gerechtigkeit und der Ordnung unter den Menschen.

Ihre Menschenähnlichkeit ist aber nur relativ und darauf kommt es letztlich an. Sowohl in der Bildenden Kunst, wo sie durch besondere Erhabenheit von den Sterblichen geschieden sind, als auch in Literatur und mythologischer Überlieferung treten die Unterschiede zwischen Sterblichen und Göttern und deren „übermenschlicher" Charakter deutlich zu Tage. Außerdem werden sie in den Mythen regelmäßig als Gestaltwandler präsentiert, die nicht nur das Aussehen anderer Menschen, sondern auch Tiergestalt (Zeus erscheint z. B. der Leda als Schwan) annehmen konnten. Viele Mythen markieren auch deutlich die Distanz zwischen Göttern und Menschen und streichen die Überlegenheit der Götter heraus. Der Mythos vom Flöte spielenden Satyr Marsyas, einem Mischwesen aus Mensch und Ziegenbock, betont diese unüberbrückbare Kluft zwischen Sterblichen und den Göttern. Marsyas forderte den Apollon zum Wettstreit heraus, wer besser musiziere, und bezahlte seinen anmaßenden Hochmut mit dem Tode: Apollon häutete ihn bei lebendigem Leibe.

Dabei sind die Götter trotz ihrer Überlegenheit keine der Welt entrückten Wesen, sie haben aktiv an den Geschicken der Menschen teil. Vor Troja kämpfen sie parteiisch auf beiden Seiten gemeinsam mit denjenigen Helden, denen sie jeweils zugetan waren. In historischen Zeiten greift Pan direkt zugunsten der Athener ein. Man kann sie anrufen, sie bieten Schutz und Hilfe in der Not, erwarten aber immer die ihnen gebührende Verehrung. Bleibt diese aus, so lehren die Mythen, hat das furchtbare Folgen für die Säumigen. Katastrophen und Seuchen wurden entsprechend als Strafen der Götter gedeutet. Man hatte eine Gottheit beleidigt oder missachtet, oder durch Fehlverhalten eine kultische „Verunreinigung" herbeigeführt, auch dies ein heute eher schwer verständliches Konzept. Im von Sophokles dramatisch ausgestalteten Sagenkreis um König Ödipus hat der Titelheld durch seine Heirat mit seiner eigenen Mutter die Bestrafung durch die Götter heraufbeschworen und seine Stadt wird von einer Pest heimgesucht, obwohl Ödipus ja gar nicht bewusst war, dass er die eigene Mutter geehelicht hatte. Als zu Beginn des Peloponnesischen Krieges in Athen eine Seuche ausbrach, wurde der Krieg, den man seit einem Jahr gegen die Spartaner führt, in Frage gestellt und Reinigungspriester und Orakeldeuter hatten Hochkonjunktur.

Die praktische Seite der griechischen Religion war entsprechend weitgehend von dem Wunsch der Menschen geprägt, sich mit den Göttern auf guten Fuß zu stellen und ein einvernehmliches Verhältnis herzustellen. Dies geschah zumeist und besonders sichtbar bei den großen städtischen Kultfesten, über die wir auch die meisten Informationen aus den Quellen gewinnen können. Diese die gesamte Polisgemeinschaft umfassenden Kultfeste für die wichtigsten Gottheiten waren für das Wohl des Stadtstaates insgesamt von besonderer Bedeutung. Das betraf einerseits ihre soziale Funktion als gemeinschafts- und identitätsstiftende Großereignisse, andererseits und vornehmlich aber ihre für den göttlichen Schutz der Stadt entscheidende Rolle als Kommunikationsbrücke zwischen den Göttern und der schutzbedürftigen Stadt.

Die herausragende Bedeutung der städtischen Kultfeste, an denen die Bürger gemeinschaftlich Teil hatten, hat den Blick der Forschung vor allem auf die sozialen Aspekte der griechischen Religion gelenkt. „Die griechische Religion" so der britische Althistoriker Paul Cartledge, war „in charakteristischer

Weise ausgerichtet auf die Beziehungen zwischen einem menschlichen Kollektiv und den Göttern und realisierte sich in kollektiven, offiziellen und öffentlichen Ritualen, vor allem in Festen". Zur Beschreibung des Sachverhalts, dass die Polis die kultischen Feiern und Aktivitäten weitgehend monopolisierte und bis auf die Ebene der kleinen Demen (Dörfern) den Kulten gemeinschaftliche Organisationsformen zu Grunde lagen, hat sich der Begriff „Polis-Religion" eingebürgert. Individuelle Frömmigkeit und private Religiosität habe dabei im Rahmen der griechischen Religion keinen Platz gehabt. Dieser mehrheitlich in den neueren Darstellungen zur griechischen Religion vertretenen Auffassung liegt ein grundlegender Denkfehler zugrunde, der an dieser Stelle nicht wiederholt werden soll.

All den mannigfachen Kulten und Ritualen, die im nächsten Abschnitt ein wenig vorgestellt werden sollen, liegt unabhängig von ihrer Gemeinschaftsfunktion eine Überzeugung der einzelnen Mitglieder dieser Kultgemeinschaft zugrunde, die sich notwendigerweise auch in *innerer* Teilnahme an den Ritualen dokumentieren musste: Es musste jedem Einzelnen bewusst sein, dass die Götter existieren, dass sie unmittelbaren Einfluss auf das Leben der Menschen ausüben und die Kommunikation mit ihnen deswegen nötig war. Andernfalls wären die Vorgänge in einem Fußballstadion im Analogieschluss als Formen moderner „Polis-Religion" zu betrachten. Religion hat neben ihrer sozialen Funktion ihren Ort immer auch im Erleben des einzelnen Menschen und hat daher mit „Erfahrung" zu tun. Dieser religiösen Erfahrung bot auch die griechische Religion Raum, auch wenn derzeit andere Aspekte stärker beachtet werden. Ohne die Angelegenheit noch weiter zu vertiefen und den Rahmen dieses Überblicks zu sprengen, sei in diesem Zusammenhang auf die Heilkulte verwiesen, deren bekanntester der Asklepios-Kult war. Die wundersame Heilung von einer Krankheit betraf immer das Individuum und entsprechend individuell war die Kommunikation mit der Gottheit gestaltet, von der wir eine Vielzahl von Zeugnissen haben (Gebete, Dankopfer, Weihgeschenke).

Griechische Kultfeste: Ritual und Mythos

Die Heiligtümer der Griechen waren in erster Linie durch einen heiligen Bezirk (*témenos*) definiert, der immer einen Altar im Freien enthielt, an dem die Kulthandlungen abgehalten wurden. Tempel spielten im Rahmen der Religionsausübung keine Rolle. Sie waren das Haus der Gottheit, in dem deren Kultstatue aufbewahrt wurde und dienten auch zunehmend als Schatzkammern für die aus Weihgaben bestehenden Tempelschätze. Natürlich waren sie aber repräsentative Bauten, die durch ihre Pracht und ihren überbordenden Bauschmuck sowohl Respekt für die Götter, als auch den Stolz ihrer Erbauer zum Ausdruck brachten. Es gab aber zahlreiche kleinere, etwa um eine Quellen oder einen Baum gruppierte Heiligtümer, die nie einen Tempelbau erhielten. Dem Tempel an der Eingangsseite vorgelagert und immer auf die darin befindliche Kultstatue bezogen war der Altar, das wichtigste Element im Kultensemble der griechischen Heiligtümer. Neben schlichten Brand- und Aschaltären in unterschiedlichen Formen, konnten Altäre auch beachtliche Dimensionen aufweisen, etwa der berühmte Pergamonaltar aus hellenistischer Zeit.

Dort war der Ort für die Opferrituale, die, von Ausnahmen abgesehen, von einem Priester oder einer Priesterin vorgenommen wurden. Im Bereich der Religion spielten die Frauen eine beachtliche Rolle und gewöhnlich waren ihnen die Priesterschaften für weibliche Gottheiten vorbehalten, Götter hatten in der Regel männliche Priester. Priesterämter waren in den meisten Fällen von der Polis vergebene Ehrenämter, die in Athen gewöhnlich jährlich ausgelost wurden. Einige Priesterschaften waren aus alter Tradition erblich oder auf bestimmte Familienclans beschränkt, etwa die Kerykes und Eumolpiden, die in Eleusis die Priesterämter besetzten, oder die Branchiden in Didyma. Dabei waren die Priester, wie auch die politischen Amtsträger, gewöhnliche Bürger oder Bürgerinnen und keine Spezialisten. Sie konnten auch keinerlei religionspolitische Entscheidungen treffen. Dieser Sachverhalt und das Fehlen einer buchorientierten Theologie oder Dogmatik, die einer professionellen Priesterkaste bedurfte, waren wichtige Gründe, warum es in Griechenland im Gegensatz etwa zum Alten Israel oder Indien nie eine mächtige Priesterschaft gab. Die Priester hatten für das reibungslose Funktionieren der Heiligtümer zu sorgen und die Tempelschätze zu verwalten (inschriftlich haben sich einige Inventarlisten erhalten), daneben waren sie für Gebete und Opfer zuständig und leiteten die weihenden und opfernden Privatleute entsprechend an.

Die griechischen Kultfeste waren um einige grundlegende Rituale zentriert, die vor allem verschiedene Formen des Opfers umfassten, etwa Trankopfer, Darbringung von Geschenken (Weihungen). Aber auch Prozessionen, Tänze, Wettkämpfe im Rahmen der Kultfeste (davon war ja schon ausführlicher die Rede), Hymnen und Gebete gehörten zum rituellen Zubehör der religiösen Feste der Griechen. Besonders das Tieropfer als zentrales Element griechischer Opferrituale hat die Aufmerksamkeit der Forschung auf sich gezogen. Über den Opfervorgang wissen wir recht gut Bescheid, da sich neben Beschreibungen auf Vasen und auf Weihreliefs auch Bildzeugnisse erhalten haben. Ein rotfiguriger Mischkrug (*kratér*) aus der zweiten Hälfte des 4. Jahrhunderts zeigt eine Opferszene am Altar (Abb. 10). Nach der rituellen Schlachtung des Tieres wurde das Fleisch von Haut und Knochen getrennt und nur letztere als Brandopfer den Göttern dargebracht. Das Fleisch wurde in gemeinsamen Kultmahlzeiten von den Menschen verzehrt. Ein Glockenkrater des Tarporley-Malers zeigt einen jungen Mann, der den Kopf eines Schweins nach dem Opfer vor einem Tempel herrichtet (Abb. 11).

Neben der Opferhandlung und dem Opfermahl waren mit vielen Kulten noch andere, jeweils bezeichnende und typische Rituale verbunden. Für Pan wurde in Athen, wie bereits erwähnt, ein Fackellauf ausgerichtet. Hera, die Stadtgöttin von Argos, wurde dort mit einem großen Kultfest zu Beginn jeden Jahres geehrt. Dabei zogen die jungen Männer in einer Prozession von der Stadt zum außerhalb gelegenen Heiligtum. Der würdigste unter den Jugendlichen trug in dieser Prozession einen heiligen Bronzeschild und machte so symbolisch auf seinen und seiner Altersgenossen Übergang von der Jugend zum Erwachsenenalter aufmerksam. Anschließend wurden sportliche Wettkämpfe unter den Jugendlichen veranstaltet, wobei der Sieger mit einem Bronzeschild geehrt wurde. Etwas ausführlicher soll hier eines der wichtigsten Kultfeste Athens zur Sprache kommen, die Anthesterien. Dieses Fest, das an drei

Abb. 10
Opferdarstellung auf rotfigurigem Krater (Mischkrug) aus Kampanien, ca. 330

Tagen Ende Februar zu Ehren des Dionysos gefeiert wurde, hat gewisse Ähnlichkeiten mit unseren Erntedankfesten, aber auch mit Formen des Karneval und Allerseelen. Im Vordergrund stand am ersten Tag der neue, im letzten Herbst gekelterte Wein, der nun erstmals in einem Heiligtum des Dionysos ausgeschenkt wurde. Dieses Ereignis wurde rituell markiert und die ganze Stadt traf sich zu ausgelassenen Feiern. Am

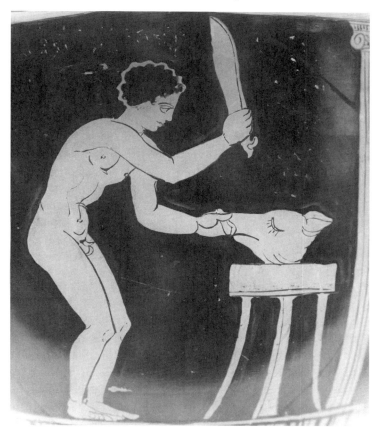

Abb. 11
Glockenkrater des Tarporley Malers. Nach dem Opfer wird ein Schweinekopf zugerichtet (ca. 360-340)

zweiten Tag kam es zu einer temporären Auflösung der sozialen Ordnung, wenn die Teilnehmer des Festumzugs, die mit Kostümen verkleidet waren, wahllos Passanten beschimpfen und verspotten durften. Auch die Sklaven genossen während der Feiertage besondere Freiheiten und durften an den Tischen ihrer Herrn sitzen. Weiterhin forderte ein Wetttrinken seine Opfer unter den Bürgern, denn es galt aus einem etwa drei Liter fassenden Weinkrug den nicht mit Wasser gemischten Inhalt in möglichst kurzer Zeit herunterzustürzen. Am letzten Tag kehrte man zur gewohnten Ordnung zurück. Ethnologen haben für dieses und andere, überall anzutreffende Feste der „verkehrten Welt" (wozu unter anderem unsere „Fastnacht" gehört) geltend gemacht, dass sie gerade dazu dienen, die soziale Ordnung durch die temporäre Störung derselben erneut zu bestätigen. Man opferte an diesem Tag der Anthesterien auch dem Hermes Chtonios, dem „unterweltlichen Hermes", denn der Götterbote war ja zugleich der Seelenleiter, der die Seelen der Verstorbenen in die Unterwelt führte. Dieser Tag war eine Art Totengedenktag. Auch der grausige Mythos vom Mädchen Erigone wurde rituell im den Anthesteria angegliederten Fest der Aiora erinnert: Ihr Vater Ikarios, der nach der Tradition den Wein in Attika eingeführt hatte, wurde von betrunkenen Zechern ermordet, worauf sich das Mädchen nach dem Fund der Leiche des Vaters an einem Baum erhängte. Dieser Erigone gedachten die athenischen Mädchen beim Schaukelfest, indem sie das Schaukeln der Erigone am Baum rituell nachspielten.

Man kann an diesem Beispiel deutlich die funktionalen Aspekte eines die ganze Gemeinschaft umfassenden Kultfestes erfassen, das eben nicht nur religiös oder sozial zu bestimmen ist. Neben der Festigung der sozialen Ordnung, dem Dank an Dionysos für die Ernte, dem Gedenken an die Toten, wurde auch der Aspekt des fröhlichen und ausgelassenen Feierns, der alle Kultfeste, die ja mit dem Verzehr des Opferfleisches einhergingen, kennzeichnete, nicht vernachlässigt. Thukydides lässt Perikles hinsichtlich der städtischen Feste voller Stolz sagen: „Dann haben wir uns bei unsrer Denkweise auch von der Arbeit die meisten Erholungen geschaffen: Wettspiele und Opfer, die jahraus, jahrein bei uns Brauch sind" (2, 38, 1).

In einigen dieser Rituale, jedoch keineswegs in allen, spiegeln sich also auch die Mythen wieder, die über die Geburt oder das Wirken einer Gottheit oder eines Heros in Umlauf waren, wie etwa das Schaukelfest der jungen Mädchen zur Erinnerung an die unglückliche Erigone. Nach dem Tod der Erigone, so der Mythos, griff nämlich ein Wahn um sich und viele Mädchen erhängten sich. Erst nachdem das Orakel von Delphi konsultiert wurde und die Athener auf Anweisung des Orakels das Schaukelfest einführten, kehrte wieder Normalität ein. Auf der Insel Delos wurde zu Ehren des in Delos besonders verehrten Apollon ein Kranichtanz aufgeführt, der schon von den Zeitgenossen auf einen Mythos von Theseus zurückgeführt wurde, der eben diesen Kranichtanz erstmals mit den von ihm aus der Gewalt des Minotauros befreiten Jünglingen auf Delos getanzt haben soll. Heute weiß man nicht genau – und es ist auch fraglich, ob man es damals wusste, oder sich überhaupt dafür interessierte –, was in derartigen Fällen zuerst da war, das Ritual oder der Mythos, der das Ritual erklärt. Wie die berühmte Frage, was zuerst da war, die Henne oder das Ei, lässt sich auch hier keine Entscheidung treffen, die Meinungen bleiben geteilt; vielleicht haben Mythos und Ritual auch zeitgleich von Anfang an gemeinsam die Kulte geprägt. Die immer wieder betonte Verbindung von Mythos und Ritual ist insgesamt vielleicht doch etwas überbewertet, wenn man bedenkt, dass die allermeisten mythischen Erzählungen, auch sehr prominente, keine rituellen Entsprechungen haben.

Direkt auf den Mythos Bezug nehmen die Mysterien von Eleusis. Dabei handelt es sich um den ältesten der so genannten „Mysterienkulte", die besonders während der hellenistischen Epoche in Mode kamen und die schon immer das Interesse der Historiker wach gehalten haben. Gemeinsam ist diesen Kulten, dass sie mit der Geheimhaltung unterliegenden Einweihungsritualen und positiven Jenseitsvorstellungen verbunden waren. Obwohl die meisten Mysterienkulte, etwa der der Isis, der Kybele, des Attis oder des iranischen Mithras, erst seit dem 4. Jahrhundert und meist noch später aus dem Osten Einzug in die griechische Welt hielten, waren die eleusinischen Mysterien bereits seit mindestens dem 6. Jahrhundert, als Peisistratos den Kult aufwertete, fester Bestandteil des attischen Festkalenders. Allgemein wird sogar vermutet, dass der Mysterienkult seine Ursprünge in der mykenischen Zeit hat. Mit diesem Kultfest wurden Demeter und ihre Tochter Persephone (Kore) gefeiert. Der Kult stand prinzipiell jedem offen, auch Nichtbürgern, war jedoch an die Entrichtung einer Gebühr für die Einweihung und die Beherrschung der griechischen Sprache gebunden. Die Geheimhaltung, die der Kult von seinen Mitgliedern bei Strafandrohung verlangte, hat funktioniert. Bis heute wissen wir nichts über die konkreten Inhalte und Offenbarungen, die bei der Initiation weiter gegeben wurden. Hintergrund des Kultes bildete der Mythos von Persephone, die von Hades in die Unterwelt entführt wurde. Ihre Mutter Demeter, Garantin für Fruchtbarkeit und Vegetation, suchte verzweifelt ihre Tochter und vernachlässigte so ihre Pflichten. Winter kam über die Erde und erst, als sie ihre Tochter wieder fand und mit ihr zurückkehrte, wurde es Frühling und die Menschen konnten aussähen und Hoffnung auf ein Weiterleben schöpfen. Jedoch hatte die Kore in der Unterwelt von einem Granatapfel gegessen und musste seitdem ein Drittel des Jahres im Reich des Hades verbringen. Diese schöne Geschichte von Tod und Wiedergeburt, von Ende und Neubeginn und vom Wechsel der Jahreszeiten wurde kultisch in den „Großen Mysterien" gefeiert. Bereits der früheste mit dem Kult verbundene Text, eine „Homerische" Hymne an Demeter (7. Jahrhundert), verweist auf die mit den Mysterien verbundene Hoffnung auf ein besseres Leben nach dem Tod. Explizit zwei Vorteile für die Eingeweihten nennt der Demeter-Hymnus: Wohlstand im Diesseits und Glückseligkeit im Leben nach dem Tod.

Eine besondere Rolle spielten die „panhellenischen Spiele" im Rahmen der griechischen Religion. Die berühmtesten dieser großen Götterfeste fanden in Olympia, Delphi, Korinth und Nemea statt. Sie standen allen Griechen offen und waren gesellschaftliche Großereignisse. Sie dienten unter anderem der Festigung gemeingriechischen Geistes (Panhellenismus), einerseits, weil wichtige Vertreter aus vielen Städten zusammen kamen, andererseits, weil zum Schutz dieser wichtigen Heiligtümer auch Verbünde von umliegenden Stadtstaaten gebildet wurden (Amphiktionien). „Diese Spiele waren die einzige Form, in der das Bewusstsein der Griechen, ein einheitliches Volk zu sein, seinen organisatorischen Ausdruck fand." (W. Schuller). Zunächst und zuvörderst aber waren sie Feste zu Ehren der Götter. Abgesehen von den Pythischen Spielen in Delphi, bei denen musische Agone die Hauptrolle spielten, waren die panhellenischen Spiele vor allem sportlichen Wettkämpfen gewidmet. Der Ursprung dieser sportlichen Kämpfe zu Ehren der Götter ist nicht geklärt. Vielleicht liefern die berühmten Leichenspiele zu Ehren des Patroklos (des vor Troja gefallenen Freundes des Achill), die ausführlich in der *Ilias* geschildert sind, einen Hinweis, und man muss den Ursprung solcher Spiele im Totenkult suchen. Die Olympischen Spiele, die bedeutendsten der panhellenischen Agone, wurden seit 776 veranstaltet und hatten einen legendären Ruf im alten Griechenland. Sport, ein Thema, das eigentlich einen eigenen Abschnitt verdient hätte, war für die Griechen von herausragender Bedeutung. Sowohl im kultischen Bereich (bei den Olympischen Spielen zu siegen war ein enormer Prestigegewinn), als auch im alltäglichen Leben spielten der Sport, sportliche Wettkämpfe und Körperkultur eine große Rolle. Abgesehen von den Anforderungen eines Bürgerlebens, in dem der Kriegseinsatz mit schweren Waffen zum Alltag gehörte und entsprechendes körperliches Training erforderte, war die griechische Kultur von einem Menschenbild geprägt, das auf äußerliche Schönheit baute. „Die Schönen und Guten" war eine gängige Bezeichnung für Adlige, denn Schönheit und Tugend verbanden sich zu einem Ideal. Zu den wichtigsten öffentlichen Orten in den Städten gehörten die Palästra und das

Gymnasion, wo unter Aufsicht von Trainern Leibesübungen aller Art stattfanden. Ziel dieser Übungen war nicht nur eine generelle athletische Ausformung des Körpers, sondern vor allem der Wettkampf. Diese besonders im Sport (aber auch bei anderen Wettbewerben) zur Geltung kommende Manie der Griechen, sich im Wettstreit zu messen, hat zu der bereits angesprochenen Annahme Jacob Burckhardts geführt, dieses „Agonale Prinzip" sei ein besonderes Kennzeichen des Griechentums und der Motor der dynamischen Entwicklung der archaischen und klassischen Zeit. Zumindest was den Sport angeht, unterschieden sich die Griechen jedoch nicht wesentlich von anderen Völkern der Antike.

Rational und irrational im Polytheismus

Im Verlauf des 4. Jahrhunderts erhielten auch andere Mysterienkulte, aber auch neu eingeführte Gottheiten wie Bendis aus Thrakien oder Kybele aus dem Orient weiteren Zulauf. Mit dieser Beobachtung verbinden die Historiker einen Strukturwandel, der bereits im 5. Jahrhundert eingesetzt und die traditionelle, polisgebunde Religion tief erschüttert habe. Religionen, auch polytheistische, sind prinzipiell sehr „konservativ", das heißt sie bewahren besonders hinsichtlich ritueller Formen über lange Zeiträume Traditionen. Dennoch lassen sich bestimmte Tendenzen des Wandels erkennen, wenngleich sich keine klare Richtung ausmachen lässt. Bereits unter den Vorsokratikern fanden sich einige Denker, die vor dem Hintergrund der rationalen Erklärungsmuster der Naturphilosophie auch religiöse Traditionen in Frage stellten. Berühmt ist etwa der Ausspruch des Xenophanes (ca. 570-470), dass die Pferde, könnten sie Bildwerke wie Menschen herstellen, ihren Göttern die Gestalt von Pferden geben würden, der als Kritik am Anthropomorphismus der griechischen Götter verstanden wurde. Im 5. Jahrhundert nahm unter dem Einfluss der Sophisten die Religionskritik weiter zu und das grundsätzliche erkenntnistheoretische Problem, was der Mensch überhaupt wissen kann, wurde von Protagoras auf die Religion ausgedehnt. Er sagte, dass man – wenn der Mensch das Maß aller Dinge ist (*Homo-Mensura-Satz*, siehe Kap. 8, Philosophie) – auch über die Götter keine verbindliche Aussage machen können, weder dass sie existieren noch dass sie nicht existieren. Diese Religionskritik hat in der Neuzeit dazu geführt, dass man an eine Art „griechische Aufklärung" dachte, die bis hin zu atheistischen Vorstellungen geführt habe und vom grundsätzlich liberalen griechischen Polytheismus geduldet und befördert wurde. Diese anachronistische Vorstellung ist bisweilen noch heute in wissenschaftlichen Darstellungen zu finden.

Die philosophischen Einzelmeinungen waren einerseits keineswegs mehrheitsfähig und betrafen bestenfalls ein Häuflein „Intellektueller", in deren Kreisen sie diskutiert wurden und nicht weiter zirkulierten. Andererseits führt Kritik an einzelnen Ausprägungen der Religion keineswegs automatisch zu Atheismus, der zudem eine moderne Erfindung ist, die nicht nur für das Mittelalter, sondern auch für die griechische Antike im Wortsinne undenkbar war. Man konnte aber andere und von der Polis nicht sanktionierte Götter verehren. Dies war ja der Vorwurf, der gegen Sokrates erhoben wurde und zu seiner Verurteilung führte. Damit wäre das Problem der für den dogmenfreien griechischen Polytheismus angeblich so typischen Toleranz und Liberalität angeschnitten. Auch hier liegen eher moderne Vorstellungen zu Grunde. Prinzipiell konnte viel gesagt und gedacht werden, was die Götter betraf, jedoch zeigte sich in Krisenzeiten, etwa während des Peloponnesischen Krieges, ein anderes Bild des Polytheismus. Am Ende des 5. Jahrhunderts finden in Athen mehrere Prozesse gegen (ausländische) Philosophen statt, die verdächtigt wurden, die traditionellen Götter mit ihren neuen Lehren beleidigt zu haben. Religionsfrevel wie etwa die Verstümmelung von typisierten Standbildern des Gottes Hermes (sog. „Hermen") durch jugendliche Unruhestifter aus einflussreichen Familien wurden streng geahndet, zumal die Tat vor der Ausfahrt der Flotte nach Sizilien als schlechtes Omen gewertet wurde (415).

Es lassen sich also gewissermaßen gegenläufige Tendenzen beobachten, die aber gerade deswegen für den griechischen Polytheismus typisch waren. Philosophischer Provokation steht in Zeiten von Krisen konservatives Bewahren gegenüber, und zugleich versucht man auch – aber offiziell als Polis – neue Kulte zu etablieren, um in der Krise eine Alternative aufzutun. So wurden etwa die neuen Gottheiten Asklepios, Bendis oder Kybele mit ihren Kulten in Athen während des Peloponnesischen Krieges eingeführt. Im 4. Jahrhundert kommen noch Tendenzen hinzu, die wir heute unter der Rubrik „Magie und Aberglauben" einordnen würden. Fluchtäfelchen tauchen zum ersten Mal auf, Seher und Orakeldeuter, die bereits während der oben erwähnten Pestjahre und während des Peloponnesischen Krieges an Einfluss gewonnen hatten, wurden häufig konsultiert, und magische Praktiken fanden in Form von Heilzaubern gerade dann mehr Zuspruch, als sich auch die „hippokratische" rationale Medizin höchst erfolgreich zu entwickeln begann. Diese Phänomene zeigen in ihrer Gesamtheit eigentlich das ganze Wesen des griechischen Polytheismus, welcher die Aufnahme *und* Zurückweisung neuer Götter, Innovation *und* Tradition umfasst und vor allem in Krisen seinen Anhängern die Mittel an die Hand gibt, flexibel zu reagieren – und dabei Tradition zu bewahren und die überkommen Götter angemessen zu verehren, während gleichzeitig Unterstützung und Schutz bei neuen Gottheiten gesucht wird.

10. Handel und Wirtschaft

Oikonomia

Mit dem folgenden Kapitel über die Ökonomie der griechischen Stadtstaaten begeben wir uns auf scheinbar vertrautes Terrain, das dem heutigen Leser leichter zu erschließen sein wird, als die religiösen Vorstellungen der Griechen. Dennoch gilt es einige Dinge im Voraus zu beachten. Die Griechen dachten über vielerlei Dinge intensiv nach, über Fragen der Mathematik, der Zoologie, über Geschichte, Geographie, über das Sein an sich, wie über die rechte staatliche Ordnung. Wirtschaftliche Prozesse und ihre Wirkung auf Gesellschaft und Politik, Kategorien, die für unser Denken heute so elementar sind, interessierten sie indes überhaupt nicht. Deswegen enthalten unsere historiographischen Hauptquellen auch keine expliziten Angaben über ökonomische Entwicklungen und streifen höchstens nebenbei Zusammenhänge, die wir heute als wirtschaftlich bedeutsam interpretieren. Angesichts der Tatsache, dass Wirtschaft und Handel im modernen Verständnis Grundlage jeder staatlichen und gesellschaftlichen Entwicklung sind, muss dieser Befund zunächst irritieren. Das Wort „Ökonomie" stammt gleichwohl aus dem Griechischen, und wird bei Aristoteles und Xenophon verwendet und erklärt (*oikonomía* bei Aristoteles, v.a. in der *Nikomachischen Ethik*, *Oikonomikós* ist der Titel eines Werkes des Xenophon). Jedoch handelt es sich gerade bei dem Buch des Xenophon um eine Gattung der praktischen Handbuchliteratur, die die Führung eines Haushaltes (*oíkos* bedeutet Haus), also eines Landguts zum Gegenstand hat. Auch Aristoteles, der analytischer vorgeht, unterschied die Haushaltung der Haushaltsgemeinschaft (*oikonomia*) vom Handel oder Gelderwerb (Chrematistik), wobei Produktion und Handel von Aristoteles im Gegensatz zur Landwirtschaft gering geachtet wurden. Diese Form des Zugangs zur „Ökonomie" entspricht am ehesten demjenigen, den wir in Deutschland unter dem Begriff der so genannten „Hausväterliteratur" der frühen Neuzeit kennen. Diese Fokussierung der zeitgenössischen Schriftsteller auf den Bereich der Landwirtschaft (durchaus in größerem, dem Adel und den Wohlhabenden angemessenen Stil) als Kernbereich der Wirtschaft, bedeutet nicht, dass es eine handels- und produktionsorientierte Wirtschaft von Rang nicht gegeben hätte. Der Sachverhalt deutet aber darauf hin, dass in der Wahrnehmung und im Prestigedenken der Griechen Gutsherrenwirtschaft als besonders erstrebenswert galt.

Landwirtschaft

Landwirtschaft war nicht nur aus einer ideologischen Perspektive der wichtigste Wirtschaftszweig. Sie bildete die natürliche Lebensgrundlage der griechischen Stadtstaaten. In archaischer Zeit war es der Mangel an Anbauflächen, der die Aussiedler dazu trieb, ihre Schiffe zu bemannen und neue Städte zu gründen. Die übergroße (aber nicht genau quantifizierbare) Mehrheit der Bevölkerung war in der Landwirtschaft tätig und bezog daraus ihren Lebensunterhalt. Der größte Teil dieser landwirtschaftlichen Betätigung ist aus Sicht des Historikers recht uninteressant. Die Landbewohner, die im Schnitt fünf Hektar Land bewirtschafteten, versorgten sich in erster Linie selbst und waren keine „global player" auf dem Markt. Warenaustausch wurde weitgehend auf dem Wege des Tauschhandels realisiert und die keinesfalls industrielle Ausmaße annehmenden Überschüsse kamen auf die lokalen Märkte, wo lange der Tauschhandel vorherrschte. In den *Acharnern* des Aristophanes hat der Held Dikaiopolis, der wegen des Kriegs in die geschützte Stadt ziehen muss, Sehnsucht nach seinem Dorf, wo „es niemals heißt, kauf Kohle, Essig, Öl, wo das Wort kaufen unbekannt ist". Diese einfachen, aber durchaus nicht armen Leute bildeten das Gros der ländlichen Bevölkerung; ihr Portrait hat Aristophanes in seinen Komödien gezeichnet. Neue Forschungen haben plausibel machen können, dass während des 5. Jahrhunderts ein allgemeiner Anstieg des Wohlstands, der auch die Landbevölkerung betraf, für Athen zu verzeichnen ist, so dass die gewöhnlichen Landbewohner durchaus ihr Auskommen gehabt haben dürften. Oft sind es diese einfachen Leute, die mit ihrem *common sense* und ihrem Witz als Helden der Komödie triumphieren; sie stellten mit den städtischen Handwerkern auch die Mehrheit in der Volksversammlung. Den Komödien verdanken wir daneben wichtige Hinweise auf Preise landwirtschaftlicher sowie sonstiger Güter und die Konsumgewohnheiten der Bevölkerung Attikas. In Sparta lagen die Dinge etwas anders. Dort waren die Landgüter, die von den

Heloten bearbeitet werden mussten und die zur Unterhaltung der „kasernierten" Spartiaten dienten, etwas größer und erwirtschafteten einen bescheidenen Wohlstand. Etwa 18 Hektar sollen spartanische Landgüter durchschnittlich umfasst haben.

Wirtschaftsgeschichtlich interessanter sind die Großgrundbesitzer der Oberschicht, über deren Lebensumstände und Besitztümer sich durch die Gerichtsreden des 4. Jahrhunderts einige spezifische Informationen erhalten haben. Überhaupt muss erwähnt werden, dass die Quellen zur Wirtschaftsgeschichte eigentlich erst im 4. Jahrhundert ausführlicher sprudeln, die Gerichtsreden, die oft Vermögensstreitigkeiten betreffen, sind die wichtigsten darunter. Außerdem ist – so muss erneut betont werden – auch die „griechische Wirtschaftsgeschichte" zumindest für die klassische Zeit aufgrund der Quellenlage weitgehend die Wirtschaftsgeschichte Athens. Erst im hellenistischen Zeitalter lassen sich auch detaillierte Informationen für die Städte und Staaten des gesamten Mittelmeerraumes gewinnen.

Zu den Großgrundbesitzern gehörten berühmte Leute wie Alkibiades, der ein Gut mit ca. 29 Hektar Ackerland besessen haben soll. Aber auch nur durch ihre Rechtstreitigkeiten bekannte Männer, wie ein gewisser Phainippos, erwirtschafteten viele tausend Drachmen mit ihren Landgütern, deren Wert beträchtlich war und beim Verkauf Summen einbringen konnte, die ein „Talent" weit überstiegen. Als Wertmaß galt bei den Griechen das Silber als Referenz, das in Gewichtseinheiten aufgeteilt war, deren untere auch in Münzen geschlagen werden konnten (dazu im übernächsten Abschnitt mehr). Ein Talent entsprach rund 26 kg Silber, es war unterteilt in 60 Minen. Eine Mine wiederum wurde heruntergerechnet auf 100 Drachmen à sechs Obolen. Diese abstrakten Wertangaben gewinnen erst dann Bedeutung, wenn man sie mit Kaufkraft und Einkommen korrelieren kann. Glücklicherweise haben sich Preisangaben und Lohnabrechnungen erhalten, die eine grundlegende Einschätzung ermöglichen. Ein Tageslohn wurde in klassischer Zeit mit einer Drachme berechnet (später, im 4. Jahrhundert, bekam ein Arbeiter zwei Drachmen), und ein Laib Brot kostete eine Obole (dafür gibt es aber nur einen Beleg). Der Preis für einen Scheffel Weizen variierte, da er auch Spekulationen ausgesetzt war, im 4. Jahrhundert zwischen 6 und 16 Drachmen (der attische Scheffel – *medimnos* – entspricht etwa 53 Liter und 40 kg bei Weizen). Ein etwas mehr als drei Liter fassender Krug (*chous*) günstiger Tafelwein war für vier Obolen zu haben und rund 0,3 Liter Olivenöl kosteten zwischen ein und zwei Obolen. Daraus (und aus vielen anderen Angaben und Faktoren) hat man errechnet, dass eine vierköpfige Familie, um mehr schlecht als recht leben zu können, über ein Jahreseinkommen von rund 300-350 Drachmen verfügen muss (dabei fallen auf die die Ernährung 70-80 Prozent der Ausgaben). Wenn also Phainippos mit den Produkten seiner Landgüter (Holz, Getreide und Wein) jährlich über 17.000 Drachmen einnahm (diese vielleicht etwas übertriebene Summe teilt uns Demosthenes mit, der dem beklagten Phainippos jedoch eine Liturgie aufbrummen möchte und ihn als sehr reich darstellen muss), dann zeigt sich, wie groß die Kluft zwischen Reichen und „Normalbürgern" gewesen sein muss. Ebenfalls aus Gerichtsreden erfahren wir von der Familie des Buselos, die trotz Erbteilung unter fünf Kindern gemeinsam ein unglaubliches Vermögen an Landbesitz, Vieh, edlen Reitpferden (ein besonderes Statussymbol), sowie Gewinne aus Miet- und Pachteinkünften, Geldverleih und Viehhandel ihr Eigen nennen konnte.

Unter den landwirtschaftlichen Produkten Athens, die auch exportiert wurden und im Fernhandel eine Rolle spielten, ist nur Olivenöl von größerer Bedeutung. Es wurde hauptsächlich ins Schwarzmeergebiet geliefert, in dem keine Olivenbäume wuchsen. Jedoch war Athen hinsichtlich landwirtschaftlicher Produkte in erster Linie Importeur. Besonders Getreidelieferungen waren lebenswichtig für die bevölkerungsreiche Stadt, die etwa zwei Drittel ihres Bedarfs einführen musste. Andere griechische Städte, die auch durch die Bodenverhältnisse begünstigt waren, galten als große Agrarexporteure, etwa das sizilische Akragas (Agrigento) oder die Hauptstadt Böotiens, Theben.

Handel, Handwerk und Warenproduktion

Der Fernhandel spielte in Athen eine große Rolle. Dafür sprechen einige strukturelle Gegebenheiten: Athen war unbedingt auf Getreidelieferungen von außen angewiesen, musste also Handel treiben. Es gab in Attika reiche Silbervorkommen, die für diesen Handel ausgebeutet werden konnten. Durch die Seeherrschaft der Athener wurde der Seehandel sicherer, nötigenfalls konnte (wie oft für die riesigen Kornfrachter geschehen) Geleitschutz gestellt werden. Im Piräus herrschten exzellente Bedingungen für den Warenaustausch, außerdem gab es Banken – im Piräus wie in Athen –, die Schiffsdarlehen vergaben, und Geldwechsler, die fremde Münzen tauschten. Für den Außenhandel der Athener spielten andere Produkte als die eben genannten landwirtschaftlichen eine größere Rolle. Athen exportierte neben dem aus agrarwirtschaftlicher Produktion stammenden Olivenöl in erster Linie Silber. Das Edelmetall war sehr begehrt und Hauptzahlungsmittel athenischer Händler bei Übernahme anderer Waren. Durch die schier unerschöpflichen Silberminen bei Laureion (im südöstlichen Attika) konnte Silber in großen Mengen ausgeführt werden. Schätzungsweise 1.000 Talente, also 26 Tonnen, des Edelmetalls wurden um die Mitte des 4. Jahrhunderts jährlich gefördert. Dabei konnten sowohl geschlagene Münzen (die einem an Geldwirtschaft gewöhnten modernen Menschen natürlich als erstes in den Sinn kommen), als auch Barrensilber und künstlerisch gestaltete Silbergefäße als Tauschmittel dienen. Die Ausbeutung der Silberminen selbst war auch ein Geschäft, an dem viele Athener als Pächter und Sklavenverleiher Teil hatten. Schätzungsweise 30.000 Sklaven mussten in den Minen unter unmenschlichen Bedingungen arbeiten. Sie gehörten jedoch oft nicht den Minenpächtern, sondern waren häufig Mietsklaven, die von reichen Athenern, die diesen Wirtschaftszweig für sich entdeckt hatten, an die Konzessionäre ausgeliehen wurden. Nikias, der Feldherr und Politiker, verlieh 1.000 Sklaven auf diese Weise an einen Pächter für eine

Obole pro Tag. Der Staat verpachtete nämlich die Rechte an der Ausbeutung der Minen an Privatunternehmer, wobei ihm Pachtgebühren von vage geschätzt 100 bis 160 Talenten zukamen (die Zahlen sind sehr umstritten). Die Minenpächter konnten in der Regel das Risiko, eine große Zahl von (relativ teuren) Sklaven anzukaufen und zu unterhalten, nicht tragen.

Überschätzt wird wohl die Bedeutung des Keramikexports im gesamtökonomischen Kontext. Aufgrund der Haltbarkeit des Materials, das auch nicht anderweitig wieder verwendet werden konnte, dominiert heute bemalte Keramik der archaischen klassischen Epoche die Antikenabteilungen der großen Museen der Welt und auch das Interesse kunsthistorisch ausgerichteter Archäologen. Die ästhetisch hochwertigen Produkte (siehe Kap. 8, Bildende Kunst) wurden von Töpfern und Vasenmalern, geschickten Handwerkern, die häufig Metöken oder Sklaven waren, in kleinen Werkstätten für den heimischen Markt und den Export hergestellt. Obwohl in archäologischen Ausgrabungen jährlich Hunderte von Keramikscherben gefunden werden und hunderttausende Vasen in der klassischen Zeit produziert worden sind, waren nach den Schätzungen der Experten doch nie mehr als 400 bis 500 Handwerker zugleich in diesem Gewerbe tätig. Aus den wenigen erhaltenen Angaben geht im Übrigen hervor, dass selbst kunstvollste so genannte „Luxuskeramik" vergleichsweise günstig zu erhalten war. Im Fernhandel war bemalte Keramik vielleicht nützliches Füllgut, beliebt bei den Abnehmern, mit dem man noch ein paar Drachmen hinzuverdienen konnte.

Über andere Exportprodukte aus Athen lässt sich nur spekulieren. Es gab Manufakturen, die eine Vielzahl von Produkten herstellten und ihren Besitzern zu einem ansehnlichen Reichtum verhalfen. Kleon, der Gerbereibesitzer, Hyperbolos, der Lampenfabrikant und Kleophon, der in seiner Manufaktur Musikinstrumente (Leiern) herstellte, wurden mit Hilfe ihres Reichtums zu bedeutenden Politikern am Ende des 5. Jahrhunderts. Vom Schildfabrikanten Kephalos, einem Metöken, der auch Vater des Redenschreibers Lysias war, wissen wir, dass er 120 Sklaven beschäftigte. Damit war sein Betrieb der größte, den wir kennen. Der Redner Demosthenes hatte von seinem Vater eine Schwertmanufaktur mit 32 Sklaven geerbt, sowie eine Möbelschreinerei, in der 20 Sklaven beschäftigt waren (das wissen wir, weil Demosthenes selbst bei seiner Volljährigkeit einen Prozess anstrengte, um sein Erbe von den Vormündern einzufordern; die entsprechende Rede ist erhalten). Produkte, die in derartigen Manufakturen hergestellt wurden, kamen wohl auch in den Export, jedoch fehlen dafür Belege.

Beim Import nach Athen stand, wie erwähnt, an erster Stelle Getreide. Dieses wurde in riesigen Frachtschiffen aus Ägypten, Sizilien und aus dem nördlichen Schwarzmeerraum nach Athen geschafft. Die 400.000 Scheffel, die Demosthenes als jährliche Einfuhr allein aus dem Schwarzmeergebiet angibt, mögen eine übertriebene Angabe sein, die Getreideeinfuhren waren jedoch lebenswichtig. Die Athener kapitulierten ja nur deshalb im Peloponnesischen Krieg, weil die Gegner den Hafen gesperrt hatten und somit keine Getreidefrachter festmachen konnten. Weitere wichtige Güter, die Athen importieren musste, waren Eisen, Zinn, Kupfer, Schiffsbauholz und die zahlreichen Sklaven, die es benötigte (dazu mehr im folgenden Kapitel). Daneben wurde auch Qualitätswein von weiter her eingeführt, beispielsweise aus Chios oder Korinth (eine archäologische Spezialdisziplin, die gekennzeichnete und auch durch ihre Form bestimmbare Handelsamphoren zum Gegenstand hat, konnte anhand der Amphorenfunde über den Wein- und Ölhandel in der Mittelmeerwelt viele wichtige Erkenntnisse sammeln). Aber es existierte auch direkter Handel mit benachbarten Regionen. So galt etwa Aal aus dem böotischen Kopaissee als eine Delikatesse. Die genauen Ausmaße dieses Handels über kürzere und weitere Strecken lassen sich aufgrund der Quellenlage nicht quantitativ bestimmen. Die Vielfältigkeit der Handelsprodukte sowie neuere archäologische Funde lassen jedoch darauf schließen, dass der Fernhandel ein wichtiger und sehr diversifizierter Bestandteil des Wirtschaftslebens war.

Daneben war das Alltagsleben der athenischen Marktbummler jedoch von den vielen kleinen Geschäften, Handwerksbetrieben und Tavernen geprägt, die das Stadtzentrum und die Gegend um die Stadttore sowie den Piräus beherrschten. Diese kleinen Betriebe, Wirtschaften und Werkstätten waren das Rückenmark des Athener Stadtlebens. Xenophon, der auch ein Schüler des Sokrates gewesen ist und die einfache Bevölkerung Athens eher gering achtete, lässt „seinen" Sokrates in einem Dialog folgende Berufe der „Unverständigen und Schwachen" aufzählen: „Walker, Schuster, Zimmerleute, Schmiede, Bauern, Kaufleute oder solche, welche auf dem Markt Handel treiben und nur darauf sinnen, was sie wohlfeil kaufen und wieder teuer verkaufen sollen. Denn aus solchen Leuten bildet sich die Volksversammlung" (Xen. *Mem.* III, 7, 6). Man hat rund 170 Berufsbezeichnungen vom Schankwirt bis zum Schumacher gezählt, die weitgehend dem Bereich Handwerk und Dienstleistung zuzurechen sind. Auf der Agora hat man viele Weinamphoren bestimmen können, die aus den Tavernen am Marktplatz stammten. Die beliebtesten Weinsorten kamen aus Chios, Lesbos oder Thasos und fanden rege Abnahme unter den auf dem Markt versammelten Bürgern und Metöken. Der Markt war auch der Ort, an dem Reich und Arm, Bürger und Ausländer zusammenkamen. In einer Stelle bei Lysias heißt es an das gemischte Richterpublikum gerichtet: „Jeder von Euch hat die Gewohnheit, dann und wann beim Barbier, beim Parfümhändler oder beim Schumacher vorbeizuschauen". In dieser Hinsicht war Athen sicher eine „Marktwirtschaft".

Münz- und Kreditwesen

Münzen, also aus Metall gefertigte Geldstücke, die sich nach einem Gewichtsstandard richten und eine bildliche Gestaltung aufweisen, wurden zuerst in Lydien geprägt, wohl irgendwann im 7. Jahrhundert. Über die Funktion dieser ersten Münzprägungen weiß man überhaupt nichts und alle

Überlegungen über die Gründe für das Auftauchen von geprägtem, standardisiertem Edelmetall bleiben Spekulation. Jedoch ist ausgeschlossen, dass Münzen von Anbeginn als Zahlungsmittel im Warenaustausch gedacht waren. Als Metall verwendete man zunächst Elektron, die natürliche Legierung aus Gold und Silber, die in Lydien anzutreffen ist. Dennoch ist die Münzprägung ein griechisches Phänomen. Das Münzgeld trat in kürzester Zeit einen Siegeszug in der griechischen Welt an (im Gegensatz zu den benachbarten Regionen, wo es sich später durchsetzte) und war bereits im 5. Jahrhundert nicht nur Wertmaß oder Mittel zur Hortung von Reichtum, sondern auch Zahlungsmittel. Dass sich das Münzgeld rascher durchgesetzt hat, als man früher angenommen hat, geht aus neueren Funden hervor, die belegen, dass bereits früh im 6. Jahrhundert kleinere Nominale und Teilstücke, also Kleingeld, für alltägliche Aufwendungen, verwendet wurden. Man kann also schon für das 5. Jahrhundert mit Münzgeld als Zahlungsmittel in den größeren Zentren der griechischen Welt, vor allem natürlich in Athen rechnen. Um 500 gab es in Griechenland, Italien und Kleinasien bereits eine große Anzahl von Prägestätten. Während im Osten die Perser Gold und Silber ausprägten (Elektron wurde nicht mehr verwendet), wurden in griechischen Städten ausschließlich Silbermünzen geprägt.

Für die Ausbreitung der Münzprägung und des Geldwesens waren zunächst sicher die Koloniegründungen (besonders die der kleinasiatischen Städte, wo die Münzprägung ihren Ausgang hatte) und die zwischen Mutterstädten und Kolonien gepflegten Handelskontakte verantwortlich. Die Geschwindigkeit der Ausbreitung ist aber der politischen und ökonomischen Dynamik zuzuschreiben, die sich in der spätarchaischen und vor allem der klassischen Zeit beobachten lässt.

Die griechischen Poleis bemächtigten sich schnell des neuen Mediums Münzgeld, um ihre immer umfangreicher werdenden Staatsausgaben tätigen zu können, was zu einem dynamischen Prozess des Geldumlaufs führte. Münzemissionär war nach Quellenlage immer und exklusiv der Staat.

Die Münzbilder, meist die Stadt betreffende Motive, weisen die Herkunft der Münze aus und sind auch als eine Art „staatliche Garantie" für Qualität und Wert des Geldstücks zu verstehen. Athena ziert die attischen Drachmen, Münzen aus Elis haben Zeus als Münzbild, die Quellnymphe Arethusa zierte die Münzen aus Syrakus. Erster und wichtigster Zweck der Münzprägung waren also staatliche Zahlungen, vor allem im militärischen Bereich. Aus Athen wissen wir, dass militärische Operationen sehr teuer waren. Sold musste an Ruderknechte und Bewaffnete ausgezahlt werden. 1.200 Talente kostete allein die Niederschlagung der Revolte der Samier gegen die athenische Herrschaft (440/39). Dagegen schlug die von den Demokratiekritikern häufig gescholtene Besoldung der Amtsträger und Ratsmitglieder sowie die Aufwandsentschädigung für die Besucher der Volksversammlung jährlich nur mit rund 100 Talenten zu Buche. Der athenische Staat bezahlte als Bauherr auch Baustoffe und entlohnte die Handwerker, die auf den Baustellen wie der Akropolis beschäftigt waren. Durch (teilweise) erhaltene Abrechnungen vom Parthenon und dem Erechtheion, einem verschachtelten und sehr ungewöhnlich konstruiertem Tempel auf der Akropolis, haben wir einen kleinen Einblick in die Aufwendungen, die in den Bausektor flossen: Die Bildhauerarbeiten an einem Parthenongiebel etwa kosteten in einem einzigen Jahr über 16.000 Drachmen. Auf diese Weise wurden Münzen in Umlauf gebracht, die dann durch Händler und Privatleute weiter verbreitet oder intern als Zahlungsmittel verwendet wurden. Die Mehrzahl der Münzen wurde also aufgrund notwendiger Staatszahlungen in Umlauf gebracht. Aber auch der Bedarf an Geld für den Austausch zwischen Privatpersonen muss wohl einen Einfluss auf die Münzemissionen gehabt haben, denn anders lassen sich die Prägungen von kleinen Nominalen nicht erklären. Auch für den Rückfluss des Münzgelds als „alte" Münze an den Staat war gesorgt, denn zur Bestreitung seiner Ausgaben erhob der Staat Steuern und Gebühren (Hafenzölle, Liturgien etc.). Auf diese Weise konnte ein monetäres System entstehen, das eine dynamische ökonomische Entwicklung förderte, ohne dass man dies konzeptionell durchdacht und geplant hätte.

Obwohl der Fernhandel keineswegs durch den Tausch von Waren gegen Münzen geprägt war, vielmehr die Übernahme von Rückfracht das übliche Vorgehen war, erlangte das Münzgeld im Handel bereits wohl seit Beginn des 5. Jahrhunderts eine große Bedeutung. Einerseits entwickelte sich ein geldgestützter Warenaustausch; Handelsware wurde also unter Bezugnahme auf ihren Geldwert gegen andere Waren getauscht. Andererseits haben neuere Funde von gehorteten Münzen in Syrien und Ägypten (die Deponierungen werden zwischen 510 und 475 datiert) Annahmen bestätigt, dass der Geldumlauf griechischer Münzen bereits früher als angenommen beträchtlich war. Der Anteil griechischer Münzen (aus Athen, Ägina oder Korinth) in diesen Schatzfunden war sehr hoch. Da Korinth und Ägina im Gegensatz zu Athen über keinen eigenen Silberbergbau verfügten, zeigt dieser Befund eine herausragende Bedeutung des Münzgeldes im Handel, denn militärische Hintergründe sind für hier Zeit und Ort ausgeschlossen.

Der anwachsende Fernhandel, über dessen Ausmaße trotz ständiger Neufunde von Transportamphoren, bemalter Keramik und gehorteten Münzen immer noch kein umfassenden Bild gezeichnet werden kann, erhielt wichtige Impulse durch das Entstehen eines „Kreditwesens". Die Anführungsstriche unterstreichen, dass diese frühe Form des Geldverleihs keineswegs mit spätmittelalterlichen oder gar modernen Formen des Bankwesens vergleichbar ist. Dennoch spielte die Kreditvergabe (auch hier ist kaum eine Vorstellung vom Ausmaß zu gewinnen) eine zunehmend bedeutendere Rolle für den Handel. Besonders Seedarlehen, die von professionellen Geldverleihern garantiert wurden, waren wichtig, denn sie werden sehr häufig in den Gerichtsreden erwähnt, was den Eindruck entstehen lässt, dass ein Großteil des athenischen Überseehandels auf diese Weise finanziert wurde. Bankdarlehen wurden auf der Agora vergeben, dort hatten die Banken einen speziellen Platz zugewiesen bekommen. Der übliche (aber variierende) Zinssatz lag bei 12 Prozent, bei Wucherern natürlich höher. Wir kennen sogar einen besonders reichen Bankier aus den Quellen, der eine erstaunliche Karriere gemacht hat: Pasion war zunächst Sklave gewesen und hatte schon im Auftrag seiner Herren als Geldwechsler im Piräus gearbeitet. Nach seiner Freilassung wurde er zum reichsten Bankier Athens. Als Wohltäter der Stadt – er stiftete 1.000 Schilde (Marktwert über drei Talente) aus seiner Schildmanufaktur, die er nebenher betrieb, und rüstete eine Triere aus – wurde er auch zum athenischen Bürger. Er hinterließ bei seinem Tod Land im Wert von etwa 20 Talenten und hatte rund 50 Talente Darlehen ausgeliehen. Sein Sohn Apollodor, der sich um Geld keine Sorgen machen musste, wurde ein berühmter Redner.

Primitive oder marktliberale Griechen?

Nach dem oben einigermaßen linear Geschilderten dürfte der Eindruck entstanden sein, dass die Wirtschaft der griechischen Staaten ein zunehmend von Fernhandel und Geldwirtschaft geprägtes ökonomisches System bildete, das sich von unseren modernen Auffassungen von Ökonomie mehr quantitativ als qualitativ unterscheidet. Man lässt sich auch leicht verleiten, die erstaunliche Beweglichkeit griechischer Händler und die weite Verbreitung von Handelswaren (Fragmente griechischer Keramik sind auf Sri Lanka gefunden worden) mit modernen Kategorien als Geburtsstunde eines Weltmarktes anzusehen und damit die Marktwirtschaft als Grundlage der antiken Ökonomie anzusehen, obwohl wir nur über wenig aussagekräftige Funde und kaum nennenswerte Quellen verfügen.

Unter Altertumswissenschaftlern ist die Bewertung der wirtschaftlichen Tätigkeit der Griechen aber höchst umstritten und es geht dabei um Grundsatzfragen, die eigentlich die gesamte Antike betreffen. Man unterscheidet grob zwei Richtungen: die sogenannten „Primitivisten" und die „Modernisten".

Letztere betrachten die antike Wirtschaft als durchweg der modernen Marktwirtschaft vergleichbar. Der diversifizierte Warenaustausch in großen Mengen über große Strecken zur Gewinnmaximierung, die Entwicklung eines Bank- und Darlehenswesens, wie auch die Unterstützung von Handelstätigkeit durch den Staat seien überzeugende Elemente, dass trotz des Mangels an Interesse bei den Schriftstellern und trotz der geringen Anzahl eindeutiger Zeugnisse, die antike Wirtschaft nach den gleichen Gesetzen funktionierte wie die moderne.

Die Primitivisten hingegen orientieren sich an ethnologischen Modellen und verweisen auf den übergroßen Anteil der Landwirtschaft bei gleichzeitiger Geringschätzung aller Form von Erwerbstätigkeit bei den griechischen Autoren sowie auf das Schweigen der Quellen hinsichtlich ökonomischer Motive als Argument für einen grundsätzlich anderen Stellenwert der Ökonomie in der antiken Kultur. Das Wertesystem der Griechen, das Landbesitz bevorzugte und an Status gebunden war, habe die Ausbildung eines nach „rationalen" Kriterien funktionierenden Wirtschaftslebens verhindert. Nicht Gewinn- sondern Statusmaximierung sei das erstrebenswerte Ziel in antiken Gesellschaften gewesen.

Die Wage schlägt seit den letzten drei Dezennien aufgrund einer Vielzahl von Neufunden und stetiger Forschungsarbeit im Detail zunehmend zu Gunsten der Modernisten aus. Es wäre aber verfehlt, ihnen auf der ganzen Linie Recht zu geben. Einerseits ist es sowohl irreführend, als auch sehr suggestiv, wenn – wie auch in dieser Darstellung erfolgt – der moderne Wirtschaftsjargon verwendet wird und von „Märkten", „Kreditwesen", „Produktion" und ähnlichem mehr die Rede ist, wofür es in der griechischen Sprache keine treffenden Entsprechungen gibt (nach Annahme der Primitivisten auch nicht im Denken). Zudem gibt es doch einige qualitative Unterschiede, die man nicht wegdiskutieren kann.

Es gibt keinerlei Hinweise darauf, dass Händler oder staatliche Organe versuchten, Absatzmärkte zu erschließen oder etwas wie Marktstrategien zu verfolgen. Vielmehr waren

Handelsräume gewachsene Einheiten und oftmals durch die Beziehungen zwischen Kolonie und Mutterstadt geprägt. Vor allem vermisst man eine für modernes Wirtschaften besonders wichtige Kategorie: Investitionen (außer in Ware oder Fracht) sind in der griechischen Antike unbekannt. Entscheidend scheint für eine abschließende Beurteilung aber die Rolle des Staates in seinem Verhältnis zur Wirtschaft zu sein.

Während moderne Staatswesen eine Wirtschaftspolitik verfolgen, kann im Falle der Antike davon keinesfalls die Rede sein. Während antike „Wirtschaftspolitik" lediglich die Versorgung des Staates und seiner Bürger mit Gütern sicher stellen will (ggf. auch sozialen Unfrieden vermeiden möchte), sowie nach Staatseinkünften durch Steuer- und Zollerhebung trachtet, allenfalls sporadisch in Märkte eingreift, um Missstände zu beheben, erkennt moderne Wirtschaftspolitik eine funktionierende Warenwirtschaft als Grundlage von Wohlstand und Wachstum überhaupt, gewissermaßen sogar als Voraussetzung für das Funktionieren des Staates selbst. Entsprechend fördert der moderne Staat aus berechtigtem Eigeninteresse im Gegensatz zum antiken aktiv und systematisch Unternehmertum und freie Märkte, sorgt mittels Wettbewerbspolitik für Chancengleichheit, usw. Dieser Gedanke ist dem antiken Staat generell fremd.

Das Gegenteil war der Fall. Die Athener und andere Poleis hatten ein großes Interesse an konsequenter Ausbeutung von ökonomischen und fiskalischen Ressourcen und verfolgten eine sehr zielgerichtete Politik, die auf die Mehrung der Staatseinkünfte zielte, was nicht nur von modernistischer Seite betont wurde. Schon zu Beginn der Seeherrschaft der Athener installierten sie einen Durchgangszoll im Bosporos, um sowohl den Zugang zum Schwarzen Meer und die Ausfuhren von dort zu kontrollieren, als auch, um die Staatseinkünfte zu mehren. Hafenzölle wurden ebenso eingezogen wie Marktgebühren oder Pachtzahlungen. Die Tribute der Seebundstaaten erweiterten die Handlungsspielräume der Athener zusätzlich. Dabei ist wichtig festzustellen, dass die gesamten Staatseinnahmen im Wesentlichen auf zwei Verwendungszwecke reduziert waren: Kriegführung (oder deren Vorbereitung) und hauptsächlich Prestigezwecken dienende öffentliche Bautätigkeit. Dabei wurden die enormen Summen, die im Staatsschatz aufliefen, nie investiert, sondern für den Kriegsfall vorgehalten oder gleich zu Rüstungszwecken genutzt. Und genau hierin unterscheidet sich die griechische Welt fundamental von der modernen. Das soll nicht heißen, dass der Staat nicht indirekt die Wirtschaft förderte, etwa durch Marktaufsicht, Eigentumsschutz und Gerichtsbarkeit. Jedoch standen immer Aspekte der Billigkeit und der Aufrechterhaltung der Ordnung im Vordergrund. Gesetze, die die Wirtschaft betreffen, wie etwa das berühmte Münzgesetz, mit dem die Athener – offenbar mit geringem Erfolg – dem Seebund ihre Münzen und Maße aufzwangen, wurden aus machtpolitischen Gründen erlassen. Eine gesetzliche Maßnahme gehört nach moderner Ökonomik aber nur dann zum Bereich der Wirtschaftspolitik, wenn sie mit der Intention der Steuerung wirtschaftlicher Prozesse gewählt wird und nicht wenn sie sich *auch* auf den ökonomischen Bereich auswirkt. In diesem Sinne ist die Ökonomie der Griechen eine „politische Ökonomie" (A. Eich) und damit von der modernen doch sehr verschieden.

11. Die griechische Gesellschaft

Sklaven und Freie

„Menschen können nicht ohne Über- und Unterordnung zusammenleben" (F. Gschnitzer). Soziale Unterschiede bestimmen als „feine Unterschiede" (P. Bourdieu) auch unsere egalitären Gesellschaften der Gegenwart. Deutlichere Unterschiede zwischen „Klassen", „Ständen" oder „Schichten" (es ist schwierig, einen unbelasteten Ausdruck zu finden) lassen sich in vormodernen Gesellschaften, auch bei den Griechen und auf Grund der Quellenlage besonders in Athen und Sparta, ausmachen. Besonders grundsätzlich war die Unterscheidung zwischen frei und unfrei, die im Denken des Aristoteles eine zentrale Rolle einnimmt. Die Menschen seien von Natur aus entweder Freie oder Sklaven, zwischen diesen beiden Polen bewegt sich die soziale Ordnung. In dieser „natürlichen" Ordnung stellen Sklaven beseelte „Werkzeuge" und gewöhnliches Eigentum dar. Deshalb war die Zugehörigkeit zum Sklavenstand zunächst einmal eine rechtliche Kategorie, die aber auch soziale Relevanz hatte. Die Sklaverei gehörte dermaßen zum Alltag und war nach Einschätzung einiger moderner Historiker auch Grundlage der griechischen Wirtschaft, dass sie nicht ernsthaft hinterfragt wurde und auch philosophisch als „natürlich" gerechtfertigt wurde.

Dass Sklaverei in erster Linie eine rechtliche Kategorie war, kann man an den überaus großen Unterschieden ersehen, die zwischen verschiedenen Kategorien von Sklaven bestanden. Die Extreme lassen sich an den namenlosen Bergwerkssklaven in den Silberminen von Laureion einerseits und am Beispiel des Sklaven Pasion andererseits, der zu unermesslichem Reichtum und zu Ehren gelangte, gut illustrieren (Kap. 10). Natürlich ist der Aufstieg des Bankiers ein seltener Sonderfall, dennoch gab es viele Sklaven, die ein vergleichsweise erträgliches oder gar angenehmes Leben geführt haben dürften. Viele Besitzer ließen vor allem handwerklich ausgebildete Sklaven auf eigene Rechnung arbeiten und erwarteten nur eine festgesetzte regelmäßige Zahlung als Rendite. Viele der Handwerksläden auf der Agora wurden von Sklaven in dieser Weise betrieben. Haussklaven wiederum hatten engen Kontakt zu ihren Herren und wurden nicht grundsätzlich schlecht behandelt. Handwerkssklaven arbeiteten auch in den Manufakturen und auf dem Bau. Interessant sind in diesem Zusammenhang die Bauabrechnungen des Erechtheions, die zeigen, dass sowohl Athener Bürger, als auch Sklaven und Metöken Seite an Seite auf der Baustelle tätig waren. Freie Handwerker arbeiteten also mit ihren Sklaven im gleichen Bautrupp zusammen, wie

Meister und Gesellen in heutiger Zeit, nur dass der Lohn natürlich vom Sklavenbesitzer eingestrichen wurde. Eine besondere Kategorie waren die athenischen Staatssklaven, die sicher über mehr Freiräume verfügten als andere Kategorien. Sie arbeiteten als Amtsdiener oder Schreiber, sogar eine bewaffnete Polizeitruppe, die „skythischen Bogenschützen" waren Sklaven. In der Rechtsordnung waren sie aber grundsätzlich schlechter gestellt als Freie. Aussagen vor Gericht etwa konnten nur gewertet werden, wenn sie unter Folter gemacht wurden. Es gab also eine Folterpflicht für athenische Sklaven, wenn ihre Aussage gebraucht wurde.

Insgesamt galten Sklaven als minderwertig, nicht vertrauenswürdig und verschlagen, was sich auch in dieser Regelung für Gerichtsverhandlungen widerspiegelt, und selbst im Falle der Freilassung, die im Vergleich zu Rom nicht sehr oft vorkam, konnten sie selten „ehrbar" werden und nur ganz selten Bürger; sie wurden nach Freilassung rechtlich als Metöken behandelt. Viele Sklaven hatten ein bemitleidenswertes Schicksal zu erdulden, das von körperlicher und sexueller Ausbeutung geprägt war. Die Sklaven in den Bergwerken (es dürften um 30.000 gewesen sein) mussten sich regelrecht abplagen und hatten eine niedrige Lebenserwartung. Nikias verlieh seine Sklaven an einen Minenpächter nur unter der Bedingung, dass er die Anzahl der Arbeiter gleich halten müsse und die zu erwartenden Verluste zu ersetzen habe.

Die Griechen bevorzugten nichtgriechische Sklaven, etwa aus Thrakien oder dem Schwarzmeergebiet; es waren üblicherweise Kaufsklaven. Dabei waren die Quellen für die Kaufsklaven in erster Linie Kriegsgefangene (die in innergriechischen Konflikten versklavten Menschen wurden gewöhnlich auswärtig verkauft) oder anderweitige Formen von Menschenraub oder Menschenhandel (Seeräuber etc., Thraker sollen bisweilen ihre Kinder verkauft haben). Um den ständigen Bedarf zu decken, versorgten sich die Athener bei Sklavenhändlern, besonders die Insel Chios war ein Umschlagplatz für Sklaven, später auch Delos. Nach allerdings sehr unsicheren

Schätzungen sollen rund 80-120.000 Sklaven in klassischer Zeit in Athen gelebt haben, die somit mindestens ein Drittel der Gesamtbevölkerung stellten. Aber nur große und ökonomisch bedeutende Städte werden einen ähnlich hohen Sklavenanteil an der Bevölkerung gehabt haben, in den meisten Poleis muss dieser weit geringer gewesen sein.

In Sparta, dem griechischen „Sonderfall", bildeten die Heloten, die an die Scholle gebundenen Landwirtschaftssklaven, die große Mehrheit der Bevölkerung und das Verhältnis zwischen Herren und ihren unfreien Dienern war gespannt, unter anderem, weil die Heloten die unterdrückte Urbevölkerung der Regionen Lakonien und Messenien waren, die im Falle der Messenier noch Erinnerungen an ihre Eigenständigkeit pflegten (siehe Kap. 6).

Die Metöken Athens waren aufgrund des wirtschaftlichen Erfolgs der Stadt auch zahlreicher als in anderen, kleineren Poleis (in Athen mögen es rund 30.000 gewesen sein). Da prinzipiell nur Bürger Land erwerben durften (selten wurde dieses Recht einem Metöken ausnahmsweise zugestanden), waren sie vor allem in den Bereichen Handwerk und Handel tätig. Unter ihnen gab es sehr reiche Reeder und Bankiers, aber auch gewöhnliche Krämer oder Handwerker. Da die „sozialstaatlichen" und an politische Beteiligung gebundenen Leistungen in Athen den Bürgern vorbehalten bleiben sollte, bestand seit der Mitte des 5. Jahrhunderts nur ausnahmsweise die Möglichkeit für Fremde, Bürger Athens zu werden (das erforderte einen Beschluss der Volksversammlung) und nur wer von zwei athenischen Bürgern abstammte, wurde in die Bürgerlisten eingetragen. In anderen Städten genügte meist die Abstammung von einem Elternteil mit Bürgerrecht. In der Tat gab es neben den Zahlungen für die Teilnahme am politischen Leben, also die Ämter- und Richterbesoldung, auch rudimentäre Vorstufen einer Fürsorge. So erhielten Kriegswaisen eine Rente und arbeitsunfähige Behinderte ohne Vermögen eine Unterstützung. Gegen Ende des Peloponnesischen Krieges wurde vom „Demagogen" Kleophon in der Volksversammlung kurzfristig die Zahlung einer Zweiobolenrente (*diobelía*) an Arme durchgesetzt.

Ähnlich wie bei Metöken und sogar bei Sklaven, bei denen große individuelle Unterschiede hinsichtlich Wohlstand und Lebensweise beobachtet werden können, gab es natürlich auch größere soziale Differenzen zwischen den Bürgern. Zur Bürgerschaft gehörten entsprechend Tagelöhner, Handwerker, Krämer oder Bauern, die die große Mehrheit bildeten, bis hin zu den ganz Reichen, unter denen sich viele von altem Adel finden. Das einstmals für den Sozialstatus so bedeutende Kriterium der Abstammung verliert in Athen im Lauf der klassischen Zeit an Bedeutung, als zunehmend die Besitzverhältnisse maßgebend wurden. Der alte Ruhm der Adelsfamilien war im gesellschaftlichen Verkehr noch nützlich und viele große Vermögen waren in den Händen Adliger. In einigen Regionen Griechenlands, wie etwa in Thessalien, blieb der Adel jedoch einflussreich. Für politische und gesellschaftliche Bedeutung wurde allerdings in den griechischen Stadtstaaten zunehmend Wohlstand ein entscheidendes Kriterium. In vielen Poleis, die oligarchische Ordnungen hatten, waren politische Rechte an Vermögen gebunden.

Die drei klar definierten und voneinander geschiedenen „Stände", also freie Bürger, freie, dauerhaft im Lande lebende Beisassen ohne Bürgerrecht und Unfreie bildeten so die Grundlage einer stabilen Ordnung, die die griechischen Poleis bis in die römische Zeit prägte. Diese Einteilung war vor allem hinsichtlich der Rechtsstellung und vor Gericht entscheidend. Sklaven genossen einen minimalen Rechtsschutz und Metöken einen eingeschränkten (sie brauchten immer einen Bürger als Fürsprecher). Was die gesellschaftliche Geltung anlangte, war die Standeszugehörigkeit seit dem 4. Jahrhundert nicht mehr das allein entscheidende Kriterium. So galt etwa ein reicher Metöke mehr als ein armer Bürger.

Frauen

Die politische Welt der Griechen war – wie eigentlich die unsere bis weit ins 20. Jahrhundert hinein auch – eine Männerwelt. Männer dominieren deshalb unsere Quellen, und das, was wir über Frauen und ihre Rolle in der Gesellschaft wissen, betrifft weitgehend Athen. Diese athenische Perspektive ist ja ohnehin schon problematisch, wie bereits in anderem Zusammenhang gesagt wurde, im Falle der Frauengeschichte ist sie aber besonders irreführend. Die sehr pointierte Ausschaltung der Frau aus dem öffentlichen Leben – Perikles sagt sinngemäß bei Thukydides, eine gute Frau sei eine, die nicht von sich reden mache – hat die lange vorherrschende Meinung befördert, Frauen hätten in Athen nicht einmal die Häuser verlassen dürfen und ein abgeschiedenes Dasein geführt, etwa wie orientalische Haremsdamen. Dieses Bild konnte die Forschung in den letzten Jahrzehnten korrigieren. Vor allem die Vermutungen, Frauen seien geradezu verachtet worden, konnte mit Hinweis auf die wichtige und hoch angesehene Rolle von Frauen als Priesterinnen widerlegt werden. Politische Rechtlosigkeit, europäische Normalität bis 1918, konnte durchaus mit hohem Status einhergehen. Dass besonders in den besseren Kreisen der Athener Frauen einem gewissermaßen „artigen" Bild entsprechen mussten und soziale Repräsentation durch Tugendhaftigkeit ausgedrückt wurde, zeigt – wie auch Grabinschriften nahe legen – eine auf diesen Werten aufbauende Hochachtung vor Frauen an. Eine in ihrer Schlichtheit besonders schöne Grabinschrift dieser Art sei hier zitiert: „Chairestrate liegt in diesem Grab. Ihr Mann liebte sie, als sie lebte. Als sie starb betrauerte er sie" (G. Kaibel, *Epigrammata Graeca* 44, 2-3). Mädchen wurden bereits früh verheiratet, etwa im Alter von 15 Jahren, ihre Männer waren meist wesentlich älter, gewöhnlich um die Dreißig. Der Zweck der Ehe war – wie bis in die Neuzeit generell in Europa – die Hervorbringung legitimen Nachwuchses und hatte mit Liebe und Leidenschaft nur ausnahmsweise zu tun.

Wie die häusliche Welt und die innerfamiliären Beziehungen aussahen, können wir nicht genau ermessen. Aus einem Prozess wegen der (unter gewissen Umständen ähnlich der Notwehr erlaubten) Tötung eines Ehebrechers erfahren wir von einem anständigen Bürger, Euphiletos mit Namen, dessen junge Frau ihren Geliebten regelmäßig mit nach Hause brachte und sogar so unvorsichtig wurde, den Burschen auch dann zu empfangen, wenn der Ehemann zu Hause war und sich ins Obergeschoß zurückgezogen hatte (Mann und Frau bewohnten bei entsprechendem „bürgerlichem" Wohlstand getrennte Gemächer). Das wurde dem Liebhaber eines Tages zum Verhängnis. In diesem Fall hatte die Ehefrau sich durchaus Freiheiten herausgenommen, die nicht dem Bild der anständigen, häuslichen Athenerin entsprechen. Dass die handfesten Marktweiber, die bei Aristophanes auftauchen, auch zu Hause das Regiment geführt haben werden, ist eine unzulässige Vermutung, aber doch als Vorstellung verlockend. Darüber hinaus haben sich sehr interessante Frauengestalten in der Tragödie erhalten. Besonders die Frauenfiguren des Euripides, wie etwa Iphigenie oder die über alle Maßen gequälte Medea, sind Meisterwerke psychologischer Darstellung. Antigone verteidigt stark und unbeugsam die Familienwerte und sorgt für den Grabritus an der Leiche ihres Bruders. Leider kann man nur sehr bedingt von diesen literarischen Figuren auf Realitäten schließen.

Im Unterschied zu anderen griechischen Staaten, in denen gemäß unseren sehr spärlichen Quellen die Frauen durchaus in einem beschränkten Maße am Wirtschaftsleben teilnehmen konnten und als Grundstücks- oder Vermögenseigentümerinnen bis zu einem gewissen Grad geschäftsfähig waren, war die Athenerin grundsätzlich nicht geschäftsfähig. Nur männliche Vertreter (Väter, Ehemänner, Verwandte) konnten Geschäfte tätigen und Vermögen verwalten. Im Grunde trat die Frau mit der Ehe von einer Vormundschaft in eine andere über. Die Mitgift blieb aber an sie gebunden und floss bei einer rechtmäßigen und von der Frau unverschuldeten Scheidung wieder zurück an ihre Familie. Der geprellte Euphiletos durfte die Mitgift seiner Frau wohl behalten.

Das andere Extrem finden wir in Sparta, wo die Frauen ungewöhnliche Freiheiten genossen. Gerade weil dies von den anderen Griechen als so ungewöhnlich empfunden wurde, wissen wir über die spartanischen Frauen etwas mehr. Sie hatten als Mädchen Teil an der staatlichen Ausbildung und trainierten auch körperlich (nackt), was als besonders skandalös empfunden wurde. In der *Lysistrata* des Aristophanes treten die spartanischen Frauen, sicher überzeichnet, sehr selbstbewusst auf. In der Realität hatten sie jedoch als Gutsverwalterinnen bei dauerhafter Abwesenheit ihrer Männer „ihre Frau zu stehen", Heloten anzuweisen und den Hof zu bewirtschaften. Sie hatten auch eigenen Besitz, über den sie selbstständig verfügen konnten. Aristoteles behauptet sogar, dass zwei Fünftel des spartanischen Landes im 4. Jahrhundert im direkten Besitz von Frauen gewesen sei. Eine Anekdote, die Plutarch überliefert, versinnbildlicht das Selbstbewusstsein spartanischer Frauen und die allgemein empfundene Besonderheit und Andersartigkeit ihrer Lebensweise. Eine Spartanerin sei einmal als Sklavin verkauft worden. Auf die Frage ihres neuen Herrn, was sie denn gelernt habe, antwortete sie: „frei zu sein". Noch eindrucksvoller ist eine Inschrift der spartanischen Königstochter Kyniska, die tatsächlich einen Sieg bei den olympischen Spielen errungen hatte und im Zeusheiligtum in Olympia eine Statuengruppe weihte, von der noch der Sockel mit der Inschrift erhalten ist. Solch ein Sieg war allerdings nur im Wagenrennen möglich, wo der Besitzer des Pferdegespanns als Sieger geehrt wurde und nicht der Jockey, der natürlich ein Mann war. Die Inschrift besagt Folgendes: „Mein Vater und meine Brüder waren Könige von Sparta. Ich, Kyniska, Siegerin im Wagenrennen, errichtete das Denkmal. Ich verkünde, dass ich die einzige griechische Frau bin, die jemals den Siegerkranz gewonnen hat".

Sexualität

In den letzten Jahren sind viele Studien dem Modethema Sexualität gewidmet worden, das für die griechischen Verhältnisse der archaischen und klassischen Zeit tatsächlich bemerkenswerte Besonderheiten bereit hält und aufgrund von Schrift- und Bildquellen ausgiebig studiert werden kann. Sexualität meint in unserem Zusammenhang die Perspektive der männlichen Sexualität. Bürgerinnen hatten kaum Möglichkeiten, ihre eigene Sexualität auszuleben, wollten sie sich nicht einem hohen Risiko aussetzen, wegen Ehebruchs bestraft zu werden, wie im geschilderten Falle des Euphiletos (voriger Abschnitt). Männer hingegen hatten dazu allerlei Möglichkeiten. Der gleiche Euphiletos, der den Geliebten seiner Frau auf frischer Tat ertappte, machte sich wie aus seiner von Lysias verfassten Verteidigungsrede hervorgeht, öfters eine junge Sklavin seines Hauses zu Willen. Solche Übergriffe auf Hausklaven waren, wie auch andere Quellen bestätigen, offenbar normal. Prostitution war üblich, geduldet und allgemein akzeptiert. Auch sexualisierte Darstellungen auf Vasen und besonders auf Trinkgefäßen für Symposien gehörten zum Alltag. Reiche konnten neben den eigenen Sklavinnen und Sklaven auch auf die Dienste von Hetären zurückgreifen. Die Hetären, Ausländerinnen oder ehemalige Sklavinnen, von denen einige sehr wohlhabend und geradezu berühmt waren, lassen sich schlecht in unseren modernen Kategorien beschreiben, sie werden oft mit den japanischen Geishas verglichen oder als „Edelprostituierte" bezeichnet, was ihrer durchaus besonderen Rolle im archaischen und klassischen Griechenland nicht gerecht wird. Sie waren eine Art gebildete Unterhaltungskünstlerinnen und als solche oft die Attraktion von Symposien. Dabei pflegten sie oft Beziehungen zu mehreren Gönnern, die keineswegs auf das Geschlechtliche beschränkt waren. Die Grenzen zur gewöhnlichen Prostitution waren zwar fließend, dennoch wurde ihnen etwas entgegengebracht, was Prostituierten in der gesamten Weltgeschichte nie entgegen gebracht wurde: Respekt und echte Bewunderung.

Für weniger reiche Leute waren die zahlreichen Bordelle in der Stadt und am Hafen gedacht, wo Sklavinnen arbeiteten. Aber auch Metökinnen betrieben das Gewerbe und ähnlich den Handwerkersklaven konnten Sklavinnen bisweilen auf eigene Rechnung arbeiten und ihrem Besitzer feste Abgaben zahlen. Die Prostituierten waren registriert und mussten eine spezielle Steuer zahlen.

Besonders viel Aufmerksamkeit hat in der Forschung und allgemein die Homosexualität bei den Griechen erregt. Homosexuelle Beziehungen zwischen Männern waren nämlich in archaischer und klassischer Zeit (mit abnehmender Tendenz seit dem 4. Jahrhundert) unter bestimmten Bedingungen nicht nur üblich, sondern auch gesellschaftlich akzeptiert, in dorischen Städten und besonders in Sparta sogar stark institutionalisiert. Dabei war es vor allem die Knabenliebe, Päderastie, also die Beziehung eines älteren Mannes zu einem Jugendlichen, die akzeptiert wurde und als wünschenswert galt. In den Quellen wird der ältere *erastés*, der jüngere *erómenos* genannt. In diesem Verhältnis kamen auch pädagogische Ansprüche zum Ausdruck. Der ältere Liebhaber war eine Art Vorbild und Leitfigur für die Ausbildung männlicher Tugenden. Das Phänomen dieser geförderten Knabenliebe war offensichtlich in der Oberschicht und v.a. beim Adel verbreitet, vielleicht sogar auf sie beschränkt. Ein solch idealtypisches Liebespaar sind die von der Polis geehrten Tyrannenmörder Harmodios und Aristogeiton (siehe Kap. 6 u. Abb. 7).

Männliche Prostitution dagegen war verpönt und einem Bürger nicht erlaubt. Damit verbunden waren offenbar Vorstellungen, dass sexuelle Passivität erwachsener Männer schändlich sei. Homosexuelle Beziehungen unter gleichaltrigen Erwachsenen wurden bestenfalls nur geduldet, galten aber als unschicklich, unehrenhaft, ja verachtenswert. Männliche Prostituierte waren entsprechend Sklaven und Metöken.

In Sparta waren die homosexuellen Beziehungen zwischen Erwachsenen und Jugendlichen Teil des Erziehungssystems und fester Bestandteil gesellschaftlicher Praxis; möglicherweise geht diese Sitte auf altertümliche Initiationsriten zurück. Auch scheinen homosexuelle Beziehungen zwischen gleichaltrigen Erwachsenen in den dorischen Staaten (neben Sparta auch Korinth oder die Gemeinden auf Kreta) eher akzeptiert gewesen zu sein als in Athen.

Die Institutionalisierung und rituelle Einbindung von Knabenliebe in den griechischen Staaten zeigt, dass die soziale Rolle der Sexualität von unseren heutigen Vorstellungen stark differierte. Die Andersartigkeit der Sexualmoral und die Eindeutigkeit der Quellen hinsichtlich der in unseren Breiten bis heute geächteten Homosexualität hat die Historiker schon immer beschäftigt. Bei zunächst v.a. im 19. Jahrhundert formulierten Auffassungen, die griechische Päderastie sei eine Form „platonischer" Liebe gewesen, handelte es sich um frommes Wunschdenken irritierter Altphilologen. Erst in der zweiten Hälfte des 20. Jahrhunderts wurde ein zunehmend nüchternes Bild gezeichnet und die Bedeutung von Knabenliebe als Gegenstand sozialer Konstruktion, als Initationsritus oder als eine auf die Adelsschicht beschränkte Verhaltensweise verstanden. Der insgesamt wenig prüde Umgang der Griechen mit Sexualität wird auch in den Museen seit dem zweiten Drittel des 20. Jahrhunderts gebührend berücksichtigt. Vasen mit eindeutigen Darstellungen von Sexualakten haben ihren Weg aus den Magazinen in die Ausstellungsräume gefunden.

12. Schlussbemerkung – Die Griechen und wir

„Sprecht von den Alten mit mehr Ehrfurcht, ihr Jünger der Seichtheit, weil ihr ihnen ja doch alles verdankt: Kunst habt ihr von den Griechen erlernt, Politik von den Römern, habt selbst Religion bloß von den Juden gelernt". Als August von Platen diesen für seine Zeit und unseren Zusammenhang sehr typischen Satz aussprach, war die große Welle der Antikenverehrung, die in der deutschen „Klassik" ihren Höhepunkt gefunden hatte, in deutschen Landen schon wieder am Abklingen.

Zuvor hatten die Schriften des Kunsthistorikers und Archäologen Johann Joachim Winckelmann (1717-1768), der dem Publikum die antiken Kunstwerke der Griechen und Römer aus Italien nahegebracht hatte, zunächst in Deutschland, dann auch im Rest Europas zu einer neuen Auseinandersetzung mit der Antike und ihren ästhetischen Modellen, ja regelrecht zu einem „Antikenwahn" geführt. Auch Shelleys zu Anfang dieses Buches zitierter Ausspruch unterstreicht die europaweite Berufung auf den vorbildhaften, geradezu verbindlichen Charakter des antiken Griechentums: „We are all Greeks. Our laws, our literature, our religion, our arts, have their root in Greece".

Den deutschen Klassikern galten besonders die Griechen als Hort vollkommener Menschlichkeit. Unsere heutigen Vorstellungen von den Griechen, ihrer Kultur und Geschichte, sind dabei in stärkerem Maße von unseren eigenen europäischen Bildungstraditionen beeinflusst als von den historisch und archäologisch rekonstruierbaren Realien. Die gesamte abendländische Geistesgeschichte ist von einer bewussten und manchmal arg forcierten Rückbesinnung auf die Antike geprägt, und bis weit ins 18. Jahrhundert galten antike, in der Literatur vor allem griechische Vorbilder, als verbindliche Maßstäbe und unerreichbare Vorbilder. Die höhere Schulbildung, deren Basis bis ins 20. Jahrhundert hinein das Erlernen der alten Sprachen bildete, war auf die klassische Antike und ihre Kultur ausgerichtet und stiftete so europaweit eine gemeinsame kulturelle Identität, die in Deutschland vom humanistischen Gymnasium und den für ganz Europa vorbildlichen Universitäten Humboldtscher Prägung getragen wurde (M. Fuhrmann). Man kann also mit Fug und Recht behaupten, dass wir aufgrund unserer kulturellen Prägung bei jedem Versuch, die Kulturgeschichte der Griechen zu beschreiben, befangen sind, weil diese Kultur oder unsere Vorstellung von ihr durch Aneignung Teil der unseren geworden ist.

Sicher kann man einwenden, dass sich die Bildungstradition in Deutschland und in Europa in der zweiten Hälfte des 20. Jahrhunderts dramatisch verändert hat. Heute spielen

Schlussbemerkung – Die Griechen und wir

Wissensbereiche im Schul- und Universitätswesen die Hauptrolle – das so genannte „Orientierungswissen" –, die es vor ein oder zwei Generationen noch gar nicht gegeben hat und die die lange verbindliche „klassische Bildung" in eine untergeordnete Position drängen. Die Befangenheit aber bleibt, weil uns unterschwellig und indirekt antikes Gedankengut und ästhetische Vorstellungen prägen, die uns im Alltag begegnen. So sind uns nicht nur die Autoren der deutschen oder französischen Klassik vertraut, die auf „die Alten" rekurrieren, sondern auch die neoklassizistischen Bauwerke, die unsere Städte prägen, etwa die griechischen Tempeln nachgebildeten Bauten der Museumsinsel in Berlin (besonders die Alte Nationalgalerie) oder die Glyptothek in München. Auch die eingangs in der Einleitung genannten Hollywoodadaptionen von Stoffen aus der griechischen Mythologie oder Geschichte halten ein, wenn auch sehr verzerrtes und klischeehaftes, Antikenbild wach.

Darüber hinaus ist unsere gesamte Ästhetik und Kunsttradition, beispielsweise in der Plastik, von den griechischen Vorbildern geprägt und nicht von den eindrucksvollen Bronzefiguren aus Mali. Rodin folgt bei aller Neuerung hinsichtlich fließender Bewegung den Maßen, die Polyklet für den menschlichen Körper vorgegeben hat, und nicht etwa persischen Reliefdarstellungen. All diese Dinge sind uns so selbstverständlich und unsere Wahrnehmung ist durch die Alltagserfahrung von europäischer Kunst- und Formensprache in einem Maße durch eine letztlich auf die Antike zurückgehende Tradition geprägt, die wir zurecht als die unsere ansehen und verinnerlicht haben.

Man muss sich immer wieder bewusst machen, dass die europäische Kulturgeschichte in weiten Teilen bis heute ein umfassender Rezeptions- und Aneignungsprozess der antiken Kulturleistungen ist. Bereits die Römer hatten ihre ästhetischen Vorstellungen und weite Teile ihrer Literatur (sowohl Formen als auch Motive) aus griechischen Vorbildern destilliert. Von wenigen Ausnahmen abgesehen sind die meisten klassischen „griechischen" Marmorplastiken, die heute noch existieren, römische Kopien. Renaissance und Humanismus und vor allem der Neuhumanismus des 19. Jahrhunderts wählten einen ästhetisch idealisierten Ausschnitt der griechischen Kultur als Basis eines neuen Menschenbildes aus. Die Vorstellung von der religiösen Toleranz der Griechen wurzelt ihrerseits nicht in den Quellen, sondern in den Schriften der Aufklärung, die unser modernes Denken von allen geistigen Strömungen der europäischen Kulturgeschichte wohl am meisten geprägt hat und die wegen der Verinnerlichung und Absorbierung der mit ihr verbundenen Werte am unsichtbarsten und damit kaum wahrnehmbar ist. Schiller formulierte in seinem Aufsatz über Sparta, in dem er den spartanischen Kasernenstaat kritisierte, einen Satz, den die Widerstandsgruppe „Die weiße Rose" auf ihrem ersten Flugblatt abdruckte: „Der Staat selbst ist niemals Zweck, er ist nur wichtig als eine Bedingung, unter welcher der Zweck der Menschheit erfüllt werden kann, und dieser Zweck der Menschheit ist kein andrer, als Ausbildung aller Kräfte des Menschen, Fortschreitung". Anhand der gleichen Quellen, die Friedrich Schiller zur Verfügung gestanden haben, kam Helmut Berve in seinem Buch über Sparta von 1936 zum gegenteiligen Schluss und erkannte in Sparta einen vorbildhaften von Rassereinheit und Tugendhaftigkeit geprägten Militärstaat.

Die Quellen und Artefakte sprechen nicht für sich, sie müssen immer interpretiert werden. Solche Interpretationen sind grundsätzlich selektiv und von einem durch viele Faktoren und die Zeitumstände bestimmten Zugang geprägt. Die durch Spätantike und Mittelalter hindurch bewahrten Schriften aus der Antike, die nur einen Bruchteil des tatsächlichen Schrifttums ausmachen, sind ihrerseits Resultat eines komplexen und interessengeleiteten Selektionsprozesses. Manchmal beruhen einflussreiche Interpretationen auch auf mangelndem Wissen. Erst seit dem 19. Jahrhundert weiß man durch chemische Analysen von oft kaum sichtbaren Farbspuren auf Marmorplastiken und Resten von Bauwerken, dass Tempel und Bildschmuck, Statuen und Standbilder in buntesten Farben bemalt waren. Ins öffentliche Bewusstsein gelangten diese

Erkenntnisse nur zögerlich. Das durch klassizistische Bauten und Historienmalerei, wie auch durch in Museen immer noch ausgestellte Rekonstruktionen von Tempeln (und durch die heute marmorweiß strahlenden, noch erhaltenen Tempel selbst) vermittelte Bild einer weißen, von blankem Marmor bestimmten griechischen Architektur und Bildhauerkunst hat bis in die jüngste Zeit unsere Wahrnehmung der antiken Kunst und Architektur bestimmt.

Die lange gültige und verbindliche Vorstellung von der griechischen Kultur war das Resultat eines Filtrationsprozesses in mehreren Stufen, die hier gar nicht alle erwähnt werden können. Sowohl die Römer, die ihrerseits ein eigenes Griechenbild formten, als auch das lateinische Mittelalter, das die Griechen nur sehr selektiv und durch römische Vermittlung wahrnahm und besonders Renaissance und Humanismus haben „ihren" Griechen jeweils neue Aspekte hinzugefügt, die dann auch das lange Zeit durch Winckelmann und Goethe geprägte moderne Bild der griechischen Kultur mit bestimmt haben. Dabei ist zu bemerken, dass nur einige Elemente der griechischen Kultur, etwa im Bereich Kunst und Literatur (v.a. Homer und die Tragödien), in direkter Linie Eingang in die europäische Kulturgeschichte gefunden haben. Die athenische Demokratie hatte dagegen bis weit ins 19. Jahrhundert keinerlei vorbildhaften oder sonstigen Einfluss auf das europäische Denken. Die französischen oder amerikanischen Demokratiebewegungen des 18. Jahrhunderts orientierten sich „republikanisch" an römischen Staatsvorstellungen und an der Aufklärung. Erst nach dem Zweiten Weltkrieg wurde die athenische Demokratie durch Karl R. Popper zum Sinnbild einer „offenen Gesellschaft" (vgl. Kap. 7). Auch die Dominanz des christlichen Weltbildes seit der Spätantike und die Prägung durch die hellenistisch-jüdische Kultur hat eine entscheidende Rolle bei der Rezeption der griechischen Kultur gespielt. Viele „heidnische" Schriften konnten nur dann das Interesse mittelalterlicher Gelehrter finden, wenn sie heilsgeschichtlich bedeutsam waren. Dass das Gesamtwerk von Platon erhalten ist, nicht aber die religionskritische Schrift *Über die Götter* des Sophisten Protagoras, hat nicht nur mit der ehrfürchtigen Haltung der Platoniker zu tun, die auf Bewahrung des Werkes aus waren, sondern auch mit der Tatsache, dass die Ideenlehre Platons Eingang in die christliche Theologie fand und Platon auf diese Weise zu einem „guten Heiden" wurde, dessen Werk in den Augen der Kirchenväter bereits christliche Gedanken erkennen ließ. Die westlich-lateinische Tradition vernachlässigte dabei fast gänzlich die Tatsache, dass es ein weniger barbarisches, griechisches Mittelalter gegeben hat, dem wir die meisten Texte der klassischen Zeit verdanken, die eben in Konstantinopel und im Byzantinischen Reich tradiert wurden. Das westliche Europa nahm von diesen Texten eigentlich erst nach dem Fall Konstantinopels im Jahr 1453 n. Chr. Notiz, als eine Fülle von griechischen Handschriften und zahlreiche Gelehrte aus Ostrom in den Westen gelangten.

Uns fehlt insgesamt gesehen also die Distanz zum Gegenstand, weil die griechische Kultur immer auch uns direkt betrifft. In einer Arbeit eines japanischen Historikers über die antike griechische Ökonomie findet sich ein sehr kurzes, aber überaus interessantes Kapitel zur griechischen Kultur (T. Amemiya, *Economy and Economics of Ancient Greece*, London 2007). Dabei vergleicht der Autor Phänomene des griechischen Polytheismus ganz selbstverständlich mit Aspekten der japanischen Shinto-Religion, wobei er auf erstaunliche Ähnlichkeiten verweist (Vielheit der Götter und ihrer spezifischen Zuständigkeitsbereiche, Betonung des diesseitigen Lebens, Festkultur, Existenz niederer „dämonischer" Wesen etc.). Vielleicht kann ein Japaner die griechische Religion, die bis heute trotz aller neueren Verweise auf Opferkult und fremdartiges Ritual eher als gesittete Versammlung von weißen Marmorfiguren aus den Werkstätten von Phidias und Polyklet wahrgenommen wird, wesentlich besser verstehen, als jemand, der im Abendland sozialisiert wurde.

***

Schlussbemerkung – Die Griechen und wir 249

Was bedeutet das für unser Verhältnis zur griechischen Antike? Es bedeutet zunächst einmal, dass man eine Entscheidung treffen muss. Diese Entscheidung verläuft entlang der durch die am Anfang dieses Buches als Zitat vorangestellten beiden Sätze von Percy Shelley und von Wolfgang Schuller: „We are all Greeks" und „Man kommt ohne das Altertum aus". Beide, auch das zweite, das hier bewusst verkürzt und damit missverstanden wird, haben ihre Berechtigung. Die Gegenwart mit ihren neuen Herausforderungen ermöglicht einem ein auch intellektuell ansprechendes Leben, als Gentechniker etwa, ohne je von der „Sokratischen Wende" gehört zu haben (obwohl es nichts schaden dürfte, wenn man weiß, dass Genetik sich vom Griechischen *geneá* bzw. *génos*, „Geschlecht", „Abstammung", herleitet). Man kann mit Hans Magnus Enzensberger („Über die Ignoranz" in: *Mittelmaß und Wahn*, 1988) sogar noch weiter gehen und dem Humanisten Melanchthon, der ohne weltliche Ablenkungen Aristoteles studieren konnte, eine Friseuse mit Namen Zizi gegenüberstellen, die gleichviel Energie wie Melanchthon für seine Studien dafür aufwenden muss, ihren komplexen Alltag (Steuererklärung, Arbeitslosengeld, Mietverträge, Fernsehserien) zu meistern. Sie ist im Gegensatz zum Stubengelehrten des Humanismus einem „lebenslangen Trommelfeuer von Informationen ausgesetzt". Ihre Kenntnisse sind durchaus funktionell, „sie kommt mit ihnen durch", wie Enzensberger formuliert, auch wenn ihr der Vergleich beispielsweise zwischen Karstadt und Rewe mehr sagt, als der zwischen Goethe und Schiller.

Nun aber zu Shelleys Ausruf „We are all Greeks!". Mit Blick auf die Zusammenhänge unserer eigenen europäischen Kultur sind wir zweifelsfrei alle Griechen (auch ein wenig Römer und Juden, da ist von Platen zuzustimmen). Diese Erkenntnis führt denjenigen, der ihr ernsthaft folgt, in ein geistiges Abenteuer, das ungeahnte Horizonte eröffnet, Horizonte, die der Friseuse Zizi aus Enzensbergers Polemik immer verschlossen bleiben. Will man den Versuch wagen, die europäische Kulturgeschichte zu begreifen, wozu viele Germanisten und Kunsthistoriker heute aufgrund der veränderten Bildungslandschaft gar nicht mehr in der Lage sind, gehört die Antike, gehört vor allem die griechische Kulturgeschichte als Basiswissen ins Curriculum. Das ist kein elitärer Snobismus sondern simples Faktum. Das hat Schuller mit seinem unprätentiösen Satz gemeint, der hier noch mal im Zusammenhang zitiert werden soll: „Man kommt ohne das Altertum aus. Mehr aber auch nicht. Man kommt über die Runden [wie Zizi], aber das ist ja nicht genug, wenn man von einer Sache wirklich etwas verstehen will".

Bei all der Nähe der griechischen Kultur zu unserer Alltagswelt und unserer Ästhetik (selbst der trivialen à la Hollywood) sind die Griechen, die dieses Buch beschreiben wollte, doch andere als die Winckelmanns oder Berves, oder auch Poppers. Die Ermordung der Melier und die Sklavinnen in den Bordellen im Piräus gehören genauso zu diesen Griechen, wie die Gefallenenrede des Perikles und das Chorlied der *Antigone*. Dabei ging es nicht darum, die Griechen als Fremde oder gar Wilde darzustellen, wie es gerade etwas modisch ist, sie zu „anthropologisieren". Es sollte gezeigt werden, dass die Griechen aus heutiger Sicht, die sicher nicht immun gegen Modetrends ist, Teil einer vormodernen Gesellschaft waren, die trotz des auf sie zurückgehenden europäischen Rationalismus von aus moderner Sicht irrationalen Ideen und Verhaltensweisen bestimmt wurden. In diesem letzten Kapitel ging es aber vor allem darum, zu zeigen, dass sie in aller Konsequenz „unsere" Griechen sind und dass Herodot, Phidias, Sokrates oder Perikles, könnten sie einige aktuelle Standardwerke zur griechischen Geschichte und Kultur oder auch dieses Büchlein lesen, sich wohl fragen würden, von wem in Zeus' Namen dort die Rede ist.

Anhang

Zeittafel

ca. 1200-1050	Untergang des mykenischen Griechentums, sog. „Dorische Wanderung"
ca. 1050-800	Dunkle Jahrhunderte
ca. 800-500	Archaische Zeit
776	Olympische Spiele
750	Griechische Kolonisation
7. Jht.	Tyrannis kommt auf, Schwarzmeergebiet wird besiedelt
594	Solon wird Schiedsrichter in Athen
561-510	Tyrannis des Peisistratos und seiner Söhne in Athen
507	Reformen des Kleisthenes
500-494	Ionischer Aufstand
ca. 500-330	Klassische Zeit
490	Schlacht bei Marathon
480	Schlachten bei den Thermopylen und bei Salamis
479	Schlachten bei Plataiai und Mykale
478	Erster Attischer Seebund
472	Aufführung der *Perser* des Aischylos
462	Reformen des Ephialtes, Entmachtung des Areopag, Durchsetzung der „radikalen" Demokratie
454	Die Kasse des Seebunds wird von Delos nach Athen überführt
449	Friede mit den Persern (Friede des Kallias)

447-433	Bau und Fertigstellung des Parthenon, sowie Ausgestaltung der Akropolis
431-404	Peloponnesischer Krieg
430-429	„Pest" in Athen, Tod des Perikles
421	Nikiasfrieden
415-413	Sizilienexpedition
411	Oligarchenherrschaft in Athen
404/403	Terrorherrschaft der „Dreißig Tyrannen" in Athen
404-371	Sparta übernimmt von Athen die Führungsrolle in Griechenland
386	Königsfriede
378	Zweiter Attischer Seebund
371	Schlacht bei Leuktra besiegelt Spartas kurzfristige Vorherrschaft
338	Schlacht bei Chaironeia. Die Makedonen gewinnen die Hegemonie über Griechenland

Literaturhinweise

Allgemeine Darstellungen

A. H. Borbein (Hrsg.), *Das alte Griechenland. Kunst und Geschichte der Hellenen*, Gütersloh 1998.

P. Cartledge, *Die Griechen und wir*, Stuttgart 1998.

J. K. Davies, *Das klassische Griechenland und die Demokratie*, 5. Aufl. München 1996.

M. I. Finley, *Die Griechen*, 2. Aufl. München1983.

C. Meier, *Athen. Ein Neubeginn der Weltgeschichte*, Berlin 1993 (mehrere Auflagen und Ausgaben).

O. Murray, *Das frühe Griechenland*, 5. Aufl. München 1995.

W. Schuller, *Griechische Geschichte*, 6. Aufl. München 2008.

M. Stahl, *Gesellschaft und Staat bei den Griechen*, 2 Bände, Paderborn 2003.

K.-W. Welwei, *Die griechische Polis. Verfassung und Gesellschaft in archaischer und klassischer Zeit*, Stuttgart 1998.

Weiterführende Literatur zu den einzelnen Kapiteln

Kapitel 1

J. N. Corvisier, *Les Grecs et la mer*, Paris 2008.

A. Lesky, *Thalatta. Der Weg der Griechen zum Meer*, Wien 1947.

K.-W. Welwei, *Die griechische Frühzeit. 2000 bis 500 v. Chr.*, München 2. Aufl. 2007.

Kapitel 2

M. I. Finley, *Die Welt des Odysseus*, München 1979 (mehrere Ausgaben, zuletzt Frankfurt/Main 2005).

B. Patzek, *Homer und seine Zeit*, München 2003 (2. durchgesehene Aufl. 2009).

C. Ulf, *Die Homerische Gesellschaft. Materialien zur analytischen Beschreibung und historischen Lokalisierung*, München 1990.

Kapitel 3

J. Boardman, *Kolonien und Handel der Griechen: Vom späten 9. bis zum 6. Jahrhundert v. Chr.*, München 1981.

W. Burkert, *Die Griechen und der Orient*, 3. Aufl. München 2009.

M. H. Hansen, *Polis. An introduction to the ancient Greek city-state*, Oxford 2006.

T. Hölscher, *Öffentliche Räume in frühen griechischen Städten*, Heidelberg 1998.

Kapitel 4

H. Berve, *Die Tyrannis bei den Griechen*, 2 Bände. München 1967.

C. Meier, *Kultur um der Freiheit willen. Griechische Anfänge – Anfänge Europas?*, München 2009.

Murray, 1995 (s. o.).

Welwei, 1998 (s. o.).

Kapitel 5

L. Allen, *The Persian Empire. A History*, London 2005.

J. M. Balcer, *The Persian Conquest of the Greeks 545-450 BC*, Konstanz 1995.

W. Will, *Die Perserkriege*, München 2010.

Kapitel 6

E. Baltrusch, *Sparta. Geschichte, Gesellschaft, Kultur*, München 1998.

M. Clauss, *Sparta. Eine Einführung in seine Geschichte und Zivilisation*, München 1983.

M. Dreher, *Athen und Sparta*, München 2001.

D. Kagan, *The Peloponnesian War*, New York 2003.

Meier, 1993 (s. o.).

W. Schuller, *Die Herrschaft der Athener im Ersten Attischen Seebund*, Berlin und New York 1974.

G. E. M. de Ste Croix, *The Origins of the Peloponnesian War*, London 1972.

K.-W. Welwei, *Das klassische Athen. Demokratie und Machtpolitik im 5. und 4. Jahrhundert*, Darmstadt 1999.

K.-W. Welwei, *Sparta. Aufstieg und Niedergang einer antiken Großmacht*, Stuttgart 2004.

Kapitel 7

M. H. Hansen, *Die Athenische Demokratie im Zeitalter des Demosthenes. Struktur, Prinzipien und Selbstverständnis*, Berlin 1995.

K. Kinzl (Hg.), *Demokratia. Der Weg zur Demokratie bei den Griechen*, Darmstadt 1995.

Kapitel 8

J. Boardman, *Griechische Plastik. Die klassische Zeit*, Mainz 1987 (mehrere Auflagen).

J. Boardman, *Rotfigurige Vasen aus Athen. Die klassische Zeit*, Mainz 1991.

A. Dihle, *Griechische Literaturgeschichte*, 1967, Neuausgabe München 1991 (mehrere Auflagen).

G. Fischer, S. Moraw (Hrsg.), *Die andere Seite der Klassik. Gewalt im 5. und 4. Jahrhundert v.Chr.*, Stuttgart 2005.

G. Gruben, *Die Tempel der Griechen*, 5. Aufl. München 2001.

W. V. Harris, *Ancient Literacy*, Cambridge/Mass. 1991.

T. Hölscher, *Die griechische Kunst*, München 2007.

M. Hose, *Kleine griechische Literaturgeschichte*, München 1999.

K. Meister, *Die griechische Geschichtsschreibung*, Stuttgart 1990.

R. Thomas, *Literacy and Orality in Ancient Greece*, Cambridge 1992.

Kapitel 9

J. N. Bremmer, *Götter, Mythen und Heiligtümer im antiken Griechenland*, Darmstadt 1996.

W. Burkert, *Griechische Religion der archaischen und klassischen Epoche*, 2. Aufl. Stuttgart 2010.

E. R. Dodds, *Die Griechen und das Irrationale*, 2. Aufl. Darmstadt 1991.

A. Rubel, *Stadt in Angst. Religion und Politik in Athen während des Peloponnesischen Krieges*, Darmstadt 2000.

Kapitel 10

A. Eich, *Die politische Ökonomie des antiken Griechenland (6. bis 3. Jh. v.Chr.)*, Weimar 2006.

M. I. Finley, *Die antike Wirtschaft*, 3. Aufl. München 1993.

C. Howgego, *Geld in der Antiken Welt*, Darmstadt 2000.